Psychoanalytisch orientierte Teamsupervision arbeitet an den Schnittpunkten individueller, zwischenmenschlicher und institutioneller Entwicklungsprozesse. Als Anwendung der psychoanalytischen Methode erschließt sie in verschiedensten Berufsfeldern unbewußte Aspekte gesellschaftlicher Praxis. Einsichten in ihre personellen und institutionellen Möglichkeiten, die sich Mitglieder eines Teams mit Hilfe der Supervision erarbeiten, sind nicht einseitig rational. Am Verlauf einer Teamsupervision und an exemplarischen Sitzungen wird gezeigt, daß die Teammitglieder zwischen »fortschrittlichen« und »rückschrittlichen« Tendenzen wechseln. Die Autoren sehen darin einen selbstregulativen Mechanismus, der sich durch Supervision fördern läßt und integrative Entwicklungsschritte unterstützt. Ihre Darstellung gibt zudem einen Überblick zum aktuellen Stand der Praxis und Konzeptbildung psychoanalytisch orientierter Supervison.

Susanne Graf-Deserno, Dr. phil., ist Lehrerin, Dipl. Pädagogin und Dipl. Supervisorin (DGSv) in freier Praxis. Einzel-, Gruppen- und Teamsupervision in verschiedenen Praxisfeldern wie Lehrerfortbildung, Projektbegleitung, Sozialarbeit und Sozialpsychiatrie. Veröffentlichungen zur Sozialpsychologie der Erziehung und über Supervision.
Heinrich Deserno, Dr. med., ist Psychoanalytiker, wissenschaftlicher Mitarbeiter des Sigmund Freud-Instituts in Frankfurt am Main, Lehranalytiker des Frankfurter Psychoanalytischen Instituts (DPV) und Gruppenanalytiker (DAGG). Forschung und Veröffentlichungen zu verschiedenen Aspekten des psychoanalytischen Prozesses, im Fischer Taschenbuch Verlag: ›Die Analyse und das Arbeitsbündnis. Kritik eines Konzepts‹ (Bd. 12131).

Susanne Graf-Deserno
Heinrich Deserno

Entwicklungschancen in der Institution

Psychoanalytische Teamsupervision

Fischer Taschenbuch Verlag

Geist und Psyche
Herausgegeben von Willi Köhler
Begründet von Nina Kindler 1964

Originalausgabe
Veröffentlicht im Fischer Taschenbuch Verlag GmbH,
Frankfurt am Main, März 1998

Gesamtherstellung: Clausen & Bosse, Leck
Printed in Germany
ISBN 3-596-13151-0

Inhalt

Danksagung

An erster Stelle möchten wir den verschiedenen Supervisionsgruppen danken, mit denen wir im Verlauf vieler Jahre unsere Erfahrungen sammeln konnten. Für die Möglichkeit, unsere Überlegungen und Zwischenergebnisse mit Frau Prof. M. Leuzinger-Bohleber, Herrn Prof. A. Gaertner und Dr. B. Bardé diskutieren zu können, danken wir ebenfalls an dieser Stelle, in besonderer Weise Frau R. Bojunga für viele Stunden projektbegleitender Supervision. Zudem möchten wir Prof. A. Leber und Prof. M. Clemenz für die Diskussionen danken, die wir im Zusammenhang ihrer Weiter- und Fortbildungsprojekte führten, in denen wir Gruppen supervidierten.

Vor allem haben wir dem Beratungsteam zu danken, das im Mittelpunkt dieser Darstellung psychoanalytischer Supervision steht. Dieses Team gehörte keiner etablierten Einrichtung an. Es wurde in einer nordhessischen Universitätsstadt im Rahmen eines Projekts gegründet (vgl. Teil II, Kap. 8). Die Teilnehmerinnen und Teilnehmer waren hochmotiviert, sowohl die Einrichtung, die sie gründeten, selbstkritisch zu gestalten, als auch die reflexiven Möglichkeiten der Supervision zu nutzen. Wir sind uns des Problems bewußt, daß wir in unserer Darstellung dieser Motivation oft nicht gerecht werden, weil wir den Akzent auf den Prozeßcharakter der Supervision setzen, wodurch die einzelnen kreativen Beiträge gegenüber der Gesamttendenz von Entwicklung und Veränderung in den Hintergrund rücken. Über die unmittelbare Praxis mit diesem Team hinaus hat das mehrfache Überdenken der Protokolle und die Besinnung auf unsere methodischen Grundlagen gezeigt, wie vielfältig die Erfahrungen sind, die wir mit diesem Beratungsteam machen konnten.

Nicht zuletzt aber möchten wir uns dankbar an Willi Köhler, den Herausgeber der Reihe Geist und Psyche, erinnern, der die Veröffentlichung unserer Arbeit vorschlug. Leider konnte durch seinen unerwarteten Tod die Zusammenarbeit nicht fortgeführt werden. Wir haben seine kluge wissenschaftliche, sprachliche und einfühlsame Betreuung vermißt. Herrn H. Bareuther danken wir für seine Hilfe bei der Literaturrecherche und der Prüfung des Literaturverzeichnisses. Frau H. Fehlhaber und Frau A. Jantzer danken wir für ihre umsichtige Hilfe, die Veröffentlichung druckfertig abzuschließen.

Frankfurt am Main, September 1997
Susanne Graf-Deserno und Heinrich Deserno

Vorbemerkung

Mit unserem Beitrag wollen wir zeigen, was Supervisoren, die sich an der Psychoanalyse orientieren, in der Praxis tun. Dabei ist für uns die Supervision nicht einfach eine Anwendung der psychoanalytischen Theorie. Sie ist eine Anwendung der psychoanalytischen Methode und führt zu Veränderung und Entwicklung, obgleich sie keine therapeutische Intention verfolgt.

Bei dem Versuch, sich zu vergewissern, was psychoanalytische Supervision ist, erscheint es uns hilfreich, der Supervision als Praxis und der Supervision als Wissenschaft jeweils eine gewisse Unabhängigkeit einzuräumen. Psychoanalytische Supervision ist eine sinnerschließende und zugleich verändernde Praxis, die sich vor allem mit Konzepten wie dem »szenischen Verstehen« und der »Übertragung« organisieren läßt. Diesen methodischen Aspekten psychoanalytischer Supervision stehen theoretische zur Seite, wie die psychoanalytische Entwicklungspsychologie oder die Strukturtheorie der Psychoanalyse. In Teil I haben wir die methodischen Konzepte und theoretischen Aspekte zusammengefaßt, durch die sich unsere psychoanalytische Orientierung charakterisieren läßt.

Die vielfältigen Schnittpunkte individueller, zwischenmenschlicher und institutioneller Entwicklungsprozesse sind es, die Teamsupervision interessant und aufschlußreich für latente Prozesse gesellschaftlicher Praxis machen. Die Verknüpfung von Entwicklung und Institution, die wir thematisch vorgenommen haben, kann in zwei Richtungen verfolgt werden. Zum einen werden in der Supervision »privatistische« Bedeutungen aufgespürt, die Mitarbeiter »ihrer« Institution unbewußt verleihen. Dabei wird zunächst unterstellt, daß die institutionellen Strukturen ausreichend brauchbar und dem Auftrag angemessen sind. Zum anderen richtet sich das Interesse der Supervision auf organisatorische Formen und Muster, die ihrerseits mit der institutionellen Aufgabe kollidieren und eine Eigendynamik entwickeln, die negative Auswirkungen auf die Arbeit der einzelnen und des Teams hat, ohne daß diese Ursache wahrgenommen wird. Dadurch werden wiederum privatistische Umdeutungen institutioneller Funktionen, Rollen und Kooperationsformen begünstigt. Diese komplizierte Situation kommt im Erleben einzelner Mitarbeiterinnen und Mitarbeiter oft nur dadurch zum Ausdruck, daß sie ihre persönliche und kooperative Kompetenz als mangelhaft erleben, während die institutionellen Defizite und die daraus resultierenden Konflikte im dunkeln bleiben. Auch wenn in der psychoanalytischen Supervision vor allem die Verzerrungen subjektiven Bedeutungen an Fällen analysiert werden, gelangt man folgerichtig an einen Punkt, an dem die zurechtgerückte Wahrnehmung der institutionellen Strukturen auch zu einer Korrektur der Organisationsform selbst führen muß. Das kann durch die Mitarbeiter selbst geschehen, die innovativ die organisatorischen Strukturen verändern, oder in komplexen Einrichtungen durch das Heranziehen spezialisierter Organisationsentwickler.

Mitarbeiterinnen und Mitarbeiter einer Einrichtung, die sich die Einsicht in notwendige institutionelle Veränderungen mit Hilfe psychoanalytischer Supervision erarbeiten, durchlaufen einen individuellen Prozeß der Qualifizierung bzw. Professionalisierung: das eine bedingt das andere. Daher ist es unserer Auffassung nach nicht sinnvoll, organisatorische und personelle Perspektiven in der Supervision voneinander zu trennen.

Wenn Teams um Supervision nachfragen, besteht bei ihnen zumeist ein Bewußtsein ungenügender Arbeitsbedingungen und Unzufriedenheit gepaart mit Insuffizienzgefühlen. Die »institutionelle Aufgabe« ist ihnen oft aus dem Blick geraten. Unserer Erfahrung nach kann psychoanalytische Supervision, der gerne nachgesagt wird, sie verliere sich in personenorientierten subjektiven Bedeutungen, dazu verhelfen, daß Teammitglieder sich effektiver der institutionellen Aufgabe zuwenden, weil sich ihre Fähigkeit, innerseelische und zwischenmenschliche Vorgänge am Arbeitsplatz zu verstehen, erhöht.

Die Aufklärung, die sich ein Team in der psychoanalytischen Supervision sowohl über die personellen als auch die institutionellen Möglichkeiten erarbeitet, ist kein einseitig rationaler Vorgang. Wir können zeigen, daß die Mitglieder eines Teams zwischen progressiven und regressiven Positionen wechseln, und sehen darin einen selbstregulativen Mechanismus, der integrative Entwicklungsschritte unterstützt.

Unsere Fallgeschichte beschreibt sowohl einen langfristigen Supervisionsverlauf, der vor allem anhand der vorherrschenden Konfliktthemen skizziert wird (Teil II), als auch einzelne Supervisionssitzungen (Teil III). Dadurch haben die Leser die Möglichkeit, Alternativen zu den Interventionen und Interpretationen zu formulieren und sich zu fragen: Ist die betreffende Intervention angemessen, gut oder schlecht? Gibt es eine bessere? So betrachtet ist die detaillierte Vorstellung eigener Praxis nicht ohne Risiko. Wenn wir sie dennoch vorlegen, dann deshalb, weil uns das jeweilige Vorgehen ausreichend oder gut genug erschien, um unsere methodische und theoretische Orientierung im Verhältnis zur Praxis plausibel aufzuzeigen.

In Teil I haben wir versucht, einen Überblick zum aktuellen Stand der Praxis und Konzeptbildung zu geben und damit unsere psychoanalytische Orientierung darzulegen.

Teil I Methodische und konzeptuelle Grundlagen

Kapitel 1 Einzelfallstudie als Fallgeschichte

Ein Team, das um Supervision nachfragt, drückt dadurch seine Bereitschaft aus, sich über seine professionelle Kompetenz mit Hilfe einer Supervisorin oder eines Supervisors zu verständigen. Die einzelnen Mitglieder eines Teams drücken ihre individuellen Möglichkeiten aus, sich an dieser Aufgabe zu beteiligen; zugleich sind sie Sprecher der Mitarbeitergruppe als Ganzer, die eine bestimmte, institutionell abgesteckte Arbeitsaufgabe realisieren will.

Der Supervisor oder die Supervisorin, die eine Supervision beginnen, sind ihrerseits daran beteiligt, die Geschichte eines Teams mitzugestalten, gleichviel ob sie aufgeschrieben wird oder nicht. Team und Supervisor artikulieren sich als Subjekte dieser Geschichte. In unserem Beispiel einer Teamsupervision wird von der Annahme ausgegangen, daß die elementaren Bestandteile der psychoanalytischen Methode, freie Einfälle und Interpretationen, als Katalysatoren für einen personellen und institutionellen Entwicklungsprozeß im Team wirken.

Die implizite Frage, was das Team als Ganzes und die Mitarbeiter als Individuen dem Supervisor oder der Supervisorin mitteilen und auf diese Weise für sich klären wollen, begleitet und beeinflußt sowohl die Verständigung innerhalb einzelner Sitzungen als auch die spezifische Geschichte eines längeren Supervisionsprozesses. Auch die berufsbezogene Verständigung in Supervisionen wird durch unbewußte Prozesse mitbestimmt, erschwert oder blockiert. Daraus folgt, daß unbewußte Bedeutungen nur gemeinsam erschlossen werden können, auch wenn das Team sich die Supervision zunächst nach dem Experten-Modell vorstellt.

Diesen Wechsel in der Perspektive kennen wir sowohl von psychoanalytischen Therapien als auch aus Supervisionsprozessen. Ein Patient, der in eine psychoanalytische Therapie geht und das übliche Arzt-Patient-Verhältnis erwartet, fühlt sich bald in dieser Erwartung irritiert und enttäuscht. Der Analytiker ist ein Experte anderer Art, seine Methode unterscheidet sich grundsätzlich vom üblichen Arzt-Patient-Modell. Allmählich erkennt der Patient mit Hilfe der Interpretationen seines Analytikers, wie er diesen »behandelt«, und wird, was seine unbewußten Tendenzen betrifft, selbst zum »Experten«. Ebenso ergeht es Supervisanden in einem gelingenden Supervisionsprozeß.

Supervision erhält, weil es notwendig ist, unbewußte Prozesse einzubeziehen, die Bedeutung der »Veröffentlichung« bislang privatisierter Verhaltensaspekte und damit die eines »Risikos« bzw. einer Belastung für die Identität der Supervisanden. Neben das Interesse an der Ausdifferenzierung der beruflichen Kompetenz tritt die Angst, daß die erreichte berufliche Identität destabilisiert werden könnte. Diese ambivalente Ausgangssituation bestimmt auch die weitere konflikthafte Logik des Supervisionsprozesses (vgl. Leber et al. 1989, S. 159).

Will man diesen Prozeß aus der Perpektive der teilnehmenden Beobachtung als Supervisor bewerten, so müssen die gegenläufigen Bewegungen und Tendenzen als Bestandteile des Vorgehens verstanden werden. Dem Wunsch nach Einsicht und Veränderung steht derjenige, etwas zu verdecken und beim Erreichten zu verharren, entgegen.

Diese Widersprüchlichkeit in der Verständigung wird für die psychoanalytisch orientierte Supervision in die Begriffe Übertragung und Widerstand gefaßt. Ein entscheidendes Auswertungskriterium für unsere Teamsupervision liegt somit in der Untersuchung des Übertragungsgeschehens, seiner Funktion und Handhabung im Supervisionsprozeß.

In der Auseinandersetzung über den Stellenwert von Fallgeschichten als Forschungsinstrument hat man ihre heuristische Aussagekraft hervorgehoben (vgl. Kächele 1981; Stuhr & Deneke 1993). In dieser Sicht sollte die hier dargestellte Fallgeschichte, die sich auf keine anderen Mittel als auf Erinnerung und Notizen, also auf Gedächtnisprotokolle stützt und damit den Gegebenheiten der Praxis entspricht, folgende Gütekriterien aufweisen:

1. Die konzeptgeleitete Supervisionspraxis sollte plausibel sein;
2. die berufliche Selbstreflexion der Supervisanden sollte nachvollziehbar und plausibel interpretiert sein;
3. die für die Falldarstellung notwendige Subjektivierung (vgl. G.

Overbeck 1993, S. 44 f.; Thomä & Kächele 1985, S. 379 f.) sollte auch heuristische Vorannahmen über die Logik solcher Prozesse im allgemeinen ermöglichen.

Wir denken, daß folgende Vorannahmen durch die Fallgeschichte einer Supervision ausgewiesen und formulierbar sind:

1. Der Supervisionsprozeß wird als Entwicklungsprozeß konzeptualisiert.
2. Er wird durch die selbstreflexive Wahrnehmungseinstellung, die am Konfliktgeschehen orientiert ist, vorangetrieben.
3. Gegenläufige Bewegungen von Veränderung und Stagnation, Progression und Regression sind Bestandteile der für das Verfahren charakteristischen selbstreflexiven Verständigung aller Beteiligten in der Supervision.
4. Die unbewußten Dimensionen in der Teamsupervision werden als Übertragungsvorgänge verstanden, die im Setting der Supervision spezifische Ausgestaltungen und Verwendungen erfahren (vgl. die Darstellung der verschiedenen Reinszenierungsphänomene in Teil III, Kap. 12–15).
5. Übertragungen und Widerstände sind Bestandteile des Erkenntnisvorganges in der Supervision, auch wenn sie zunächst als Störungen der intendierten Arbeit in Erscheinung treten.

Kapitel 2 Geltungskriterien psychoanalytischer Supervision – szenisches Verstehen, Übertragung und Veränderung

Indem wir das Supervisionsverfahren als tiefenhermeneutisches Verfahren auffassen, können wir formulieren, welche Kompetenzen die Falldiskussionsgruppe als Ganze wie auch die einzelnen Teilnehmer mitbringen und entfalten müssen, um dieses Verfahren allmählich zu realisieren. Die Veränderung liegt somit in der Verwirklichung des Verfahrens. Das Supervisionsverfahren, das aus dem psychoanalytischen Verstehen in der Balint-Gruppenarbeit abgeleitet wird, bringt potentiell auch eine Veränderung der Supervisanden mit sich. Die an Veränderung interessierte Verständigung in der Supervisionspraxis spielt für uns eine zentrale Rolle.

Die »Natur« bzw. die Gesetzmäßigkeiten des psychoanalytischen Verstehensprozesses wurden von A. Lorenzer (1972, 1974) ausführlich untersucht und dargestellt. Ihm ging es um die spezifische Logik der psychoanalytischen Erkenntnis, um intersubjektiv hergestellte Bedeutungen und Sinnzusammenhänge, nicht um die Beweiskraft von Fakten und Ereignisabfolgen. In dieser Auffassung eines hermeneutischen Verstehensvorgangs spielt der Konsens, der zwischen den Dialogpartnern hergestellt werden kann, eine wichtige Rolle für die Gültigkeit der hervorgebrachten Bedeutungen. Die Frage, ob ein Analysand zusammen mit dem Analytiker Bedeutungen herstellen bzw. sich auf eine Interpretation einigen kann, ohne sich dem vermuteten oder erwarteten Interpretationsmonopol des Analytikers zu unterwerfen, läßt sich nur beantworten, wenn man die Bedingungen klärt, unter denen der Analysand (bzw. Supervisand) Subjekt dieses Dialogs bleibt (vgl. Habermas 1968, S. 306; Lorenzer 1972, 1974; Schröter 1974).

A. Lorenzer nimmt an, daß die gültige Interpretation eines unbewußten Sinnzusammenhanges intersubjektiv im szenischen Verstehen gewonnen wird: durch freie Assoziation, gleichschwebende Aufmerksamkeit, probeweise Identifizierung mit dem Analysanden und probeweises Einsetzen alltagspraktischer Vorannahmen. Das zentrale Erkenntnismedium des psychoanalytischen Verfahrens besteht nach A. Lorenzer vor allem in der praktischen Teilhabe an der psychischen Realität des Analysanden mit Hilfe von Übertragung und Gegenübertragung sowie durch die Evidenz der jeweiligen Szene.

Das Sprechen des Analysanden in der ihm unbewußten Übertragung – sein »privatsprachlich verzerrter Dialog« – kann deshalb entschlüsselt werden, weil der Analytiker durch seine Gegenübertragung an der Reinszenierung konflikthafter Erfahrungen des Analysanden teilhat und in gewisser Weise sogar in sie verstrickt wird. Auf dieser Grundlage praktischer Teilhabe am Übertragungsgeschehen sowie den darauf gründenden Sinn- und Bedeutungskonstruktionen können die Muster mißglückter Verständigung nicht nur nacherlebt, sondern auch korrigiert werden.

Die strukturelle Ähnlichkeit der psychoanalytischen Erkenntnis in der Therapie mit der Logik früher Objektbeziehungen, die im geglückten Verlauf auf Einfühlung gegründete Einigungsformen herausbilden, ermöglicht es, die Validierung der Interpretationen auf gegenseitige empathische Anerkennung zwischen Analysand und Analytiker zu stützen. Plausibilität und Evidenz von Einfällen und Interpretationen bilden sich in diesem Zusammenhang heraus.

Nach dem Verständnis der Objektbeziehungstheorie ist die Mutter der frühen Mutter-Kind-Dyade dann einfühlsam, oder wie D.W. Winnicott (1960, 1973) formulierte, »ausreichend gut« (»good enough«), wenn sie an der Spannungsregulation und Konfliktlösung des Kindes so beteiligt ist, daß dessen Entwicklungslogik unterstützt wird und die elterliche Bedürfnisregulation in den Hintergrund tritt. Obgleich die Mutter von der Logik der Entwicklung und der Asymmetrie der Beziehung her gesehen die Definitionsmacht darüber besitzt, was eine Situation bedeutet, unterstellt sie dennoch ihrem Kind, daß es vom Beginn seines Lebens an Subjekt seiner kindlichen Erlebens- und Handlungsspielräume ist. Einfühlung ist also an die Vorstellung von Wechselseitigkeit gebunden. Sie berücksichtigt, daß das Kind die Fähigkeit besitzt, etwas zu bewirken wie auch allmählich seine Begrenzungen und Abhängigkeiten anzuerkennen. Auf diese Weise eröffnet die einfühlsame Einstellung der Mutter dem Kind jene äußeren und inneren Spielräume, die es braucht, um seine

Entwicklung und damit auch seine »Lebensentwürfe« jeweils altersspezifisch zu verwirklichen.

In vergleichbarer Weise ist die intersubjektive Verständigung im Konzept des szenischen Verstehens enthalten. Es wird davon ausgegangen, daß entgleiste Dialoge sich gemäß der Vorstellung des Wiederholungszwanges immer wieder in der Gegenwart herstellen. Für die »Entgleisung eines Dialogs« (vgl. Spitz 1976) ist charakteristisch, daß die Logik der Sprache und das Gefühl der Gewißheit, verstanden und anerkannt zu sein bzw. sich selbst zu verstehen, nicht mehr miteinander verbunden sind.

Wiederholungen bzw. Reinszenierungen von Beziehungsmustern sind der Ausgangspunkt für die Rekonstruktion entstellter Bedeutungen. Im Rahmen der psychoanalytischen Methode ist der Analysand oder Supervisand die letzte Instanz, welche die Angemessenheit von Deutungen »verifiziert« oder »falsifiziert«. Geltung erhält die Interpretation allerdings nur dann, wenn methodisch eine »außergewöhnliche Gesprächssituation« (Argelander 1970a) oder »ein Dialog jenseits der geltenden Konventionen« (Deserno 1990, 1994) geschaffen werden kann. Das psychoanalytische Setting stellt den äußeren Rahmen dar, innerhalb dessen sich eine nichtkonventionelle, außergewöhnliche Gesprächssituation entfalten kann. In ihr entwickelt sich ein spezifisches Verständnis zwischen Analytiker und Analysand, in das, wie U. Stuhr (1993, S. 102) formuliert, »die subjektive Wahrheit beider Dialogpartner als affektiv getragener Konsens Eingang findet«.

U. Stuhr bezieht sich im Kontext seiner Überlegungen zur Herstellung einer Fallgeschichte auch auf den Wahrheitsbegriff, wie ihn W. Loch (1976) verwendet. W. Loch definiert Wahrheit als Übereinstimmung und als Sinn mit lebenspraktischer Bedeutung. Letzteres »treffe aber vor allem für die Wahrheit in der Konstruktion zu, indem durch Interpretation beim Patienten eine ›sichere Überzeugung‹ bzw. ein sicheres Selbstgefühl erreicht werden soll« (Loch 1976, S. 874). Weiter heißt es bei Stuhr (1993, S. 101):

> »Der möglichen Willkür beim Abfassen von Fallgeschichten aufgrund der Konstruktions-›Macht‹ des Psychoanalytikers steht im Dialog mit dem Patienten ein wichtiges Grundprinzip der Psychoanalyse gegenüber, das Loch ›gegenseitigen Konsens‹ nennt (Loch 1976, S. 880) […] Der Reaktionsweise des Patienten auf ein Deutungsangebot kommt damit entscheidende Bedeutung zu.«

Das Nichtverstehen und der Widerstand, an dem die gegenseitige Übereinstimmung – der Konsens, der auf einem »sicheren Selbstgefühl« beruhen sollte – scheitert, führt zwar zu verfahrenspraktischen Schwierigkeiten, gehört aber in dieser Sicht zur konflikthaften Logik des beschriebenen Prozesses der Konsensbildung.

J. Benjamin (1993) verweist auf eine vergleichbare Dialektik von Bindung und Getrenntheit, von Aufeinanderangewiesensein und Unabhängigkeit für die frühen Entwicklungsphasen des Kindes, und analog dazu, für den analytischen Prozeß, wenn sie Anerkennung und Zerstörung in einen dialektischen Zusammenhang stellt. Sie schließt sich dabei D. W. Winnicotts Konzepten der Entstehung von Subjektivität und Kreativität in den frühen Eltern-Kind-Beziehungen an (vgl. Winnicott 1960, 1965, 1969, 1971). Die Eltern existieren erst wirklich und können nur dann als die bedeutsamen Anderen (»significant others«) vom kindlichen Subjekt anerkannt werden, wenn sie die »Angriffe« des Kindes »überleben« (Winnicott 1971, S. 105–09). In der analytischen Situation wird die Anerkennung des realen Anderen erst möglich, wenn die früheren Bezugspersonen als phantasierte Andere in der Übertragung wiedererlebt werden. Zum Prozeß intersubjektiver Verständigung gehört auch die vorübergehende Infragestellung. Sie kann als Nichtanerkennung oder gar Zerstörung der Identität des Anderen erlebt werden und ist eine wichtige Voraussetzung dafür, daß sich die beabsichtigte Veränderung realisieren kann.

In der Auseinandersetzung mit textanalytischen Methoden postuliert U. Oevermann (1993) eine grundlegende Differenz zwischen seiner »objektiven Hermeneutik« und der angewandten Psychoanalyse als »Tiefenhermeneutik«. Er hält die Tiefenhermeneutik für ein Verfahren, das geeignet ist, die Verständigung in der Therapie bzw. anderen Anwendungen der Psychoanalyse zu organisieren. Damit schreibt er der Tiefenhermeneutik eine Funktion zu, welche die objektive Hermeneutik nicht übernehmen könne: die notwendigen Reduktionen von Bedeutungen in den praktischen Dialogen von Therapie und Supervision zu organisieren. Oevermann unterstellt eine mögliche Arbeitsteiligkeit zwischen Tiefenhermeneutik und objektiver Hermeneutik, indem nämlich die Tiefenhermeneutik die erforderliche »Abkürzung der expliziten Rekonstruktionsverfahren der objektiven Hermeneutik« in der Praxis des therapeutischen oder supervisorischen Prozesses übernehme (ebd., S. 146). Auf diese Kontroverse möchten wir hier nicht näher eingehen. Wir meinen, daß die in den Teilen II und III dargestellte Fallgeschichte einer Teamsupervision mit den Mitteln der Tiefenhermeneutik angemessen interpretierbar ist, selbst wenn man die von Oevermann vorgenommene Eingrenzung der Tiefenhermeneutik auf eine Art Handwerkslehre gegenüber dem Universalitätsanspruch der objektiven Hermeneutik teilen würde.

Das tiefenhermeneutische Sinnverstehen, das nach U. Oevermann (1993, S. 146) den Status eines »therapiepraktischen Verständigungsprozesses« hat, produziert jenes Wissen, das die Veränderung in Therapien und Supervisionen herbeiführt. H. Thomä und H. Kächele (1985, S. 382) unterscheiden Veränderungswissen, das in der Praxis gewonnen wird, und Grundlagenwissen; letzteres könne nicht in der psychoanalytischen Praxis überprüft werden. Mit der hermeneutischen Methode könne »nur die Entdeckung und Gewinnung von vorläufigen Hypothesen erreicht werden, [...] nicht aber deren Prüfung«. Die folgende Aussage, die Thomä und Kächele zur Therapieforschung machen, möchten wir auf die Supervisionsforschung übertragen (ebd.):

> »Der Analytiker, der im therapeutischen Alltag steht, muß sich fragen, ob seine Behandlungstechnik für beides geeignet ist, sowohl für die Aufstellung neuer Hypothesen und die Vertiefung des psychoanalytischen Wissens, als auch für die Förderung des Heilungsprozesses.«

Entsprechend muß sich der Supervisor fragen, ob seine Supervisionstechnik für beides geeignet ist, sowohl für die Aufstellung neuer Hypothesen als auch für die Förderung der beruflichen Selbstreflexion und die aus ihr resultierende Veränderung.

Weiter argumentieren Thomä und Kächele, daß der einzelne Analytiker aus »prinzipiellen methodischen Gründen« nicht in der Lage sei, »dieser Trias [von Hypothesengenerierung, Wissensvertiefung und Heilung bzw. Veränderung] gerecht zu werden« (ebd.). Es sei ein hoher Anspruch, in der psychoanalytischen Situation die Gewinnung neuer Annahmen mit dem Heilungsinteresse verbinden zu wollen.

Richtungen der Psychotherapieforschung, die qualitative Forschung mit Methoden einer empirisch quantifizierenden und beweisführenden Wissenschaft verbinden wollen, fordern, daß die Veränderung, die sich im analytischen Prozeß vollzieht, durch objektivierende Methoden, also gleichsam von außen festgestellt und beurteilt werden müsse. Es sei erforderlich, Hypothesen durch die sogenannte Position der »off-line«-Forschung abzusichern (vgl. Faller 1993; Leuzinger-Bohleber 1994; Luborsky 1984; Luborsky & Crits-Christoph 1990; Tress 1993; zur Unterscheidung von »on-line«- und »off-line«-Forschung siehe U. Moser 1991).

Diese Forschung kann allerdings nicht die weitere Klärung der hermeneutischen Position ersetzen, die wir hier verfolgen. Wir versuchen die psychoanalytisch orientierte Supervision als einen methodisch orientierten und konzeptgeleiteten Prozeß darzustellen, der Gesetzmäßigkeiten hervorbringt, die sich aus der unmittelbaren Teilhabe des Supervisors oder der Supervisorin an diesem Prozeß beschreiben lassen. Eine Fallgeschichte dieser Art überzeugt durch ihre Plausibilität. Für ihre Abfassung gelten die gleichen Kriterien wie im praktischen Interpretationsprozeß der Supervision. Die Interventionen, Argumente und Interpretationen sollten glaubwürdig sein sowie Resonanz und Evidenz erzeugen. Für die Evidenz sind bestimmte intersubjektive Voraussetzungen erforderlich, die mit dem Übertragungsgeschehen verbunden sind und in der Literatur zur Supervision als Resonanz- oder Spiegelungsphänomene bezeichnet werden.

Alle Anwendungen der Psychoanalyse treffen in der Frage zusammen: Was geschieht mit der Übertragung im jeweiligen Anwendungskontext des psychoanalytischen Verfahrens? Bevor wir jedoch diese Frage genauer formulieren und beantworten können, erinnern wir daran, daß der Übertragungsbegriff vielfach verändert wurde.

In der Psychoanalyse gab es von Anfang an den Begriff des Widerstandes, mit dem ein Äquivalent der innerseelischen Abwehr auf der interaktionellen Ebene der Behandlungssituation formuliert wurde. Zunächst war mit dem Widerstand gemeint, daß der Analysand oder Patient sich gleichsam sträubte, am Ziel der gemeinsamen Arbeit festzuhalten und den Sinn der Symptome erhellen zu wollen. Bald jedoch erkannte Freud, daß der Widerstand nicht nur der innerpsychischen Abwehrfunktion entsprach, sondern in der konkreten Behandlungssituation auf das Abgewehrte, wenn auch in entstellter Form, hinwies. Der gleiche perspektivische Wechsel ergab sich für das Konzept der Übertragung. Erschien es zunächst überraschend und befremdlich, wenn der Patient die Orientierung an einem gemeinsamen Ziel mit einer sehr persönlichen erlebten Beziehung zum Analytiker durchsetzte, so gelang Freud doch die Entdeckung, daß gerade die Übertragungsphänomene »uns den unschätzbaren Dienst erweisen, die verborgenen und vergessenen Liebesregungen der Kranken aktuell und manifest zu machen, denn schließlich kann niemand *in absentia* oder *in effigie* erschlagen werden« (Freud 1912b, S. 374).

Übertragungsphänomene sind ubiquitär. Sie sind auch nicht per se pathologische Erscheinungen. Selbstreflexive Prozesse geben der Übertragung mehr Raum als streng geplante Handlungsabläufe. Das hat den Vorteil, daß in einer Supervision Situationen, die mit den Zielen der Arbeit interferieren, auf Beziehungsmuster mit ungelösten Konflikten hin untersucht werden können. Es ist die Übertragung, die den »Transfer« eines unbewußten Geschehens von einem Klienten über seinen Betreuer, der in der Supervision berichtet, in das Team hinein ermöglicht, so daß typische ungelöste Konflikte der jeweiligen Klientel durch ihre Reinszenierung im Team nachvollzogen und erkannt werden können. In Teil III werden verschiedene Manifestationen der Übertragung beispielhaft dargestellt.

Nach Laplanche und Pontalis (1967) ist die Übertragung derjenige Vorgang, »wodurch die unbewußten Wünsche an bestimmten Objekten im Rahmen eines bestimmten Beziehungstypus, der sich mit diesen Objekten ergeben hat, aktualisiert werden. Dies ist im höchsten Maße in der analytischen Beziehung der Fall. Es handelt sich dabei um die Wiederholung infantiler Vorbilder, die mit einem besonderen Gefühl von Aktualität erlebt werden« (S. 550).

Diese Definition enthält genaugenommen zwei Vorgänge, die Aktualisierung (unbewußter Wünsche im Rahmen eines Beziehungstypus) und die Verschiebung auf den Analytiker. Verschiedene Autoren haben herausgearbeitet, was in der analytischen Situation das Auftreten der Übertragung begünstigt. Frühere Autoren wie I. Macalpine (1950) haben die liegende Position des Patienten und die Versagung, die nicht zuletzt darin liegt, daß alle Wünsche und Ängste gleichsam durch das Nadelöhr der Versprachlichung gehen, als gleichbleibende Faktoren der analytischen Situation für die Förderung der Übertragungsentwicklung benannt. Spätere Autoren wie M. Gill (1982) beziehen das Moment der Übertragungsförderung in das technische Vorgehen des Analytikers ein. Je weiter und vielfältiger der Übertragungsbegriff gefaßt werden mußte, wollte man den Wissenszuwachs über die Ich-Psychologie hinaus (vgl. Eagle 1984) durch die Objektbeziehungstheorie (z. B. Kernberg 1980), die Entfaltung der Selbstpsychologie (Kohut 1971; Stolorow et. al. 1987), der neueren Kleinianischen Theorie (insbesondere Bion) und der Säuglingsforschung (s. Übersicht bei Dornes 1992, 1993) berücksichtigen, desto weniger ließ sich die Vorstellung halten, daß die Übertragung ein Mechanismus gestörter psychischer Abläufe sei.

In der Übertragung kommen zwei Momente zusammen, die dieses Konzept von Anfang an als widersprüchlich erscheinen lassen, was nicht an ungenauer Begriffsbildung, sondern an der Eigenart des Verhaltensausschnittes liegt, auf den die Übertragung sich bezieht, nämlich auf unbewußte Abläufe in Beziehungen. Auf der einen Seite besteht die Übertragung in repetitiven und maladaptiven Erlebnis- und Beziehungsmustern; das macht ihre »Negativität« aus, auf welche die Objekte der Übertragung mit Abwehr reagieren. Auf der anderen Seite stellt die Übertragung eine Potentialität in Richtung Integration dar. Beide Seiten zusammen eröffnen einen Erkenntnisraum, indem das Moment der Wiederholung überschritten wird und die psychische Realität sich neu organisieren kann (vgl. Deserno 1995).

Während in der »klassischen« ich-psychologischen Perspektive die Übertragung als intrapsychischer Vorgang definiert wurde, haben die genannten späteren Entwicklungen die strikte Begrenzung auf intrapsychische Prozesse aufgehoben und interpersonelle bzw. interaktive Prozessen einbezogen. Auch hier spielten die Anwendungen der Psychoanalyse eine große Rolle. Kurztherapien, Paartherapien, Gruppentherapien und Supervisionen führten zur Konzeptualisierung von Prozessen, bei denen intrapsychische und interpersonelle Aspekte verschränkt sind. Beispielhaft nennen wir H.-E. Richters Untersuchungen *Eltern, Kind, Neurose* (1963) und *Patient Familie* (1972), H. Stierlins Beschreibung von Aufträgen und Delegationen (1974, 1978), J. Willis Kollusionen bei Paaren (1975) und nicht zuletzt die Arbeit von S. Mentzos *Interpersonelle und institutionalisierte Abwehr* (1976 bzw. 1988), in der auch eine Systematik bzw. Typologie intrapsychisch-interpersoneller Konstellationen versucht wird. Später faßte Mentzos (1982) diese Konstellationen als »psychosoziale Kompromißbildungen« zusammen.

Diese Untersuchungen haben wieder in die Anwendung der Psychoanalyse zurückgewirkt und sich z. B. bei M. Gill (1982) und I. Z. Hoffman (1992) zu einem »interpersonal point of view« bzw. einem »social constructivistic approach« konturiert, der auch von Autoren wie J. Benjamin (1989, 1992) oder R. D. Stolorow et al. (1987) geteilt wird. In den nächsten Kapiteln möchten wir zur Erörterung einiger Konzepte übergehen, deren Bedeutung uns für die Anwendung der Psychoanalyse als Supervisionsmethode wichtig erscheint.

Kapitel 3 Zum Konfliktmodell in der psychoanalytisch orientierten Supervision

Das Modell des psychischen Konfliktes ist ein Grundpfeiler der Psychoanalyse, sowohl ihrer Theorie als auch ihrer verschiedenen Anwendungen. Es geht von der Widersprüchlichkeit und Unbewußtheit erlebter Realität aus. Erlebnisformen, die im Kontext äußerer oder materieller Realität nicht aufgehen, dort inadäquat sind und die Realisierung von Handlungen stören oder unterlaufen, bilden den Hauptfokus. Wir wollen zeigen, wie bewußte und unbewußte Erlebnisformen in der beruflichen Wirklichkeit mit den institutionellen Strukturen in Konflikt geraten, oder umgekehrt, daß berufliche Ziele und Ansprüche sich ohne angemessene institutionelle Strukturen nicht verwirklichen lassen.

Die Aufmerksamkeit des Supervisors richtet sich vorrangig auf unbegriffene Konflikte, die im Spannungsfeld von institutionalisierten Funktionen und Kooperationsformen einerseits und persönlicher Professionalität der Mitarbeiter eines Teams andererseits entstehen. Konflikthafte Erlebnisformen werden erschlossen, indem von einem Fall ausgegangen wird, der ein bestimmter Klient oder eine problematisch gewordene Arbeitsform sein kann. Weiterhin nehmen wir an, daß in den Fällen oder berufsbezogenen Problemdarstellungen eine Konfliktlösung bereits angesteuert wurde, deren Durchführung aber noch aussteht. Da es um unerledigte Konfliktlösungen im beruflichen Kontext geht, bildet auch in der Supervision eine Art Leidensdruck, der von etwas Aufgeschobenem oder Nichtbearbeitetem ausgeht, den Ausgangspunkt der Selbstreflexion.

Das Konfliktmodell umfaßt sowohl ungelöste Konflikte bzw. scheiternde Konfliktlösungen als auch die Vorstellung, daß Konflikte lösbar sind, wenn abgewehrte Konfliktanteile in die psychischen Prozesse integriert werden können. Auch wird im Verlauf einer Supervision durch den Wechsel von regressiven und progressiven Prozessen eine relative Integration konflikthafter Erfahrungen erreicht. Die Beschäftigung mit den Konflikten der Klientel und den Kooperationskonflikten in der Arbeit erhöht die psychosozialen Kompetenzen eines Teams (König, 1993, S. 210; vgl. Kap. 16).

Im folgenden möchten wir einige theoretische Vorannahmen der psychoanalytischen Entwicklungspsychologie heranziehen, die in die Supervisionsarbeit und ihre Einschätzung eingehen.

In der psychoanalytischen Theorie wird die ontogenetische Entwicklung als konflikt- und krisenhaft gesehen. Der Konflikt wird als Baustein eines inneren Strukturbildungsprozesses verstanden. Die zunehmende Strukturierung des Psychischen ist Ergebnis aufeinanderfolgender typischer Konflikte und ihrer Verarbeitung. Der Konflikt ist für die Psychoanalyse vor allem innerseelisches Konfliktgeschehen. Es setzt sich, modellhaft vereinfacht, aus triebbestimmten Wünschen einerseits und icherhaltenden Tendenzen andererseits zusammen.

Schreitet die Entwicklung fort, dann gewinnt das Ich an Fähigkeiten. Unter ungünstigen Entwicklungsbedingungen nehmen einschränkende Maßnahmen des Ich überhand. Sie sind als Abwehrmechanismen gegen konflikthafte Erfahrungen bekannt und wurden 1934 erstmals systematisch von Anna Freud dargestellt. Ein Übermaß von Angstentwicklung im Ich führt zu einer Intensivierung der Abwehrvorgänge, die wiederum die Ausdifferenzierung von Ich-Funktionen behindert.

Beziehungsformen, die zu typischen aufeinanderfolgenden Entwicklungskonflikten gehören, schlagen sich in Form innerer Objektbeziehungen, d. h. als psychische Struktur nieder. Das Ich besitzt eine spezifische Fähigkeit, die früheren Beziehungsformen, die sich als Struktur niedergeschlagen haben, in interpersonellen Situationen zu reaktualisieren. H. Argelander (1970b) spricht von einer »szenischen Funktion des Ich«. Die Befunde der Paar-, Familien- und Gruppentherapie haben gezeigt, daß die intrapsychischen Abwehrvorgänge gegen konflikthafte Objektbeziehungen auch immer durch interpersonell organisierte Formen der Abwehr ergänzt werden (z. B. Mentzos 1976, H.-E. Richter 1969, Stierlin 1976, Willi 1975).

Die typischen Konfliktkonstellationen der ontogenetischen Entwicklungsphasen oder infantilen Konflikte können mit Th. French (1952) auch als Kernkonflikte bezeichnet werden. Die Vielfalt späterer Konflikte ist Ausdruck von Kompromißbildungen; für sie wird auch die Bezeichnung fokaler Konflikt (French ebd.) verwendet. Dieser »stellt also eine Kompromißbildung dar, da er sowohl der aktuellen Situation als auch dem Kernkonflikt Rechnung trägt bzw. von beiden bestimmt wird« (Deserno 1992, S. 17f.).

In der psychoanalytischen Langzeittherapie werden die Kernkonflikte über das Durcharbeiten vieler fokaler Konflikte erreicht. In der psychoanalytischen Kurztherapie, insbesondere der Fokaltherapie nach Balint, schränkt man die therapeutische Arbeit auf einen bestimmten fokalen Konflikt ein (vgl. Balint 1972; Deserno 1992; R. Klüwer 1970; Leuzinger-Bohleber 1985). Stock-Whitaker und Lieberman (1964) haben das Konzept des fokalen Konflikts in Gestalt des fokalen Gruppenkonflikts auf den gruppentherapeutischen Prozeß angewendet.

In einer verkürzten Darstellung entwicklungsrelevanter Konflikte sind der infantile Autonomiekonflikt, der durch den ödipalen Konflikt ausgestaltet wird, und der adoleszente Ablösungskonflikt zu nennen. Der adoleszente Ablösungskonflikt reaktualisiert sowohl das infantile konflikthafte Thema von Autonomie und Abhängigkeit als auch das der libidinösen Objektwahl. Er dreht sich um die Geschlechtsidentität, die sexuelle Partnerwahl und die Übernahme sozialer Rollen. Reiche (1990) spricht von »Geschlechterspannung«, die im adoleszenten Ablösungskonflikt erst ihre spezifische soziale Ausgestaltung und Definition erhält. J. Benjamin (1990, 1993) betont den Konflikt zwischen Liebe und Sexualität einerseits, sozialer Anerkennung und Macht andererseits. Konflikthaft stellen sich vor allem die gegenläufigen Tendenzen dar, die zum einen an der Erhaltung von Beziehungen orientiert sind und zum anderen rivalisierend und aggressiv die Interessen des einzelnen verfolgen. Dieser Konflikt spitzt sich in der Adoleszenz geschlechtsspezifisch zu (vgl. Flaake & King 1992; Gilligan 1988, 1992).

Im Spannungsfeld von »Symbiose und Individuation« hat M.S. Mahler (1968, 1975) den Individuationskonflikt so beschrieben, daß sowohl die Strebungen, die zu Selbständigsein und Sichentfernen tendieren, als auch die gegenteiligen, die auf Abhängigkeit und Nähe gerichtet sind, potentiell konflikthaft sind. Der harmonische Wechsel von der einen zur anderen Strebung mutet als Beispiel geglückter Individuation an. Das Weggehen aus der Beziehung zur Mutter, das Interesse an anderen Menschen und der gegenständlichen Realität markieren die Tendenz nach Autonomie; das darauf folgende Zurückkehren in die Sicherheit gewährende Nähe der Mutter steht für die Abhängigkeitstendenz. In der zweiten Hälfte des zweiten Lebensjahres erweist sich das Zurückkehren oder »Wiedervereintsein« mit der Mutter nicht als harmonische Rückkehr in einen ersehnten Zustand; sie wird von M. S. Mahler als krisenhaft beschrieben, indem sie das »rapprochement« als »Wiederannäherungskrise« charakterisiert.

Ob alle Kinder eine deutliche Wiederannäherungskrise durchmachen, ist zweifelhaft. Sicher ist, daß alle, wie Dornes relativiert (1997, S. 165 f.), »Momente« einer Wiederannäherungskrise zeigen, die im Einzelfall durch die Eltern interpersonell aufgeladen und verstärkt werden. Das rasch irritierbare Verhalten der Kinder in dieser Zeit läßt sich aber nicht allein aus Zumutungen durch die Bezugspersonen erklären. Vielmehr muß die psychische »Arbeitsanforderung«, die jene neue Differenzierungsstufe für das Kind impliziert, berücksichtigt werden. Das Kind hat Fortschritte gemacht; es kann motorisch schon sehr expandieren und hat, wie E. Jacobson (1964) treffend sagt, »ein Liebesverhältnis zur Welt« etabliert. Es vermag die Qualität der Verhaltensweisen verschiedener Personen in seiner Umgebung zu unterscheiden, es nimmt aber auch seine Getrenntheit und damit seine extreme Abhängigkeit und Hilflosigkeit wahr.

Das Interesse an der Welt der Gegenstände und Personen außerhalb der versorgenden Mutter ist also ambivalent; es ist befriedigend und riskant zugleich. Riskant ist diese »Fortbewegung« deshalb, weil sie die als lebensnotwendig empfundene Beziehung zur Mutter in ihrer dyadischen Ausschließlichkeit (»Zwei-Einheit«) lockert. Kehrt das Kind zur Mutter zurück, so fürchtet es, je nach Perspektive, entweder die »Verschmelzung« mit der Mutter oder den Verzicht auf seine Eroberungen. Nun wird die Mutter projektiv zur Verursacherin von Beunruhigung und Angst, die durch das räumliche, soziale und »intellektuelle« Expandieren ausgelöst werden. Die psychische Rückkehr zur Mutter bildet eine neue Integrationsanforderung oder Entwicklungsaufgabe: das Vereinen gegenläufiger Regungen *in* der Beziehung zu einer Person. Hier liegt der Beginn von Ambivalenztoleranz, der Fähigkeit, in der Beziehung zu einer Person gegenläufige Tendenzen wie Liebe und Haß auszuhalten und zu gestalten.

Die krisenhaften Erscheinungen der frühen Individuationsphase lassen sich nur angemessen verstehen, wenn man sie als konflikthafte Anforderungen an einen inneren Prozeß der Strukturbildung sieht. Die Bedeutung auffälliger oder verstörter Verhaltensweisen lassen sich in diesen Entwicklungskrisen nicht immer mit Hilfe »naturwüchsiger« Einfühlung verstehen. Im Gegenteil, gerade in den kritischen Phasen ist die Verständigung gefährdet, und der Dialog kann, weil die Einfühlung versagt, wie R.A.Spitz ausführte (1976), »entgleisen«. Das Fehlen von Einfühlung kann den krisenhaften Charakter der Verständigung noch steigern, stellt in diesem Modell aber nicht die Ursache der Krise selbst dar.

Schematisch lassen sich zwei Ausgangsmöglichkeiten des frühen Individuationskonflikts skizzieren. Beim ersten Ausgang werden Sicherheitsbedürfnis und Eroberungswunsch, Abhängigkeit und Unabhängigkeit als zusammengehörige Strebungen im Subjekt integriert, wobei die krisenhaften Reaktionen sowie die entgleiste Verständigung und ihre Reparatur Bestandteile der Integration darstellen. Die zweite Möglichkeit besteht in der Konfliktabwehr durch intrapsychische Abwehrmechanismen und interpersonelle Abwehrarrangements. Dieser Ausgang des Konfliktgeschehens führt dazu, daß die gegenläufigen Strebungen in bewußte und unbewußte aufgespalten werden, was für die Strukturbildung, die wir in den Mittelpunkt stellen, andere Konsequenzen als die der Integration hat.

Mit Th. French (1952) kann man die verschiedenen Ausgänge des Individuationskonfliktes im Hinblick auf die weitere Entwicklung auch als »fördernd« oder »befähigend« (»enabling«) bzw. als »einschränkend« (»restrictive«) charakterisieren. In später folgenden Entwicklungskrisen, für die auf einem neuen Komplexitätsniveau Möglichkeiten der Konfliktlösung gefunden werden müssen, wird auf frühere, »befähigende« oder »einschränkende« Muster zurückgegriffen. Eine neue und komplexere Herausforderung dieser Art stellen vor allem der ödipale Konflikt und die Adoleszenz dar.

Im Zusammenhang von Störungen oder Symptombildungen heben wir hervor, daß nicht die Psychologie der einzelnen im Zentrum des Interesses steht, sondern die Frage, ob einzelne Mitarbeiter eine Protagonistenrolle für eine bestimmte Tendenz des ganzen Teams übernehmen. In unserem Beispiel ließ sich ein Prozeß der Differenzierung erkennen: Einzelne Mitarbeiterinnen und Mitarbeiter zeigten ein höheres Maß an Einsichten in psychische und institutionelle Vorgänge, waren mit sich und anderen empathischer um Verständigung bemüht, ertrugen Ambivalenzen und führten realistische Begrenzungen in ihrer Arbeit ein; sie bildeten eine zunehmende psychosoziale Kompetenz aus (vgl. Ohlmeier & Sandner 1984). Dabei interessierte auch weniger, ob einzelne Mitarbeiterinnen und Mitarbeiter die intrapsychische Differenzierung, die zu dieser beruflichen Entwicklung gehört, im Prozeß der Supervision ausbildeten oder bereits mitbrachten. Entscheidend war, daß mangelnde Differenzierung im beruflichen Kontext zum Problem wurde, sei es aus äußeren oder inneren Gründen. Die einfühlsamen, verstehenden und intellektuellen Fähigkeiten der Mitarbeiterinnen und Mitarbeiter bedurften, um in professioneller Weise zur Geltung zu kommen – oder auch um sich individuell erst zu entfalten –, einer angemessenen institutionellen Struktur, worauf an anderer Stelle (Kap. 10) noch eingegangen werden soll (vgl. Buchinger 1988; Busch & Deserno 1989).

Die Bewältigung der Adoleszenz als Krise wird gerade in den sozialen Berufen zu einer entscheidenden Voraussetzung für eine gelingende, schöpferische Professionalität. In der Perspektive der Supervision können Krisen und die zwischen ihnen liegenden Phasen der Konsolidierung als Bestandteile eines professionellen Bildungsprozesses aufgefaßt werden. Krisen in der Supervision sind der Ausdruck dafür, daß neue Anforderungen an die Strukturbildung eines Teams als Gruppe, die in einem institutionellen Rahmen arbeiten muß, gestellt werden. Um der Komplexität der beruflichen Anforderungen an ein professionelles Beratungsteam zu entsprechen, müssen die intrapsychischen Erlebnisformen sowie die interpersonellen und institutionellen Formen der beruflichen Arbeit entsprechend ausgestaltet werden. Arbeitsweisen und Störungen eines Teams können in der Supervision als ein Prozeß beobachtet werden, der Fortschritt, Rückschritt, krisenhafte Konflikte mit bestimmten Symptombildungen und integrative Vorgänge enthält (vgl. Buchinger 1988).

Kapitel 4 Dyadische und triadische Beziehungsperspektiven

Wie der Wechsel von progressiven und regressiven Tendenzen in Supervisionen im Zusammenhang mit Konfliktlösungen und Integrationsanforderung zu verstehen ist, soll im folgenden auf seine ontogenetischen Voraussetzungen zurückverfolgt werden. Im vorliegenden Kapitel steht der Typus des Individuationskonfliktes der frühen Kindheit deshalb im Vordergrund, weil er die strukurelle Grundlage bildet, auf der später komplexe Vorgänge im beruflichen institutionellen Kontext gründen. Ein bestimmter personeller »Reifegrad« oder ein triadisches psychisches Funktionsniveau korrespondieren mit adäquaten beruflichen Rollen und institutionellen Strukturen in den verschiedensten sozialen Zusammenhängen. Die Familie bildet eine Triade, die wiederum die Basis für triadische Prozesse in beruflichen und institutionellen Kontexten abgibt. Die gescheiterte familiäre Triade erschwert oder blockiert weitere Zugänge zu außerfamilialen Triaden. M. Erdheim (1988) betont den Übergang von der Familie zur Kultur. Die Kompetenzen des Familiensystems liegen, vereinfacht gesagt, in der Herausbildung oder Bereitstellung triadischer Erlebnisweisen und bilden damit bereits einen Bestandteil der außerfamilialen Kultur (Buchholz 1993). Weil für die Theorie und Technik der psychoanalytisch orientierten Supervision die dyadische und die triadische Erlebnisweise als psychische Funktionsweisen von zentraler Bedeutung sind, wollen wir ihren ontogenetische Ursprung skizzieren.

Im psychoanalytischen Modell der Entwicklung als Strukturbildungsprozeß findet eine ursprünglich symbiotisch-dyadische Beziehung zwischen Mutter und Kind ihren intrapsychischen Niederschlag in den nicht voneinander differenzierten inneren Repräsentanzen »gutes Kind – gute Mutter« und »störende Außenwelt«. Winnicott (1974) ist der Auffassung, daß der Säugling nicht die fehlende oder mangelhafte Fürsorge bemerke, sondern seine eigene Reaktion darauf, wohingegen sich infolge einer »geglückten mütterlichen Fürsorge eine Kontinuität des Seins« aufbaue (ebd., S. 67), die Grundlage der späteren Ich-Stärke sei. Diese schematisierende Darstellung soll zum Ausdruck bringen, daß die spannungsregulierende Funktion der Mutter in den ersten Lebensmonaten einen Niederschlag in der sich ausbildenden psychischen Struktur findet und zum strukturellen Bestandteil dessen wird, was wir Selbst oder Selbstgefühl nennen (vgl. Bohleber 1993, S. 58).

Die Ausgestaltung der Mutter-Kind-Dyade zu einer Beziehung mit inneren, abgegrenzten Repräsentanzen von Subjekt und Objekt sowie der Möglichkeit, eine Beziehung zu dritt zu erleben und die damit einhergehenden Konflikte zu tolerieren, ist eine »Herausforderung« für den Individuationsprozeß mit besonderen Krisenpotentialen. In der Objektbeziehungstheorie wird die Integration des Dritten in die dyadische Objektbeziehung zur Mutter als wichtiger Differenzierungsschritt hervorgehoben.

Obgleich es in der frühen Entwicklung des Kindes im allgemeinen mehrere wichtige Personen gibt, steht die Erfahrung der versorgenden, spannungsregulierenden Mutter als einer gleichbleibenden Bezugsperson entwicklungspsychologisch und sozialisatorisch im Vordergrund. Für die Auflösung der symbiotischen Beziehungsmomente ist nicht nur der Vater als Dritter, sondern auch das Dritte als Gegenstandsbezug wichtig (vgl. Graf-Deserno 1981, S. 72). Als Übergangsobjekte bezeichnete D. W. Winnicott Gegenstände, die das Kind mit der besonderen subjektiven Bedeutung der psychischen Trennung von der Mutter ausstattet. Ein Tuch, der Daumen oder eine Melodie, wie Winnicott sagte, seien nicht die Mutter, bedeuteten aber für das Kind die Mutter (Winnicott 1969, S. 672; 1973, S. 10). Das Kind »erschafft« etwas Drittes zwischen sich und der Mutter, so daß die Übergangsobjekte (und Übergangsphänomene) als Ausgangssituationen schöpferischer Vorgänge, als Beginn des Denkens und Phantasierens zu verstehen sind. Wenn das Kind diesen intermediären Raum der Übergangsphänomene erschafft, bildet es die Möglichkeit aus, an den vorgestellten Phänomenen probeweise zu handeln, was gleichbedeutend mit dem Erwerb von Unabhängigkeit ist.

Auch M. S. Mahlers Konzept der Wiederannäherungsphase (»rapprochement«), das sich auf Beobachtungen an Kindern im zweiten Lebensjahr bezieht, kennzeichnet die Ausbildung einer inneren

Struktur, mit der sich das Selbst vom mütterlichen Objekt und anderen Objekten abgrenzt und unterscheidet. Bei dieser inneren Differenzierung spielt, wie schon angedeutet, sowohl die gegenständliche Realität als auch die Beziehung zum Vater eine wichtige Rolle. Das Kind läßt die dyadische Beziehung zur Mutter vorübergehend »hinter sich«, wenn es sich ihrer sicher fühlt. Es expandiert und »erobert« die Welt. Nach einer Weile nimmt es die Mutter wieder in den Blick, rückversichert sich oder »tankt bei ihr auf« (»refueling«), um sich wieder neuen Aktivitäten in der gegenständlichen Realität zuzuwenden (vgl. M. S. Mahler 1968, S. 224; 1974, S. 29). Der Bezug zur gegenständlichen Realität läßt sich als eine Art von Katalysator für die Differenzierung der Wahrnehmungs- undErlebnismöglichkeiten auffassen.

Da mit der dyadischen Objektbeziehung eine bestimmte Erlebnisqualität verbunden ist, in der »die mütterliche (oder die väterliche) Imago noch auf Jahre hinaus nur eine Erweiterung der kindlichen Selbstimago darstellt, erhält auch die Beziehung des Kindes zur Mutter solche narzißtischen Qualitäten« (Jacobson 1964, S. 52).

Das Überwinden von Ausschließlichkeit und Kontrolle dem mütterlichen Objekt gegenüber hängt nun sehr von der Rolle des Vaters ab, der sich als Dritter ins Spiel bringt. Man spricht auch von »Triangulierung« (Rotmann 1978 in Anlehnung an Abelin 1971) oder »triadischer Beziehung« (Ermann 1985, 1989, 1993; Greenson 1980; Mentzos 1982, S. 126). Die innere Differenzierung führt zu einer Fähigkeit des Erlebens, die man als »triadische Struktur« bezeichnen kann. Damit soll in unserem Zusammenhang das differenzierte Erleben von Beziehungen und Menschen in ihrer Individualität gemeint sein sowie die Fähigkeit, entsprechend differenziert Beziehungen zu gestalten. Wir ergänzen, daß diese innere triadische Struktur sich an einer äußeren vorgegebenen Strukur herausbildet, die H. Lang (1992) in seinen Überlegungen zur Neubewertung des Ödipuskomplexes als »strukturale Triade« bezeichnet hat.

Am Ende dieser Entwicklung kann sich das Kind als Verursacher von Konflikten erleben, aber auch als jemand, der Konflikte zu lösen vermag. Dabei darf nicht unterschätzt werden, wie abhängig das Kind davon ist, ob die Eltern ihrerseits zur Spannungsregulierung auf einem triadischen Niveau fähig sind oder ob sie das Kind im Sinne eines interpersonellen Arrangements (Mentzos 1976, 1982) unbewußt in eine dyadische Konfliktabwehr einbeziehen.

Wir möchten betonen, daß die Differenzierung der psychischen Funktionen von dyadischen zu triadischen Modalitäten einen inneren Vorgang darstellt, der nicht an der Menge der Bezugspersonen eines Kindes abzulesen ist, sondern sich daraus erschließen läßt, wie die Beziehungsqualität zu den verschiedenen Personen ausgestaltet wird. Auf diesen inneren Vorgang beziehen sich auch die Begriffe Subjekt und Objekt der psychoanalytischen Objektbeziehungstheorie (vgl. E. Jacobson 1964; O. F. Kernberg 1980).

Der Begriff des Objekts verweist auf die inneren Repräsentanzen, die das Kind von Vater und Mutter bzw. signifikanten anderen Personen bildet. Damit ist ein Unterschied zwischen den äußeren Bezugspersonen und dem inneren Objekt unterstellt. Das innere Objekt Mutter ist beim zweijährigen Jungen ein anderes als beim vierjährigen oder beim fünfzehnjährigen Adoleszenten; nochmals unterschiedlich ist es beim Mädchen der entsprechenden Altersstufen intrapsychisch niedergelegt.

Soweit haben wir das Ausbilden und Ausgestalten von psychischen Funktionen für die Heranwachsenden in den Mittelpunkt gerückt. Die immer komplexer werdenden »Entwicklungsaufgaben«, insbesondere die konflikthaften Erfahrungen mit den Eltern und anderen Bezugspersonen, die mit dem Typus der ödipalen Dreierbeziehung gekennzeichnet werden, müssen integriert bzw. abgewehrt werden. Die innere Repräsentanz der Mutter und des Vaters als versorgender, beschützender, anerkennender, grenzensetzender und idealisierbarer oder aber kontrollierender, schwacher, zurückweisender und verführender Personen unterscheidet sich also von den wirklichen Eltern. Diese werden erst allmählich als innere Objekte errichtet, die gut und böse zugleich sind, die sich über längere Zeit gleich bleiben, so daß »das mütterliche Bild nun intrapsychisch für das Kind in gleicher Weise verfügbar geworden ist, wie die wirkliche Mutter libidinös für Nahrung, Trost und Liebe verfügbar war« (M. S. Mahler, 1972, S. 223). Mahler spricht von der emotionalen Objektkonstanz, die mit dieser Entwicklung – in ihrem Schema die vierte Subphase des Loslösungs- und Individuationsprozesses – erworben wird (Mahler 1968, 1975).

Die Entwicklungsaufgabe, mit der das Kind der ödipalen Entwicklungsstufe konfrontiert wird, verlangt eine maximale Annäherung von innerer Repräsentanz und realem äußerem Objekt. Dazu gehört ein Gleichbleiben des inneren Objekts und die Anerkennung der Erfahrung, daß Tatsachen und Ereignisse sich von den Erlebnissen, also einer inneren Realität, unterscheiden können. Auf der Ebene des Verhaltens ist zu beobachten, daß die Spiele phantasievoller werden und die schöpferischen Fähigkeiten der Kinder zunehmen. Das ideale Schulalter beginnt.

Aus der Integration oder Abwehr der Erfahrungen mit den entwicklungsspezifischen Konflikten, den »Kernkonflikten« (French 1958, S. 100f.) oder »primären Konflikten« (Mentzos 1982, S. 123f.) gehen mehr oder weniger brauchbare Muster für nachfolgende Konfliktkonstellationen hervor. Die triadische Erlebnisform, in der das Selbst und andere als getrennt und dennoch abhängig voneinander erlebt werden können, macht bereits eine »anspruchsvolle« Beziehungsqualität möglich, in der ein gewisses Maß an Konflikttoleranz bereitgestellt und damit auch der Grund für die einfühlenden Fähigkeiten gelegt ist. Die Möglichkeit, die Sicht des anderen probeweise zu übernehmen, ist jetzt Bestandteil der Konfliktbewältigung. Sie stellt auch den Anfang der reflexiven Denkvorgänge dar (vgl. Graf-Deserno 1981, S. 73). Dazu schreibt E. G. Schachtel (1955, S. 210):

> »Die reflexive Einstellung des Kindes auf seine Gefühle und Erlebnisse stellt den letzten Schritt in der Entwicklung der gegenständlichen Aufmerksamkeit dar, zusammen mit der Ausbildung der Ichvorstellung und dem autobiographischen Gedächtnis – d. h. des Begriffs der Kontinuität des Selbst.«

Aus unserer Sicht liegt in dem spannungsreichen, konflikthaften Wechsel von Bindung und Trennung, wie wir ihn schematisiert am Konflikttypus der frühkindlichen Individuation dargestellt haben, die motivationale Basis für den Wechsel von progressiven und regressiven Prozessen in späteren konflikthaften Lebensphasen.

In Supervisionen können wir beobachten, wie Belastungen regressive Reaktionen auslösen. Es wird unbewußt, so schlußfolgern wir, eine dyadische Beziehungsqualität gefordert. Dabei kann es sowohl um das Einsetzen einer Abwehr der Konfliktkonstellation als auch um eine vorübergehende Entlastung gehen, also den Versuch, die Komplexität zu reduzieren. Wir betonen, daß die Aufmerksamkeit im Kontext der Supervision nicht darauf gerichtet ist, pathologische Regressionen zu diagnostizieren. Es geht vielmehr darum, daß der Wechsel von regressiven und progressiven Tendenzen als Bestandteil der beruflichen Selbstreflexion verstanden und daß seine selbstregulative Funktion durch die Supervision geschützt wird.

Kapitel 5 Typische Konfliktthemen der Adoleszenz und die idealisierende Übertragung in der Supervision

Anforderungen der Adoleszenz

In diesem Kapitel verbinden wir ein Ergebnis der psychoanalytischen Entwicklungspsychologie mit einer Annahme über die Entwicklung psychosozialer Kompetenz. Die Psychoanalyse hat zeigen können, daß sich in der Adoleszenz Krisenerlebnisse der frühen Individuationsphasen wiederholen und eine Verfestigung bisheriger Strukturen eintritt oder – im Sinne einer Chance – eine weitere Ausdifferenzierung zustande kommt. Wir nehmen an, daß die Entwicklung psychosozialer Kompetenzen in den sozialen Berufen von der Integration der in der Adoleszenz wiederauflebenden Konfliktdynamik entscheidend abhängig ist und geprägt wird.

Die Wiederholung der primären Konflikte in der Adoleszenz wurde schon von S. Freud innerhalb seines »zweizeitigen Ansatzes« der menschlichen Sexualentwicklung gesehen (vgl. Freud 1923a, S. 221f.). Entsprechend führte Anna Freud aus (1934, S. 108f.):

> »Der analytischen Lehre nach ist der Ansatz des menschlichen Sexuallebens zweizeitig. [...] In der frühinfantilen Sexualperiode, nicht in der Pubertät werden die entscheidenden Entwicklungsschritte gemacht, die wichtigen prägenitalen Sexualorganisationen durchlaufen, die verschiedenen Partialtriebe ausgebildet und betätigt, die Entscheidungen über Normalität und Abnormalität, Liebesfähigkeit oder -unfähigkeit des Individuums gefällt. Das Studium dieser frühen Periode muß also auch die Aufklärungen über Ursprung und Entwicklung des Sexuellen bringen, die die Schulpsychologie sich von der Pubertätsforschung erwartet. Die Pubertät ist [...] die zeitlich nächste Wiederholung der infantilen Sexualperiode.«

Für diese Wiederholung sind, wie bereits angedeutet, zwei Ausgänge denkbar, die in der Praxis, wenn auch in Mischungen, festgestellt werden können. Zum einen kann die Zeit des pubertären Reifeschubs als Chance für eine Umgestaltung und Korrektur bisheriger Modi der Konfliktlösung genutzt werden (vgl. Erdheim 1988). Zum anderen besteht das Risiko, daß ungeeignete Konfliktlösungen sich verfestigen. Der zweite Ausgang, so zeigt die therapeutische Erfahrung, stellt oft den Beginn einer Neurose dar, gleichviel ob sie sich später in Symptombildungen oder Persönlichkeitsstörungen ausdrückt.

In den sozialen Berufen fällt die Bewältigung der Adoleszenzkonflikte häufig als »zweite Chance« mit der Wahl und dem Beginn des Berufes zusammen. So folgt diese Wahl oft einer unbewußten Motivation, die in der freiwilligen Auseinandersetzung mit professioneller Selbstreflexion auch zum Ausdruck kommt.

Wir möchten folgendem Mißverständnis vorbeugen. Wenn wir die Konflikte der Adoleszenz (vgl. Blos 1962, 1976; Laufer & Laufer 1984) und das in den Teilen II und III dargestellte Team in einen Zusammenhang bringen, so heißt das nicht, die Teammitglieder seien noch im Stadium der adoleszenten Entwicklung. Die Notwendigkeit, die Adoleszenzkonflikte im Sinne einer Orientierung oder Fokussierung zu verwenden, ergibt sich, weil die Konfliktbewältigung in einer beruflichen Situation häufig mit dem Wiederaufleben adoleszenter Konfliktthemen einhergeht. Welche Gründe lassen sich für die Parallele von Professionalisierung und Wiederkehr adoleszenter Konfliktthemen angeben?

Erstens arbeitet das Team in einer Einrichtung, die aus einem Projekt heraus entstand, das in seiner Gründungsphase weder konzeptionell noch institutionell auf bewährte Vorbilder zurückgreifen konnte. Es ging also darum, eine Konzeption zu realisieren und dazu die professionellen Kompetenzen und institutionellen Strukturen bereitzustellen bzw. erst zu entwickeln. Zweitens waren die meisten Mitarbeiter und Mitarbeiterinnen beim Eintritt in das Team Berufsanfänger. Beide Gründe zusammen waren entscheidend dafür, daß die Phase der beruflichen Festlegung einem »Moratorium« im Sinne E. H. Eriksons (1959) glich. Erikson schreibt dazu (1959, S. 212):

> »[Die Adoleszenz] ist eine gesellschaftlich gewährte Zwischenwelt zwischen Kindheit und Erwachsenenalter, ein psychosoziales Moratorium, in dessen Rahmen die Existenz subjektiven Erlebens, die Alternativen ideologischer Ausrichtung und die Möglichkeiten

> realistischer Verpflichtung erst spielend und dann in gemeinschaftlicher Bemeisterung erprobt werden können.«

Für unser Team bestand eine vergleichbare offene psychosoziale Situation. Die Ausgestaltung des Projekts lag in der Hand der Mitarbeiter und Mitarbeiterinnen; sie stand oder fiel mit ihren Kräften, Phantasien und Fähigkeiten. Damit war ein einzigartiger Rahmen geschaffen, eine postadoleszente Integration und Identität zu finden; zugleich aber war dieses Projekt naturgemäß mit all den Risiken der Regression und Identitätsdiffusion adoleszenter Konfliktlagen belastet.

Ein dritter Grund für den Zusammenhang von Adoleszenzkonflikten und Professionalisierung liegt darin, daß eine systematische berufliche Selbstreflexion »automatisch« zu jenen Punkten der Konfliktabwehr führt, die sich in der Spätadoleszenz herausbildeten. Von den Supervisanden, die freiwillig in eine Supervision gehen, wird eine »offene« und in gewissem Sinne »alternative« Situation gesucht.

Der Grundkonflikt von Autonomie und Abhängigkeit erfährt in der Adoleszenz seine weitere entscheidende Ausgestaltung: Die bisherigen Lösungsformen dieses Konflikts müssen sich sowohl in heterosexuellen Liebes- als auch in Arbeitsbeziehungen bewähren. Die Identität des Jugendlichen muß sich stabilisieren. Dies kommt geradezu einem schöpferischen Akt gleich, da die mitgebrachten Erfahrungen und Identifizierungen in einen Zusammenhang mit den noch zu verwirklichenden, unbewußten und bewußten Lebensentwürfen zu stellen sind.

W. Bohleber führt aus, wie der Körper des Jugendlichen durch die sexuelle Reifung und die Veränderung des Körperbildes erst »als Organ sexueller Befriedigung« angeeignet werden, aktiv zu dem gemacht werden muß, was er sein kann (1992, S. 55):

> »[Zunächst wird der Körper] als Quelle regressiver Wünsche erlebt, die das Ich zu überwältigen drohen. Um sich davor zu schützen, weist das Ich den Körper als Organ der sexuellen Befriedigung insgesamt zurück. Denn ihn als Quelle regressiver Wünsche zu akzeptieren, hieße auf der unbewußten Ebene, ihn wieder an die Mutter auszuliefern.«

Es geht um nicht weniger als die Frage, ob es dem Ich gelingt, diese schöpferische Leistung zwischen regressiven und progressiven Formen der Befriedigung aktiv und auf neuem Entwicklungsniveau zu gestalten. Dabei sind nicht nur die Gegensätze aktiv – passiv oder progressiv – regressiv, die sich in der Adoleszenz verschärfen, zu beachten, sondern auch die integrative Kraft des Ich, durch die ein Oszillieren zwischen progressiven und regressiven Bedürfnissen und Formen der Befriedigung ermöglicht wird.

In dieser Sichtweise erscheint der Lebensentwurf als schöpferischer Vorgang der Konfliktverarbeitung, dessen Gelingen von der Umgestaltung der bisherigen Lebensgeschichte abhängt, also davon, wie in der Wiederholung der Konflikte via Regression neue Formen der Verarbeitung gefunden und vergangene krisenhafte Erfahrungen noch einmal anders definiert werden können. W. Bohleber schreibt in diesem Sinne (1992, S. 56f.):

> »Die[se] Neuinterpretation und ihre Umsetzung in Handlung wird so zu einer kreativen Wiederholung der Vergangenheit unter dem Einfluß der Organisationstätigkeit des Ich. Sie vollzieht sich in einem ständigen Wechsel zwischen innerer und äußerer Bühne ...«

Die Übertragung in der Supervision unter dem Aspekt adoleszenter Idealisierung

Wie läßt sich vor dem Hintergrund der adoleszenten Entwicklung die Rolle des Supervisors oder der Supervisorin beschreiben? Blos u.a. haben gezeigt, daß der Adoleszente idealisierbare Personen sucht, um sich von den elterlichen Bezugspersonen ablösen und die entstehenden Insuffizienzgefühle bewältigen zu können. Die inneren Bilder der Eltern werden überarbeitet oder »alternativ« gestaltet und an neuen Bezugspersonen erprobt. Auch darin liegt ein innovatives Moment der adoleszenten Lebensentwürfe.

Offensichtlich eignet sich das Setting der Supervision dazu, sowohl die Repräsentanzen der adoleszent-ödipalen Eltern als auch ihre »Alternativentwürfe« zu beleben und in Übertragungsvorgängen zu verwenden. Ginge man mit einem Modell der Elternfiguren der frühkindlichen Entwicklung an die Übertragungsangebote der Supervisanden heran, dann würde man sozusagen eine Ebene zu tief einsteigen, weil man die adoleszente Verarbeitung der frühen Konflikte nicht in den Blick nähme. Man würde auch die Funktion des Supervisors verfehlen, wenn man sich, der Wahrnehmungseinstellung der Therapie vergleichbar, an den frühkindlichen Entwicklungsthemen orientierte.

Im professionellen Verhalten des Supervisors finden sich so gesehen methodische Eigentümlichkeiten, die aus der Sicht der Supervisanden an die Aspekte »adoleszenter Alternativentwürfe« erinnern oder an sie anknüpfen: Der Supervisor kann von den Supervisanden insofern leicht im Sinne einer »Alternative« zu den prägenitalen und ödipalen elterlichen Repräsentanzen erlebt werden, als deren vorbewußte Erwartungshaltung sich an einem hilfreichen und unterstützenden, kompetenten und Orientierung gebenden Menschen ausrichtet. Entwicklungspsychologisch gesehen geht es beim Supervisor auch um ein Objekt, das jederzeit bereit ist, sich in dieser Funktion wieder überflüssig zu machen, das sich nicht verführen läßt, die Position präödipaler und ödipaler Elternrepräsentanzen einzunehmen, aber auch seinerseits nicht verführt, sondern vielmehr in der Lage ist, den Supervisanden fast voraussetzungslos anzuerkennen.

Die unkonventionelle Gesprächssituation der Supervision scheint also einem Typus idealisierter Kommunikation zu gleichen: Ein Supervisor interpretiert, zollt Anerkennung, verführt nicht und ist seinerseits nicht verführbar. Dieser Typus eines idealisierten Beziehungsangebots wird, so könnte man sagen, zur Maxime einer professionellen und methodisch orientierten Haltung. Ihre zentralen Merkmale – Abstinenzgebot, gleichschwebende Aufmerksamkeit und Interpretationskompetenz – werden in der Supervision systematisch zur Aufrechterhaltung des Rahmens (Settings) und zur Formulierung von Interpretationen (Technik) verwendet. Nach diesen Ausführungen kann man leicht erkennen, daß die Maximen professioneller Wahrnehmungseinstellungen in der Supervision einer idealisierenden Übertragung als Arbeitsgrundlage entgegenkommen.

In Supervisionen mit Studierenden sowie mit Studienreferendaren und Berufsanfängern sozialer Berufe, aber auch generell in gelingenden Teamprozessen ist nach unserer Erfahrung die beschriebene idealisierende Übertragung deutlich zu spüren.

Postadoleszente sind auf der Suche nach Menschen, die ihnen etwas vom Leben zeigen können, ohne verführend in Abhängigkeit zu ziehen, intrusiv Grenzen zu verletzen oder ödipal zu rivalisieren. Sie suchen im idealisierten Objekt denjenigen, der kompetent »von der Familie in die Kultur« führt, wie Erdheim (1988) die Aufgabe der Eltern in der Adoleszenz charakterisiert.

Wenn die Idealisierung in milder Form auftritt, stellt sie als Übertragung eine Arbeitsgrundlage dar. Sie fördert den Prozeß des Verstehens, weil die Gewißheit von Anerkennung und Wertschätzung die Supervisionsbeziehung bestimmt. Es geht um eine Gefühlsbindung als Arbeitsgrundlage. Aus der Sicht der Übertragung verkörpert der idealisierte Supervisor etwas, das zu erreichen sich lohnt und vom Supervisanden erstrebt wird. Erst wenn die idealisierenden Übertragungen in größerer Intensität auftreten, dienen sie auch der Abwehr von Konflikten.

Wir wollen an dieser Stelle erwähnen, daß in den Supervisionen mit Studienreferendaren diese milde Idealisierung häufig vorkommt, hingegen weniger oder gar nicht bei Supervisionen mit Lehrern und Lehrerinnen. Es scheint, als würde sich in der Supervision von berufserfahrenen Lehrern deren Erfahrung reproduzieren, daß sie ihrerseits nicht mehr von ihren Schülern und Schülerinnen idealisiert werden. Sind die modernen Adoleszenten eher an virtuellen Objekten orientiert, die Großartigkeit und Perfektion versprechen?

Diese Einschätzung der Bedeutung milder idealisierender Übertragungen scheint uns auch durch Arbeiten in der Frauenforschung gestützt zu werden. Hagemann-White (1992) weist darauf hin, daß die Mädchen ohnehin durch die gesamte Adoleszenz hindurch die Mutter als ein wichtiges Objekt suchen, weil sie ihrer zur Spiegelung und Unterstützung bedürfen. Ähnlich sieht Bohleber (1992, S. 58) die Bedeutung des »mirroring« in der Adoleszenz. In dieser Perspektive diskutiert Hagemann-White die Autorinnen Apter (1991), Gilligan (1990) und Kaplan (1988). Sie hebt hervor (ebd., S. 76f):

> »... nicht die Entfernung, die innere Trennung [ist] für die Reifung des Mädchens förderlich, sondern die verwandelte Nähe, die beibehaltene Loyalität, die Erringung einer Stimme im Dialog anstelle des Zwangs, die Mutter zu verlassen.«

Und weiter heißt es in einer Formulierung, die unserer Vorstellung vom »Alternativentwurf« einer Beziehung zu bedeutsamen anderen Personen entgegenkommt (ebd., S. 77):

> »Die wachsende Selbständigkeit, die neu erworbenen Kompetenzen, die Schritte in Richtung auf ein selbstverantwortetes eigenes Leben sind in einen Kampf um Anerkennung mit der Mutter eingebettet, dessen Ziel nicht die Loslösung, sondern die Wiederherstellung von Vertrautheit und Nähe auf neuem Niveau ist. Die Mutter ist für die Selbstfindung und das emotionale Befinden des adoleszenten Mädchens weit wichtiger [...] als gleichaltrige Freundinnen.«

Sicherlich ist diese Beobachtung im Hinblick auf die inneren Konflikte interpretationsbedürftig. Es wäre zu fragen, ob die Verwandlung der Beziehung zur Mutter auf immer differenzierterem Niveau bei den befragten Frauen als integrativer Schritt möglich war oder ob sie eine ungelöste Abhängigkeit von präödipalen Wünschen anzeigte.

Die Seite der spiegelnden Identitätsfindung in der Beziehung zur Mutter, die auch unter dem Gesichtspunkt des negativen Ödipuskomplexes diskutiert werden kann, spielt eine produktive Rolle für die noch zu erschaffende Identität. Die oben genannte Einschränkung der Funktion von Mädchenfreundschaften, die ja bei Blos (1962, 1970) in den Mittelpunkt der frühen Adoleszenz gerückt werden, scheint uns deshalb einleuchtend, weil sie nur begrenzt die spiegelnde Funktion übernehmen können. Wenn sie innerhalb der Zwangsgemeinschaften von Schulklassen bestehen sollen, ist die Spiegelungsfunktion dieser Freundschaften überfordert. Das Spiegeln schließt immer auch die Rivalität ein. In den verpflichtenden Gruppenbildungen der Schule ist jedoch die erforderliche Nähe-Distanz-Regulation erschwert. Es ist deshalb nur konsequent und sinnvoll, wenn sich die jugendlichen Mädchen stärker an Gruppenbildungen – Cliquen – als an Zweierbeziehungen orientieren. Die implizite Anforderung an die Adoleszenten lautet, Rivalität kompetent zu erproben, dabei auch zu bestehen und durchzusetzen, was sie wollen, auf der Gegenseite aber auch ein Bewußtsein von den Risiken rivalisierender Beziehungen zu entwickeln sowie davon, daß es schützenswerte Beziehungen gibt.

Mit dieser Entwicklungsanforderung sind die Adoleszenten auf die regressive Wiederbelebung ödipaler Strebungen und auf eine gelingende Integration verwiesen. Andernfalls wird ein weiblicher Identitätsentwurf, mit dem das Mädchen Beziehungen pflegt sowie seine Interessen durchsetzt, nicht zu verwirklichen sein (Gilligan 1982).

In der Supervision mit jungen, in Ausbildung befindlichen Frauen, aber auch mit solchen, die das Studium abgeschlossen haben und Berufsanfängerinnen sind, ist die idealisierende Gefühlsbindung regelmäßig festzustellen.

Das Gegenstück zur Idealisierung in der Übertragung – entwertende, »negative« Übertragung

Die Entwertung als Gegenstück zur idealisierenden Übertragung wirft technische Probleme auf; sie fordert das Einfühlungsvermögen und die Konflikttoleranz des Supervisors extrem heraus. Als Arbeitsgrundlage wirkt sie eher hemmend und kann lediglich als Durchgangsstadium betrachtet werden, nach dessen Überwindung die Arbeit mit neuen Einsichten wieder vorangeht. Es ist unklar, ob und wann sie gedeutet werden kann; zumindest bedarf es genauerer Untersuchungen dazu, wann sich in Supervisionen negative Übertragungen ansprechen lassen.

Generell läßt sich sagen, daß das Thematisieren negativer Übertragungsreaktionen, die sich unmittelbar auf den Supervisor richten, eine hochsensible Nähe-Distanz-Regulation beim Supervisor voraussetzt. Schon das Konzeptualisieren der Interventionen in der Supervision als Übertragungsproblem läßt den Supervisor gleichsam sehr nahe an die Supervisanden heranrücken. In einer gegenläufigen Bewegung muß er aus der Übertragungszone wieder herausrücken, um den Fortgang der Supervision nicht zu gefährden und den für die Supervisionsarbeit geeigneten Standort zu sichern. Das folgende kurze Beispiel aus einer Supervisionsgruppe mit Frauen und Männern zwischen Dreißig und Fünfzig, die sich nochmals einer Referendarausbildung unterzogen, soll die Funktion der negativen Übertragung verdeutlichen.

Gleich zu Beginn der Supervision herrschte eine durch Skepsis geprägte Gefühlsbindung der Teilnehmer untereinander vor. Sie schlug in dem Moment in eine deutlich negative Einstellung um, als von allen Supervisionsteilnehmern die Fortsetzung der Supervision beschlossen worden war. Es schien, als hätten die damit verbundene Abhängigkeit und unausgesprochene Bedürftigkeit die Übertragung und damit die Inszenierung negativer Konfliktkonstellationen hervorgetrieben. Massive Rivalitätsaggressivität und Entwertung kamen ins Spiel. Hatten die Supervisanden in den ersten Supervisionssitzungen noch in Form der Falldarstellung, also indirekt problematisiert, man nähme sie als in Ausbildung befindliche Erwachsene nicht ernst oder setze sie sogar herab, wurde nun, als entschieden war, daß die Supervision wirklich beginne, dieses Thema der Supervisorin gegenüber inszeniert. Offenbar wurde die Angst vor einer Destabilisierung durch die Festlegung und die damit eingegangene Abhängigkeit so groß, daß dieses Thema nicht mehr reflektierbar war, sondern innerhalb der Arbeitsbeziehung selbst inszeniert werden mußte. In diesem Sinne haben wir in Kap. 1 beschrieben, wie neben das Interesse an der Ausdifferenzierung der beruflichen Kompetenz zugleich die Angst tritt, daß die erreichte berufliche Identität destabilisiert werden könnte und daß diese ambivalente Ausgangssituation auch die weitere konflikthafte Logik des Supervisionsprozesses bestimmt.

Wir sehen in der Ausbildungssituation der 35–50jährigen Supervisionsteilnehmer ein auslösendes Moment für die adoleszente Form der Konfliktbewältigung. In der Gruppe gab es ein Mitglied, das aggressiv und mißtrauisch erschien, indem es immer das Gefühl in die Sitzungen mitbrachte, es werde von den Ausbildern extrem schlecht behandelt. Sicherlich wurde die Gruppe durch dieses Mitglied in eine regressive, entwertende Richtung gedrängt; offenbar fühlte sie sich aber auch durch diese Tendenz insgesamt vertreten. Die Exponentin oder Protagonistin der mißtrauischen und aggressiven Strebungen fragte in der ersten Supervisionssitzung, »ob man hier auch gegen Angriffe geschützt werde«. Entscheidend war, daß sich die Gruppe der Tendenz, die durch diese Supervisandin verkörpert wurde, anschloß und sich dadurch eine Geschlossenheit und Einigkeit gab, die sie faktisch nicht besaß, waren doch die Mitglieder der Gruppe auch hinsichtlich der bisherigen beruflichen Erfahrungen unterschiedlich. Man benahm sich jedoch wie in einer adoleszenten »Peer-group«, erzählte, wie gut man sich kenne und urteilte »schwarz-weiß« über die Ausbilder. Später kritisierte man entsprechend heftig die Supervisorin. Der Einwand einer Teilnehmerin mit psychologischen Kompetenzen, daß hier auf einmal alles schlecht wäre, was vorher noch gut gewesen sei, verhallte im Raum. Die Äußerungen waren von einer Qualität, wie sie von P. Blos (1962, S. 10ff.) sowie M. Leuzinger-Bohleber und E. Mahler (1993, S. 25) treffend zusammengefaßt wird: präambivalente Einstellungen bei gleichzeitig »hellsichtiger«, aber »holzschnittartiger Kritik«.

Dieses für die Adoleszenz typische Abwehrmuster sollte den Konflikt zwischen Insuffizienzgefühlen und Abhängigkeitswünschen einerseits und dem Wunsch, selbständig und erwachsen handeln zu können, andererseits lösen. Die Rivalitätskonflikte um Kompetenz und Anerkennung in der Ausbildung schienen einen derart starken Druck auszuüben, daß die Lösung des Konflikts in der Regression mit präambivalentem Urteilen und Entwerten gesucht wurde. Im Hintergrund der als herabsetzend erlebten Ausbildungsinstitution stand eine Reihe institutioneller Rollenkonflikte mit den Ausbildern, die für das Zustandekommen der massiven Übertragungsdynamik von Bedeutung waren.

Fallvignette zu einer adoleszenten Übertragungskonstellation

Das in Teil II und III dargestellte Team entfaltete seine adoleszente Konfliktdynamik und Konfliktabwehr deutlich im Sinne eines psychosozialen Moratoriums. Obwohl die Mitarbeiter Anfang Vierzig waren, schienen sie die offene Situation ihres Projekts zu nutzen, um ihre berufliche Identität und ihre realen Kompetenzen zu entfalten und zu festigen. Das Erscheinungsbild des Teams war das einer Gruppe, deren Mitglieder mit der kompetenten Ausgestaltung spätadoleszenter Festlegungen und deren emotionaler Bewältigung befaßt sind.

Zwei Frauen, die akademische Abschlüsse mitbrachten und bereits Berufserfahrung besaßen, übernahmen Initiative und Verantwortung. Damit ragten sie aus der Gruppe heraus. Sie arbeiteten viel. Dann aber griff eine von ihnen, indem sie offensichtlich die im Team virulenten Führungswünsche zur Sprache brachte, auf Verarbeitungsweisen zurück, wie sie für die Adoleszenz typisch sind: Sie stellte die Frage, welche Struktur das Team nun bekommen solle; die Frage müsse rasch und endgültig geklärt werden. Das Team folgte ihrer Initiative. Sie schien alles in die Hand nehmen zu müssen, wurde aber vom Team auch zu den einzelnen Schritten autorisiert. Die Supervisorin wurde für eine Sondersitzung, die sich mit organisatorischen Fragen befassen sollte, in Anspruch genommen. Dann wurde unter hohem Kostenaufwand der Supervisor Z. aus Y. geholt. Er sollte das Problem der Strukturfindung mit väterlicher Autorität lösen. Nach diesem Geschehen wendete sich das Team wieder an seine Supervisorin, als kehrte es zu einer Art mütterlicher Bezugsperson zurück. Man sei »regrediert und habe die Supervisorin mit dem Supervisor Z. betrogen«, wurde im Stil einer Beichte berichtet. Was man da eigentlich gemacht habe, fragte man sich zerknirscht und reuevoll. Nach dem großen Schwung folgte buchstäblich eine Ernüchterung.

Einerseits verwiesen eine großspurige Tendenz im Verhalten und das überraschende Hin und Her zwischen den Supervisoren auf Phantasien von Allmacht und anschließender Enttäuschung; andererseits zeigte sich in den drängenden Fragen, wie die Einrichtung strukturiert werden solle, um qualifizierte Arbeit leisten zu können, oder mit welchen Qualifikationen man sich zufriedengeben wolle, daß die Realitätsprüfung einsetzte. Die Einrichtung sei für sie wie ein eigenes Kind, betonte eine Mitarbeiterin. Eine jüngere Mitarbeiterin war anderer Ansicht; die Situation im Team sei so ähnlich wie am Ende der Kindheit. Eine andere dachte an Initiationen. Die Assoziationen verwiesen auf den Abschluß des psychosozialen Moratoriums, auf die Festlegung und die Trauer darüber, was alles nicht aus dem Kind geworden war. Weitere Einfälle drückten aus, daß man wisse, was man habe. Jeder sprach dann über sein »relativiertes« Interesse an der Einrichtung: Sie wurde realistischer eingeschätzt; sie war nicht mehr alles, was man hatte.

Konkret nahm jedes Teammitglied eine halbe Stelle ein. Erstmals stellte man sich die Frage, ob die Einrichtung für jeden auch nur eine halbe Stelle bedeute. Herr P. schrieb noch an einer Abschlußarbeit; Frau O. studierte noch. Herr Q., bislang ohne Berufsabschluß, wußte den Arbeitsplatz, den er im Team gefunden hatte, zu schätzen. Es entstand die Frage, ob sich alle ausreichend mit der Einrichtung identifizierten, die ihnen halbe Stellen und keine Leitung bot. Schließlich äußerte Frau L. ihre Angst, das Team könne durch übereilte Entscheidungen folgenreiche Fehler machen; angesichts der bevorstehenden Sommerpause fühle sie sich wie verlassen.

Die Äußerungen nach der »Rückkehr« zur »Supervisorin-Mutter« wirkten individualisiert. Der Bezug zur Peer-group schien verschwunden. Jeder sah sich in bezug auf die Institution in seiner eigenen überschaubaren Funktion auf der Grundlage der jeweils unterschiedlichen persönlichen Qualifikationen. Frau K.s Äußerung, es gebe sehr viel Rivalität im Team, klang weniger hadernd. Sie, aber auch die anderen schienen zu akzeptieren, daß Neid und Rivalität weiterhin bestehen werden und man sich damit entweder abfinden oder sie aufgeben könne.

Diese Fallvignette zeigt den Gruppenprozeß des Teams in der Perspektive spätadoleszenter Konfliktbewältigung. Die hinsichtlich der Führungsaufgaben noch unstrukturierte Institution und die unabgeschlossene berufliche Situation der einzelnen Teammitglieder ließen im Sinne des psychosozialen Moratoriums noch Alternativen offen. Zugleich war dieses Potential für schöpferische Lösungen durch regressive Tendenzen, die den Mitarbeitern angst machten, bedroht.

Die aufgewühlte Dynamik des Teams glich am ehesten einer produktiven Labilisierung, aus der sich eine neue Orientierung gewinnen ließ und auf die man sich festzulegen schien. Interesse verdient das Detail, daß man im Vergleich zu den Standards anderer sozialer Einrichtungen mit dem Erreichten durchaus hätte zufrieden sein können: Jeder hatte seinen Anteil oder Bereich, der zu ihm zu passen schien. Richtet man aber den Blick auf den gesamten Prozeß, dann wird sichtbar, daß der »Aufruhr« im Team sowohl mit den inneren Prozessen der Teammitarbeiter, mit ihrer berufsbiographischen Adoleszenz, die zum Abschluß kommen mußte, zu tun hatte als auch mit der mangelhaften Institutionalisierung von Verantwortung und Leitungsfunktionen.

Im Verlauf der Supervision tauchten verschiedentlich Bilder von Jugendlichkeit auf, sowohl von der adoleszenten Kultur des Gleichseins als auch vom Abschied aus diesem Zustand. Diese Metaphorik brachte verdichtet mehrere Aspekte zum Ausdruck: die Struktur des Teams, aber auch die geringe Unterscheidbarkeit der Arbeitsgebiete, Berufsrollen und Verhaltensweisen der einzelnen Teammitglieder.

In der Supervision wurde deutlich, wie der Fokus der Differenzierung und Strukturierung des Arbeitsplatzes mit dem Thema der Überwindung des adoleszenten Ablösungskonfliktes verknüpft und ausgestaltet wurde. So übernahmen die beiden als herausragend charakterisierten Mitarbeiterinnen immer wieder die Rolle einer »Mutter der Adoleszenz« innerhalb der Einrichtung – einer Mutter, die anwesend ist und unterstützt, zugleich aber mit dem Thema der Ablösung von den Heranwachsenden intensiv befaßt ist und ihnen gewissermaßen einen Schubs in Richtung Selbständigkeit zu geben versucht. Die Mutter der Adoleszenz wird nicht nur als ambivalent erlebt, sondern sie ist auch selbst ambivalent, was bei den Jugendlichen Auflehnung und Ablösungsaggressivität mobilisiert. Durch die geringe Institutionalisierung wichtiger Funktionen wurde die beschriebene Beziehungs- und Konfliktdynamik außerordentlich forciert. Das führte zunächst dazu, daß es schwerfiel, dann fürsorglich-mütterlich zu sein, wenn es der institutionelle Auftrag gebot und es für den »berufsbiographisch Heranwachsenden« erforderlich war.

Statt dessen sträubte man sich gegen die institutionell gegebene Fürsorgepflicht in Form von Appellen an die Selbständigkeit der Mitarbeiter.

Die Auswertung des Supervisionsverlaufs ergibt außerdem, daß der adoleszente Ablösungskonflikt auch als spezifisch weiblicher Konflikt der beiden langjährigen Mitarbeiterinnen in der Teamentwicklung zum Ausdruck kam. Die beiden neu eingestellten männlichen Mitarbeiter mußten innerhalb dieser Konfliktkonstellation zunächst einen entsprechenden interpersonellen Part – im Sinne eines interpersonellen Arrangements (Mentzos 1976 bzw. 1988) – übernehmen.

Zusammenfassend möchten wir betonen, daß wir den Verlauf dieses Teamprozesses auch als Ausdifferenzierung einer offenen Berufssituation sehen, die von den Mitgliedern des Teams schöpferisch und initiativ betrieben wurde. Die wechselnden progressiven und regressiven Formen der Konfliktlösung entsprachen spätadoleszenten Prozessen der Identitätsfindung und führten bei diesem Team zu Individualisierung und beruflicher Spezialisierung sowie zu brauchbaren Formen der Institutionalisierung (s. den ausführlichen Verlauf in den Kap. 8–10).

Kapitel 6 Gruppenprozeß und Falldiskussion – direkte und indirekte Reinszenierungen

Gruppenprozeß und Übertragung

Gruppenbildung und Gruppenzugehörigkeit sind Grundlagen der menschlichen Entwicklung. Auch die Möglichkeit eines individuellen Lebensentwurfs enthält psychische Eigenschaften, die sich auf die Gruppenabhängigkeit beziehen und aus ihr ableiten lassen. In diesem Sinne kann man von »Gruppeneigenschaften des psychischen Apparates« sprechen (Ohlmeier 1976). Vor allem in den siebziger Jahren knüpften sich viele Hoffnungen auf Veränderung an die Arbeit in Gruppen z. B als therapeutische Anwendung (Argelander 1972; Kutter 1976), Selbsterfahrung (Kutter 1979, E. Mahler 1974), Balint-Gruppe (M. Balint 1964; Nedelmann & Ferstl 1989), Initiativgruppen (H.-E. Richter 1972) und Selbsthilfegruppen (M. L. Moeller 1978). Eine aktuelle Übersicht zur Gruppe aus psychoanalytischer Sicht bieten U. Finger-Trescher (1989) sowie R. Haubl und F. Lamott (1994).

Allgemein hat sich die Erkenntnis durchgesetzt, beim Umgang mit Gruppen klar zu unterscheiden, welche Aufgabe eine Gruppe sich gestellt hat. Verschiedene Aufgaben bedingen unterschiedliche Techniken und Modellvorstellungen. Auch wenn nicht die Gruppentherapie, sondern die Teamsupervision unser Thema ist, wollen wir eine bestimmte Diskussion, die in der Literatur zur Gruppenpsychotherapie geführt wurde, wenigstens streifen, weil sie auch für die Supervision aufschlußreich ist.

Woran ist der therapeutische Prozeß in der Gruppe orientiert? Wird der einzelne in und mit Hilfe einer Gruppensituation therapiert (z. B. Slavson 1964)? Oder wird die »Gruppe-als-Ganze« therapiert, wovon der einzelne indirekt einen Nutzen hat (Bion 1959)? Sind auch Mischformen denkbar (Foulkes 1975)?

Letzten Endes ist diese Diskussion auf das Faktum zurückführbar, daß in einer Gruppensituation vielfältige Übertragungen ablaufen, die vom Therapeuten oder Analytiker kaum zu überschauen oder nebeneinander zu erfassen sind. Daher wird der Gruppenprozeß zumeist in anderen Begriffen und nicht mit dem Übertragungskonzept beschrieben. Wir werden näher auf *Psychotherapy through the Group Process* von D. Stock-Whitaker und M. A. Lieberman (1964) eingehen, weil wir es für ein gut ausgearbeitetes Modell des gesamten Gruppenprozesses halten, dem sich andere, zum Teil bekanntere Modelle der Gruppe zuordnen lassen.

Stock-Whitaker und Lieberman (1964) haben das psychoanalytische Konfliktmodell in einer Fassung von Th. French (1958; s. a. Kap. 3) mit dem Gleichgewichtsmodell der Gruppe nach K. Lewin (1947) kombiniert. Sie definieren einen »fokalen Gruppenkonflikt« als elementare Einheit des Gruppenprozesses und schreiben (1964, S. 19, Übers. d. Verf.):

> »Die Sequenz verschiedener Ereignisse, die in einer Gruppensitzung eintreten, können in den Begriffen eines sich langsam entfaltenden, alle Beteiligten berührenden, verborgenen Konfliktes erfaßt werden, der aus zwei Elementen besteht: einerseits einem Impuls oder Wunsch (dem störenden Motiv), andererseits aus einer damit verknüpften Angst (dem reaktiven Motiv).«

Zu den Lösungen für den fokalen Gruppenkonflikt schreiben sie weiter (ebd.):

> »Als Begleiterscheinungen dieses fokalen Gruppenkonflikts erkennt man verschiedene Bemühungen, Konfliktlösungen zu finden, die einen Kompromiß zwischen den entgegengesetzten Kräften darstellen. Die Kompromißbildung zielt dahin, reaktive Ängste zu verringern, zugleich aber auch ein Maximum von Befriedigung der aktuellen Bedürfnisse zu erreichen.«

Auf der nächsthöheren Ebene ihres Modells fassen Stock-Whitaker und Lieberman fokale Gruppenkonflikte, die durch ähnliche störende Motive miteinander verknüpft sind, als »Gruppenthemen« zusammen. Auf einer weiteren Ebene von Komplexität fassen sie mehrere erfolgreiche Lösungen von fokalen Gruppenkonflikten und -themen als »Gruppenkultur« zusammen (ebd., S. 97):

> »Die Elemente der Gruppenkultur definieren die Art des therapeutischen Vorgehens, die Beziehung der Patienten untereinander und die Beziehungen zwischen Patienten und Therapeuten sowie

die jeweiligen Grenzen für den Ausdruck von Affekten, akzeptablen Inhalten und anerkannten Formen der Interaktion.«

Mit dem Begriff der Gruppenkultur beschreiben Stock-Whitaker und Lieberman auch, wie sie sich Veränderung und Entwicklung einer Gruppe vorstellen (ebd., S. 117):

»Kennzeichnend für die Entwicklung einer Gruppe von ihrem Anfang bis zum Ende ist die Wiederkehr grundlegender Themen unter den Bedingungen einer Gruppenkultur, die sich progressiv erweitert.«

Und für die Erfahrung des einzelnen Gruppenteilnehmers gilt (ebd., S. 164):

»Es ist dem einzelnen leichter möglich, den gesamten Bereich relevanter persönlicher Konflikte zu erfahren, wenn die Gruppenkultur mehr von befähigenden als von restriktiven Lösungen beherrscht wird.«

Die Autoren betonen, daß die Gruppenkultur für den einzelnen eine Form der Sicherheit darstelle, während er versuche, bestimmte Konfliktlösungen aufzugeben. Zur Schlüsselstellung des Therapeuten schreiben sie, daß sich seine Möglichkeit, auf die Gruppe einwirken zu können, sowohl von der besonderen Position ableitet, die er einnimmt, als auch von der Regelmäßigkeit, mit der die Gruppenteilnehmer ihm die Möglichkeit der Befriedigung ihrer Wünsche, die Bedrohung ihrer Konfliktlösungen etc. zuschreiben (S. 197f.). Hier berühren die Autoren das Konzept der Übertragung, von dem sie keinen Gebrauch machen, weniger weil sie es kritisieren, sondern vielmehr wegen der formalen und inneren Logik ihres Konflikt-Gleichgewicht-Modells.

Es gibt nur wenige detaillierte Beschreibungen der Übertragungsvorgänge in Gruppen. Unter den psychoanalytischen Aspekten von Übertragung, Gegenübertragung und Widerstand ist die widersprüchliche Einheit einer horizontalen Übertragung der Mitglieder untereinander und einer vertikalen Übertragung der Mitglieder auf den Leiter der Gruppe anzunehmen (vgl. Bardé 1994, S. 38; Deserno 1984, S. 29; Finger-Trescher 1989, S. 286ff.; Kadis et al. 1974, nur in der Originalausg., S. 104f.). H. Deserno führt aus (1984, S. 28):

»Der einzelne Gruppenteilnehmer hat in der Gruppensituation an zwei Gemeinsamkeiten unterschiedlicher Art teil; zum einen an der analytiker-zentrierten Übertragung, zum anderen an gemeinsamen, auf Abwehr und Befriedigung ausgerichteten Paar-, Subgruppen- und Gesamtgruppen-Konstellationen. Diese Teilnahme an zweierlei Gemeinsamkeiten bringt eine wichtige mit dem Widerstand zusammenhängende dynamische Bewegung in die Gruppensituation. Diese Bewegung verläuft umgekehrt zur analytiker-zentrierten Übertragung und kommt zustande, weil die interpersonellen Abwehrkonstellationen, da sie den Charakter von Kompromißbildungen besitzen, der unilateralen Übertragung ein Moment von Befriedigung voraushaben.«

In den multilateralen, horizontalen (symmetrischen) Übertragungen werden unbewußte Objektbeziehungen ansatzweise realisiert, während die unilateralen, vertikalen (analytiker-zentrierten, asymmetrischen) Übertragungen, die neutrale Haltung des Analytikers vorausgesetzt, weniger Befriedigung bieten.

Der unbewußte Gruppenprozeß in der Supervision – Grundannahmen und Gruppen-Unbewußtes

Wie bei der Gruppenpsychotherapie so ist auch der Gruppenprozeß einer Teamsupervision durch vielfältige Übertragungen bestimmt, die in der Literatur sehr unterschiedlich konzeptualisiert werden. Um Mißverständnisse zu vermeiden, stellen wir voran, daß unsere Vorstellung von Teamsupervision nicht therapeutisch orientiert ist. Der vorausgegangene Exkurs zum Modell der Gruppentherapie weist auf Prozesse hin, die auch in einem Team ablaufen, obgleich sie nicht intendiert sind oder gefördert werden. Man kann es auch so sagen: Die Übertragung hält sich nicht an den Arbeitsrahmen, den wir rational vorgeben. Um so wichtiger ist es, sie wahrnehmen zu können und gleichsam im Hintergrund im Auge zu behalten.

Wir möchten von der Situation der Balint- oder Falldiskussionsgruppe ausgehen, um das Übertragungs- und Gegenübertragungsgeschehen mit seinen Widerstandsformen in Teams zu diskutieren. Dabei spielt erfahrungsgemäß der Wechsel zwischen progressiven und regressiven Prozessen eine zentrale Rolle. So wird in der Supervision häufig mit W.R. Bions Konzept der »Grundannahmen« (»basic assumptions«) gearbeitet (vgl. Argelander 1972; Bion 1959; Lazar 1993 a, b), wenn man die regressiven Zustände einer Supervisionsgruppe beschreiben will. In der Tat lassen sich die von Bion definierten Gruppensituationen in der Praxis regelmäßig auffinden. Sie sind für das aktuelle Gruppengeschehen, wenn es regressive Züge annimmt, geradezu beispielhaft. Bion läßt keinen Zweifel daran, daß es bei der Regression in Gruppen um Konstellationen unbewußter affektiver Vereinheitlichung geht, die nicht in erster Linie der individuellen Psychologie und Pathologie der Gruppenteilnehmer zuzuschreiben sind. Ebenso werden mit Foulkes' Konzept der »Matrix« bzw. des mit ihr zusammenhängenden »Gruppen-Unbewußten« die mulitiplen Übertragungsvorgänge im aktuellen Gruppenprozeß und nicht individualpsychologische Besonderheiten in den Blick gerückt.

Gruppenmatrix (Foulkes 1975) und Grundannahmen (Bion 1959) beziehen sich auf Gruppenphänomene, die mit ihrer Affektivität im Gegensatz zur Falldiskussionsgruppe als Arbeitsgruppe stehen. Sie haben entwicklungspsychologische und ich-psychologische Voraussetzungen in der frühen Ontogenese. Den unbewußten Gruppenkonfigurationen von »Abhängigkeit« (»dependency«), »Kampf/Flucht« (»fight/flight«) und »Paarbildung« (»pairing«) ordnet Bion die Abwehrmechanismen Projektion, Introjektion und Spaltung zu (ebd. 1959; S. 120).

Was die regressiven Gruppenphänomene angeht, hebt Argelander (1972) die ganzheitlich-narzißtischen Zustände der Ich-Entwicklung hervor, die mit der Neigung zu Idealisierung, Allmacht und Enttäuschung bzw. Entwertung verbunden sind (ebd., S. 52). Wichtig erscheint uns vor allem die Überlegung Argelanders, daß die regressiven Phänomene zwei Funktionen für den psychischen Prozeß der Individuen und der »Gruppe-als-Ganzer« besitzen. Einmal geht es um die Funktion der Abwehr, zum anderen um die Funktion eines strukturbildenden Entwicklungsstadiums, eines »Zwischenstadiums«, das »von einer Matrix zur Individualität« führt (ebd.).

In dieser Sichtweise erhält das Oszillieren zwischen progressiven und regressiven Tendenzen in der Falldiskussionsgruppe, oder anders gesagt, der Wechsel von der Arbeitsgruppe zur Grundannahmen-Gruppe den Stellenwert einer selbstregulativen Funktion. Nach unserer Auffassung besitzt die Regression zur Grundannahmen-Gruppe neben ihrem Abwehraspekt auch die Möglichkeit der Integration. Das »Auftanken« auf der affektiven Ebene der Grundannahmen-Gruppe nach dem Typus »Abhängigkeit« (»dependency«) bringt beispielsweise die Differenzierung auf der Ebene der Arbeitsgruppe in Gang. Bion versteht beide Gruppenzustände, Arbeits- und Grundannahmen-Gruppe, als koexistent (1959, S. 121 f., 127). Er bedauert, daß bei der Affektivität der Grundannahmen-Gruppe nur deren »verderblicher Einfluß« betont werde, und setzt dem entgegen, er gebe »Deutungen aus dem Glauben heraus, daß in einer Gruppe hochgradig intellektuelle Tätigkeiten zusammen mit einem Bewußtsein von der Affektivität der Grundannahmen – nicht einem Ausweichen vor ihnen – möglich seien« (Bion 1959, S. 129).

Auf der Grundlage einer positiven Besetzung der Gruppe-als-Ganzer mit ihrer immanenten vereinheitlichenden Tendenz sowie einer positiven Gefühlsbindung an den Gruppenleiter bildet sich eine psychische Basis heraus, von der aus die Differenzierung möglich wird (vgl. Gfäller 1986, S. 76f.). Offensichtlich kommen bei diesen Phänomenen Wirkungsweisen zur Geltung, wie sie von Freud (1921 c) in »Massenpsychologie und Ich-Analyse« diskutiert wurden. In der Abtretung des Ich-Ideals der Mitglieder einer Gruppe (oder Masse) an ihren Leiter (oder Führer) entsteht auf regressivem Niveau eine enge Verbindung der Gruppenteilnehmer untereinander (Freud 1921 c, S. 71). Auf dieser Grundlage, die entwicklungspsychologisch der haltenden Funktion und Bindung an das primäre und spannungsregulierende Objekt entspricht (vgl. Winnicott 1960), werden Bindungen an Dritte im Sinne individualisierter Beziehungen möglich.

Bei S. H. Foulkes werden solche basalen psychischen Zustände in der Gruppe als »Matrix« bezeichnet, aus der ein *Gruppen-Unbewußtes* hervorgehe. Es handelt sich um eine gruppenspezifische Erlebnisebene, auf der lebensgeschichtlich frühe Erfahrungen mit gewisser Zwangsläufigkeit erneut konstelliert werden (vgl. Heigl-Evers 1978, S. 33f.).

Auch mit dem Konzept eines Gruppen-Unbewußten kann man sich die Funktion regressiver Phänomene für eine Falldiskussionsgruppe verdeutlichen. Regressive Prozesse stellen die Abwehr eines höheren Konfliktniveaus in der Falldiskussion dar und bieten zugleich eine Wunscherfüllung; der aktuelle Konflikt wird durch Kompromißbildung gelöst (vgl. Haubl & Lamott 1994, S. 5, 139f.).

Betrachtet man die regressiven Phänomene als Übertragung(en), muß man in ihnen auch einen Widerstand sehen. So enthält z. B. die Grundeinstellung »Abhängigkeit« den Wunsch, eine abhängige, Sicherheit und Versorgung bietende Beziehung zum Gruppenleiter aufzunehmen. Dieser Wunsch wird mit Hilfe der gesamten Gruppe dargestellt; damit kann der aktuelle Konflikt, der sich aus der Falldiskussion ergibt, abgewehrt werden. In der Grundannahme

»Kampf/Flucht« wird sowohl die auf den Gruppenleiter übertragene Angst vor einem übermächtigen, nicht kontrollierbaren Objekt als auch der Wunsch nach diesem Objekt wiederum durch die Gruppe zum Ausdruck gebracht – mit Hilfe eines inneren oder äußeren Gegners, den man bekämpfen oder vor dem man fliehen muß.

Schließlich kann der Übertragungswunsch, zusammen mit dem Gruppenleiter ein Paar zu bilden, durch die Grundannahme »Paarbildung« mit Hilfe eines – heterosexuellen oder homosexuellen – Paares aus der Gruppe dargestellt werden. In allen Konstellationen wird die unbewußte Tendenz der Gruppe von einzelnen Gruppenmitgliedern stellvertretend thematisiert oder inszeniert. R.D. Hinshelwood (1991) weist darauf hin, daß Bion, obgleich er die Arbeit mit Gruppen aufgab, sein Konzept der Paarbildungs-Grundannahme umarbeitete (in Bion 1970). Wie I. Menzies Lyth (1981) näher ausführt, sei die Paarbildung für die »container-contained«-Funktion grundlegend.

H. Pühl (1988, 1990) empfiehlt für die Teamsupervision, von einem unbewußten Gruppenthema als Fokus der Supervision auszugehen. Die von Stock-Whitaker und Lieberman (1964) entwickelten Ansätze des fokalen Konflikts sind hilfreich, weil sie die Eingrenzung der multiplen unbewußten Vorgänge bzw. Übertragungen auf einen Fokus ermöglichen, der sich auf aktuelles unbewußtes Konfliktgeschehen in der Gruppe bezieht. Unsere Annahme, daß der unbewußte Gruppenprozeß für die Falldiskussion bedeutsam ist, wird in der Literatur vielfach bestätigt (vgl. Argelander 1972; Bardé 1991, S. 7; Gaertner 1982, S. 67 f.; Gfäller 1986; Pühl 1988, 1990; Rappe-Giesecke 1992, S. 18 f.). Allerdings wird von den genannten Autoren die Regression unterschiedlich eingeschätzt und vor allem in den Konzepten zur Technik der Supervision auch unterschiedlich verwendet.

In seiner Arbeit über therapeutische Gruppenprozesse und Balint-Gruppen stellt H. Argelander fest (1972, S. 99):

> »[...] das unbewußte Gruppengeschehen [wirkt sich] sichtbar am Lernprozeß der Gruppe [aus], in dem es ihn stört oder fördert; denn die Entwicklung des Lernprozesses steht in einem engen Zusammenhang mit der Progredienz des unbewußten Gruppenprozesses.«

In diesem Zusammenhang spricht Argelander sich entschieden dagegen aus, »die aufgetretenen Störungen im Lernvorgang durch eine echte therapeutische Widerstandsarbeit zu beseitigen« (ebd., S. 99).

Er begründet diese Schlußfolgerung nicht nur damit, daß der Gruppenleiter durch die verschiedenen Wahrnehmungseinstellungen überfordert sei, sondern auch mit der Konsequenz, die in dieser Technik begründet liegt, daß die Gruppe zu einer Therapiegruppe und die Teilnehmer zu Patienten gemacht werden.

Dennoch findet sich bei Argelander ein eindrucksvolles Beispiel aus einer Ärztegruppe, die allerdings schon seit Jahren als Balint-Gruppe arbeitete, in dem er auch den Gruppenprozeß deutet. Das Beispiel und die Intervention sind dabei so evident, daß man daraus eine technische Schlußfolgerung ziehen sollte: Die Konfliktdynamik des Gruppenprozesses kann gedeutet werden – aber wann? Die Beantwortung dieser Frage überläßt Argelander dem Leser. Er begründet seine Übertragungsdeutung lediglich mit seiner Neigung, als Analytiker gerne zu deuten, und verweist im übrigen auf die bestehende Unsicherheit innerhalb der theoretischen Diskussion, wie die Frage nach der Widerstandsdeutung in der Balint-Gruppe zu beantworten sei.

J. K. Roth (1984) plädiert dafür, die regressiven Phänomene in der Balint-Gruppe, die er als Wunsch nach Selbsterfahrung interpretiert, nicht als Übertragung zu deuten, sondern sie auf die Berufssituation zurückzubeziehen und ihre Ähnlichkeit mit Phänomenen der Berufssituation aufzuzeigen (ebd., S. 114). Dagegen will er die Spiegelungsphänomene, die vom Fall ausgehen und dessen verschiedene Facetten durch die Identifizierung der Teilnehmer über ihre Assoziationen zum Ausdruck bringen oder in Szene setzen, interpretieren, um das Verständnis des Falles evident werden zu lassen (ebd., S. 127).

Direkte und indirekte Reinszenierungen

Durch die Unterscheidung von direkten und indirekten Spiegelungsphänomenen, wie sie P. Kutter (1990, 1993) diskutiert, werden die multiplen horizontalen und vertikalen Übertragungen (vgl. Deserno 1984, S. 29; Finger-Trescher 1989, S. 86 f.; Bardé in Haubl & Lamott 1994; S. 38) in der Supervision hinsichtlich ihrer technischen Verwendung überschaubarer. Sie werden nicht als Störfaktoren diskutiert, sondern als Indikatoren für ein vorherrschendes unbewußtes Thema der Supervisionsgruppe. Dieses Thema ist neben der Falldiskussion virulent; es benutzt sozusagen die Falldiskussion, um zum Ausdruck zu kommen.

Von der Sache her ist der Begriff der Spiegelung mit dem der Inszenierung bzw. Reinszenierung unbewußter Konfliktkonstellationen identisch. Jeder in der Supervisionsgruppe vorgetragene Fall aktualisiert Übertragungsbereitschaften der Teilnehmer. Dabei kann es immer um zweierlei gehen: zum einen um die Reinszenierung von Konfliktkonstellationen des dargestellten Klienten; zum anderen um die Reinszenierung berufsbiographischer, gruppenpsychologischer sowie team- und institutionsspezifischer Konfliktkonstellationen. In beiden Fällen ist mit dem Begriff der Spiegelung eine fokussierende Funktion verbunden; d.h., die Wahrnehmungseinstellung bleibt auf den Fall als organisierendes Zentrum der Supervision gerichtet.

Bei der direkten Reinszenierung (oder Spiegelungsphänomen) wird in der Beziehung von Supervisor und Fallvortragendem die Beziehung zum Klienten, über die der Fallvortragende in der Supervision berichtet, gespiegelt. In der Supervisionssituation entsteht zwischen Supervisor und Fallvortragendem eine Resonanz zur unbewußten konflikthaften Dynamik des Falles, über den berichtet wird. Die Psychodynamik des Falles spiegelt sich, so P. Kutter, »am Supervisor« (Kutter 1990, S. 295); diese Spiegelung sei auch als Gegenübertragungsreaktion aufzufassen und vom Supervisor als Erkenntnismedium in der Supervision zu verwenden. Der Supervisand »befindet sich damit in der Supervisionssituation genau in derselben Situation, in der sich der Patient [über den er berichtet, d. Verf.] in der Behandlungssituation befindet«, erläutert Kutter (ebd., S. 295).

Die mit der direkten Spiegelung verbundene Resonanz in der Falldiskussionsgruppe erzeugt Evidenz für die vom Supervisor vorgenommene Interpretation des Falles. Mithin ist naheliegend, daß der Supervisor die Spiegelung nicht nur als Erkenntnisinstrument für sich verwendet, sondern auch in der Supervisionsgruppe als Evidenzphänomen aufzeigt. Hier geht es um zwei verschiedene Schritte in der Technik psychoanalytischer Supervision. Der erste Schritt betrifft den »inneren Dialog« des Supervisors, seine psychische Arbeit, die mit dem szenischen Verstehen des vorgetragenen Fallmaterials verbunden ist. Im zweiten Schritt wird der Gruppe ein Resonanzphänomen bzw. eine Reinszenierung des Fallmaterials bewußt gemacht. Im Verlauf der Supervision führt das Einbeziehen von Übertragungsphänomenen durch diesen zweiten Schritt zu einer Wahrnehmungseinstellung bei den Supervisanden, die der gleichschwebenden Aufmerksamkeit des Supervisors vergleichbar ist. Allmählich nehmen die Supervisanden die Resonanzphänomene selbst wahr.

Mit der Verwendung der Reinszenierungsphänomene für das Verstehen im Supervisionsprozeß stellt sich dem Supervisor eine spezifische Arbeitsanforderung. Seine Wahrnehmung stellt sich auf den Fall, die Spiegelungen, die Resonanz in der Gruppe sowie auf seine Gegenübertragung ein. In einem »inneren Dialog« (vgl. Deserno 1992, S. 13) versucht er, die verschiedenen Wahrnehmungen in einen Sinnzusammenhang zu bringen. So entwickelt er aus dem Wahrgenommenen eine bestimmte Bedeutung (bzw. einen Fokus), die in dieser Form bislang nicht erkennbar war.

In seiner Arbeit »Teamsupervision nach dem Modell von Foulkes« zeigt G. R. Gfäller (1991) an verschiedenen Stellen (S. 73, 76) dem Leser, ohne es so zu benennen, seinen inneren Dialog. Damit legt er dar, wie er zu bestimmten Interpretationen gekommen ist. Bei diesem Vorgehen werden am konkreten Beispiel Neutralität (Abstinenz) und gleichschwebende Aufmerksamkeit als Elemente der Technik sichtbar, die den verstehenden Zugang ermöglichen.

Nicht immer spiegelt eine Falldiskussion resonant und angemessen die Konfliktkonstellation des vorgebrachten Falles. Störfaktoren können den Erkenntnisvorgang, der mit der Spiegelung verbunden ist, unterlaufen. Supervisionserfahrungen zeigen, daß es dann um Inszenierungen geht, in welchen die Falldiskussionsgruppe oder der Fallvortragende etwas von sich, von seinen eigenen, unbewußten, nach einer Lösung drängenden Konflikten darstellt. Diese Situation haben wir an anderer Stelle als Selbstinszenierungen bezeichnet (vgl. Graf-Deserno & Deserno 1992, S. 194, 200). Supervisanden stehen zeitweise unter einem hohen Druck, etwas von sich und der aktuellen Gruppen- oder Berufssituation ausdrücken zu müssen.

Wir sind der Auffassung, daß sich der Supervisionsprozeß nur dann gut entwickelt, wenn die Selbstinszenierungen nicht als Störfaktoren aufgefaßt werden, obwohl sie im Hinblick auf ein tieferes Fallverständnis vom Supervisor zunächst so wahrgenommen werden. Sie gehören zum Oszillieren zwischen progressiven und regressiven Bewegungen, das für den Supervisionsprozeß konstitutiv ist. Daher sollten sie als Bestandteil von Selbstreflexion und Professionalisierung gesehen werden. P. Kutter (1990, 1993) hat die Selbstinszenierungen, die bei der Falldiskussion auftreten können, aber nicht zu einem evidenten Fallverständnis führen, als »indirekte Spiegelungsphänomene« bezeichnet; es darf angenommen werden, daß er sie für eine systematische Verwendung in der Supervision empfehlen wollte.

Den regelmäßig zu beobachtenden Wechsel zwischen den Formen direkter und indirekter Inszenierung bzw. Spiegelung halten wir für eine selbstregulative Bewegung in der Gruppensupervision. Mehr noch, wir haben den Eindruck gewonnen, daß dieser Wechsel im Sinne eines Perspektivenwechsel für personelle und institutionelle Entwicklungsprozesse bzw. für zunehmende Differenzierung von persönlichen Kompetenzen und institutionellen Strukturen notwendig ist. Wenn man Protokolle von Supervisionssitzungen auswertet, liefert gerade das Auftreten der indirekten Spiegelung wichtige Hinweise für die vorbewußten Themen eines Teams als Gruppe und seine aktuelle Konfliktlage.

Direktes und indirektes Spiegelungsphänomen unterscheiden sich durch die Richtung der Spiegelung. Die Spiegelung oder Inszenierung der Fallstruktur erfolgt beim indirekten Spiegelungsphänomen in umgekehrter Richtung. Der Supervisand, der einen Fall vorträgt, hat diesen Fall unbewußt ausgewählt, weil er durch ihn einen aktuellen, ihm selbst nicht bewußten Konflikt darstellen möchte. Der Klient, der als Fall in der Supervision problematisiert wird, dient somit als »Spiegel« für den unbewußten Konflikt des Fallvortragenden bzw. des Teams (vgl. Kutter 1990, S. 297). Die Fähigkeit von Gruppen, Resonanz mit dem unbewußten Konflikt des vorgetragenen Falles zu erzeugen, ermöglicht in Teamsupervisionen auch, daß sich die unbewußte konflikthafte Dynamik des Teams mit Hilfe des vorgetragenen Falles darstellt. Ein bestimmter Fall wird unbewußt / vorbewußt ausgewählt, um einen aktuellen unerledigten Teamkonflikt inszenieren und lösen zu können.

Zur indirekten Spiegelung oder Inszenierung gehört, daß das Bild, das man sich von einem Klienten, der in der Supervision vorgestellt wird, machen kann, blaß, unscharf und schwer nachvollziehbar ist. Damit wird die Wahrnehmungseinstellung des Supervisors auf den Gruppenprozeß, die berufsbiographische Thematik der Mitarbeiterinnen und Mitarbeiter sowie auf die institutionellen Rahmenbedingungen der aktuellen Arbeitssituation gerichtet.

Ein Beispiel für Inszenierungen

In den meisten Falldiskussionen sind direkte und indirekte Spiegelungsphänomene gleichzeitig zu beobachten. Das wird auch am folgenden Beispiel einer Falldarstellung deutlich, die aus einer Weiterbildung für Sozialpädagogen stammt (zit. nach Graf-Deserno & Deserno 1992, S. 194–95).

Ein Teilnehmer beginnt seine Darstellung damit, daß er in Kürze arbeitslos werde und darüber erleichtert sei, denn er habe ohnehin aussteigen wollen. In der Diskussion führt sein Rückblick auf das Beschäftigungsprojekt, dem er bislang angehörte und das jetzt nicht mehr existiert, zu negativen Einschätzungen von der Art, solche Projekte seien wirkungslos und hätten lediglich kosmetische Funktion für den Arbeitsmarkt. Für den Vortragenden selbst steht im Mittelpunkt, daß ihm der Bildungsanteil für die Jugendlichen gegenüber der praktischen Arbeit zu hoch erscheint. Auf diese Weise kommen auch seine Zweifel, ob sich in der Sozialpädagogik für ihn eine berufliche Perspektive finden läßt, zur Sprache: »Ist der hohe Bildungsanteil für mich von Nutzen?« scheint er sich zu fragen. Sein Beispiel zeigt, wie die Situation der lernbehinderten, arbeitslosen Jugendlichen dazu »verwendet« werden kann, das persönliche Thema von Ausbildung, Weiterbildung und Berufschancen zu problematisieren, denn die aktuellen Probleme der Jugendlichen konnten, da das Projekt schon abgeschlossen war, nicht mehr in Betracht kommen.

Als dieser Teilnehmer später in der Supervision darüber berichtete, daß er seine Berufspraxis in einem Heim für Mädchen wieder aufgenommen habe, kamen ihm ähnliche Zweifel wie gegenüber seinen bisherigen Berufserfahrungen: Ist diese Arbeit überhaupt zumutbar und sind die zeitlichen Belastungen nicht zu hoch? Er nahm die Stelle an, nicht zuletzt, weil er sehr umworben wurde und man offensichtlich aufgrund seiner Weiterbildung Hoffnungen hegte, bislang ungelöst gebliebene Probleme des Heimes mit seiner Hilfe zu meistern. In der betreffenden Sitzung fragten die Supervisionsteilnehmer den Vortragenden aus, ohne etwas über die Annahmen, die sie zu ihren Fragen führten, zu äußern. So schienen sie immer mehr hören zu wollen, während sie zugleich ihre eigenen Einfälle der Diskussion vorenthielten.

Die Teilnehmer inszenierten auf diese Weise die »gierigen«, abhängigen und entwertenden Aspekte ihrer unbewußten Identifizierung mit den bedürftigen Jugendlichen, die der Vortragende jetzt wieder zu betreuen hatte. Der vortragende Sozialpädagoge nutzte den Raum in der Supervision, um sowohl seine Ambivalenz gegenüber der sozialpädagogischen Praxis zu thematisieren als auch seine Zweifel gegenüber seiner Tätigkeit zu überwinden. Es klang somit auch der konflikthafte Themenbereich von Rivalität und Aufstieg im Zusammenhang mit der Weiterbildung an (Ende des Zitats aus Graf-Deserno & Deserno 1992).

Das Auftreten von indirekten Spiegelungen in Supervisionsgruppen wirft die Frage auf, in welcher Weise das indirekte Spiegelphänomen in die Interpretationen des Supervisors einbezogen werden kann. Im vorausgegangenen Beispiel hatten die Supervisoren die Selbstinszenierung der Gruppenteilnehmer zunächst für sich interpretiert und dann die Deutung in »dosierter Form«, d.h. immer bezogen auf den vorgebrachten Fall aus der Berufspraxis, an die Gruppenteilnehmer weitergegeben.

Die regressive Tendenz stellte ein »Symptom« dar, mit dem die Gruppe versuchte, einen unbegriffenen Konflikt zu inszenieren und im Sinne einer Kompromißbildung zu verarbeiten. Einerseits arbeiteten die Sozialpädagogen im Bereich der Förderung arbeitsloser Jugendlicher selbst in ungesicherten beruflichen Positionen; in diesem Kontext nahmen sie auch an der Weiterbildung teil. Andererseits brachte die Weiterbildung selbst Konflikte mit sich, die sich um Aufstieg und damit auch um Rivalität drehten.

Der aktuelle unbewußte Konflikt schien aus der Sicht der Weiterbildungs- und Supervisionsteilnehmer folgendermaßen zu lauten: Wenn wir uns in der Supervision einfühlend auf die arbeitslosen Jugendlichen einstellen, gute sozialpädagogische Arbeit leisten und diese auch weiterhin in der Supervision professionalisieren, dann sind wir den Jugendlichen nahe; ja, wir sind ihnen via Identifizierung fast gleich. Wie sie sind auch wir von Arbeitslosigkeit bedroht. Stellen wir diese identifikatorische Nähe und Gemeinsamkeit aber nicht her, dann erweisen wir uns in der psychoanalytischen Weiterbildung als inkompetent. Wenn wir dagegen auf diesem Feld gut sein wollen, erkennen wir unsere eigene schwierige Lage und verspüren den drängenden Wunsch, sowohl unsere eigene Situation als auch die der arbeitslosen Jugendlichen mit Hilfe der Weiterbildung hinter uns zu lassen. Dann rivalisieren wir mit unserer Klientel um die Veränderung unserer beruflichen Position, und mit der Rivalität kommt die Gefahr, in der Supervision auf einen Kampfschauplatz zu geraten.

In dieser Supervisionsgruppe steuerte die regressive Tendenz einen ersehnten Zustand der Vereinheitlichung an, eine Wunschbefriedigung und zugleich eine Abwehr der belastenden, ungelösten Konflikte, die mit Weiterbildung, Aufstieg und Rivalität verbunden waren. Eine Deutung dieses unbewußten Konfliktgeschehens auf der Ebene des Gruppenprozesses war schon deshalb nicht angezeigt, weil alle Teilnehmer im Rahmen der Weiterbildung zur Teilnahme an einer Selbsterfahrungsgruppe verpflichtet waren. Dennoch bleibt die Frage, ob und wann die Deutung der indirekten Spiegelungsphänomene sinvoll ist, bestehen; wir werden ihr in Teil III weiter nachgehen.

Mit der Verwendung eines Falles für die indirekte Spiegelung und Selbstthematisierung zeigt eine Supervisionsgruppe auch ihre Fähigkeit zur Regulierung der Konfliktdynamik. H. Argelander (1972, S. 102) hebt hervor, Balint-Gruppen seien Fallseminare auf der Basis eines Gruppenprozesses. Die regelmäßigen Krisen, die eine Falldiskussionsgruppe in Verbindung mit ihrem Lernprozeß durchmacht, stehen nicht zuletzt im Zusammenhang mit der »konflikthaften Zuspitzung des unbewußten Gruppenprozesses« (ebd.). Immer dann, wenn die Falldiskussion in der Weise gestört ist, daß die Fälle blaß erscheinen und die freien Assoziationen der Teilnehmer nicht weiterführen, sondern sich wie in unserem zuvor zitierten Beispiel in ein gereiztes, bohrendes Abfragen verwandeln, ist davon auszugehen, daß Reinszenierungen des unbewußten Gruppenprozesses und der mit ihm verbundenen institutionellen Konflikte vorliegen.

Wir möchten hervorheben, daß im Kontext der Supervision die Mobilisierung eigener, unbewußter Prozesse und der Umgang mit den Resonanzphänomenen eine wesentliche Voraussetzung für die Einsicht in fremdpsychische Prozesse sind. Da bei den Supervisanden meist keine systematische Selbsterfahrung stattgefunden hat, wird die Verwendung eigener konflikthafter Erfahrungen als Resonanzboden zum Verständnis des vorgetragenen Fallmaterials oft als gefährlich und belastend erlebt. Das Thematisieren der indirekten Spiegelungsphänomene kann dann in bestimmten Phasen der Supervision eine Steigerung von Angst und Angstabwehr zur Folge haben.

Die Frage, ob indirekte Spiegelungsphänomene, die ja für Übertragungen stehen, überhaupt zu deuten sind, ist in die Frage nach dem passenden Zeitpunkt (»timing«) abzuwandeln. Es ist vorstellbar, daß es keinen passenden Zeitpunkt gibt und der Supervisor sich darauf beschränkt, die indirekten Inszenierungen für sich selbst zu verstehen, um sie dann ausschließlich im Dienste der Falldiskussion zu verwenden. In der Verlaufsgeschichte der in Teil II und III dargestellten Teamsupervision wurden indirekte Spiegelungen bzw. Selbstinszenierungen nur gelegentlich thematisiert. Die Supervisorin verwendete sie für sich als Indikator des unbewußten Teamprozesses. In dieser Perspektive wurden auch die Protokolle der Sitzungen ausgewertet.

Dort wie auch in anderen Supervisionen machten wir die Erfahrung, daß die Orientierung am Fall eine integrierende Funktion fördert. Wenn der Fallbericht im Dienste der Selbstdarstellung des Teams, also zur indirekten Spiegelung verwendet wurde, konnte auf diese Weise ein konflikthaftes Thema des Teams in »dosierter« Intensität thematisiert und bearbeitet werden. Das hatte offenbar zur Folge, daß das Team Konflikte des unbewußten Gruppenprozesses, die immer mit institutionellen Fragen zusammenhingen, nach und nach auf der Ebene der Falldiskussion reflektierte. Streckenweise bildete die Falldiskussion einen Kompromiß. Sie bedeutete dosierte Selbstreflexion und Abwehr gegen die Selbstthematisierung zugleich. Nach unserer Auffassung stellt die Verwendung des Fallmaterials für indirekte Inszenierungen und Selbstthematisierungen eine Fähigkeit des Teams zur Regulierung der Konfliktdynamik dar.

C. Rappe-Giesecke (1992) hat eine Technik des »Umschaltens« von der Falldiskussion zum Gruppenprozeß bzw. zur Reflexion auf den institutionellen Kontext vorgeschlagen. Damit wird beabsichtigt, die »Arbeitsstörung« eines Teams durch Reflexion auf ihre Ursachen zu beheben. Rappe-Giesecke stützt diesen technischen Vorschlag auf systemtheoretische Argumente. Sie postuliert ein Umschalten innerhalb dreier Systeme: den Systemen Fallarbeit, Selbstthematisierung und Institutionsanalyse.

Obwohl sich diese Auffassung auf die hier besprochenen Phänomene der Reinszenierung bezieht (ebd., S. 121 f., 127), werden sie nicht als Übertragungen, sondern als »Störungen« aufgefaßt, die durch »Umschalten« vom System Fallarbeit auf das System Selbstthematisierung oder auf das System Institutionsanalyse behoben werden sollen. Es kann an dieser Stelle nicht weiter geklärt werden, ob es sich um begriffliche Differenzen einer sonst vergleichbaren Supervisionspraxis handelt oder um ein ganz anderes Verfahren. Wir plädieren dafür, sich die Eigenart der psychoanalytischen Erkenntnis in Supervisionen zu vergegenwärtigen, und das heißt, ihre Möglichkeiten auszuschöpfen, aber auch ihre Grenzen abzustecken (vgl. A. Gaertner 1992, S. 175). Denn es geht in erster Linie darum zu erschließen, wie das Erleben der Teammitglieder mit der Faktizität der Umstände oder Ereignisse konfligiert. Es ist zu erhellen, wie die Verhältnisse und Institutionen, in denen die Individuen arbeiten, mit inadäquaten, privatistischen Bedeutungen ausgestattet und in ihrer Objektivität verzerrt werden. Und nicht zuletzt soll der »fremde« Klient in der Falldiskussion verstanden werden. Es wäre eine Fragestellung vergleichender Prozeßforschung zu untersuchen, wieviel sich vom unbewußten Gruppenprozeß und vom unbegriffenen institutionellen Kontext auf der Ebene der Falldiskussion nicht nur zeigt, sondern auch so verstehen und bearbeiten läßt, daß die Supervisanden am Arbeitsplatz innovativ und professionell handeln können (vgl. Bardé 1993, S. 300).

Teil II Teamsupervision als personeller und institutioneller Entwicklungsprozeß

Kapitel 7 Zur Verwendung und Interpretation von Gedächtnisprotokollen

Bevor wir in den folgenden Kapiteln in Einzelheiten des Verlaufs einer Teamsupervision gehen, soll erörtert werden, warum wir uns für Gedächtnisprotokolle entschieden haben und was sie leisten können.

Auch eine psychoanalytisch orientierte Teamsupervision folgt den Regeln eines sinnerschließenden bzw. bedeutungsrekonstruierenden Verfahrens, das sich auf verschiedenen Ebenen der Verständigung entfaltet und unbewußte Konfliktkonstellationen einschließt (vgl. Clemenz 1992; A. Gaertner 1992 u.a.). Die Interpretation besteht in einem fortlaufenden Prozeß, der mit den Fallberichten, den Einfällen der Teammitarbeiter und den Interventionen des Supervisors beginnt, sich auf einer Metaebene von Kontrollsupervisionen und theoretischen Ausbildungsseminaren fortsetzt und auf die Ebene der Supervisionspraxis zurückkehrt. Die Verlaufsnotizen oder Gedächtnisprotokolle des Supervisors sind ein Bestandteil dieses »hermeneutischen Zirkels« (vgl. Lorenzer 1971, S. 61, 112). Die Aufzeichnungen können folglich keine »reinen«, sondern nur bereits interpretierte Erfahrungen enthalten und werden wiederum auf Bedeutungszusammenhänge hin erschlossen.

Sowohl aus Gründen der Diskretion als auch des Umfangs können die Protokolle dem Fallbericht nicht beigefügt werden. Zudem erscheint es uns auch fraglich, ob das hermeneutische Vorgehen, durch das eine Falldarstellung zustande kommt, bis auf die Ebene der Sitzungsniederschriften nachvollziehbar sein muß. Plausibilität und Evidenz der Interpretation sollten in der Falldarstellung des Teamprozesses ausreichend überprüfbar sein. Wir räumen ein, daß manchem »Evidenz« und »Plausibilität« als zu »weiche« Kriterien für die Geltung von Interpretationen erscheinen mögen. Daher schließen wir einige Ausführungen an, die Gedächtnisprotokolle als Bestandteil des Interpretationsprozesses beschreiben.

Protokolliert der Supervisor selbst, folgt die Niederschrift der Stundenprotokolle der Erinnerung. Die Erinnerung bildet weder die Abfolge der Ereignisse während der Supervisionsstunde noch sämtliche Informationen (oder Daten) präzis ab. Ein Gedächtnisprotokoll kann die genaue Wiedergabe aller Phänomene einer Sitzung nicht leisten. Aber nicht dieses Defizit soll uns hier beschäftigen. Wenn Gedächtnisprotokolle einem methodisch geleiteten Geschehen folgen, enthalten sie Daten, die einem wortwörtlichen Protokoll (Transkript) nicht zu entnehmen sind. Was ist ein psychoanalytisches Datum?

In seinem Beitrag zur Diskussion, inwieweit die Psychoanalyse Erfahrungswissenschaft oder Hermeneutik sei, hat Mentzos (1973) das Spezifische der psychoanalytischen Situation in bezug auf das Beobachterproblem und die erfahrungswissenschaftliche Dimension der Psychoanalyse benannt (ebd., S. 841):

> »Das Spezifische der Analyse wäre demnach erstens, daß sie eine Selbstreflexion, eine Selbsterforschung des Forschungsobjektes ermöglicht, und zweitens, daß dies nur innerhalb eines kommunikativen Prozesses, in dem die verborgenen dramatischen Zusammenhänge noch einmal erlebt werden, möglich wird. Dabei gerät der Beobachter selbst in das Beobachtungsfeld [...] Ich sehe nicht ein, wieso Begriffe wie Kommunikation, Selbstreflexion und Bildungsprozeß erfahrungswissenschaftlichen Kriterien entzogen sein sollen. Daß psychologische Regelmäßigkeiten existieren, ist gerade die erstaunliche Entdeckung, die jeder Psychoanalytiker täglich macht.«

Ohne näher auf eine ausführliche Diskussion einzugehen, die von mehreren Autoren 1994 im *International Journal of Psycho-Analysis* über die Frage geführt wurde, was ein psychoanalytisches Datum sei, heben wir hervor, daß letzteres die Selbstreflexion und damit auch die Subjektivität des Analytikers oder Supervisors enthalten muß.

Die Reihenfolge der Ereignisse sowie das Gewicht, das einzelne Ereignisse erhalten, entstehen bereits durch Auswahl. Das selektive Festhalten von Ereignissen erfolgt, davon gehen wir aus, bereits durch einen Interpretationsvorgang, der demjenigen ähnlich ist, mit dem der Supervisor einen Fallbericht und dessen Diskussion in der Supervisionsstunde verfolgt. Damit die subjektive Dimension garantiert ist, gilt folgende Priorität: In der Darstellung und Diskussion des Fallmaterials dominiert die Orientierung an Erlebnissen statt an Ereignissen.

Wir erinnern daran, daß die psychoanalytische Methode den Supervisor wie den Analytiker dazu anhält, zwischen gleichschwebender und konzeptgeleiteter Aufmerksamkeit zu wechseln, teilzunehmen und zu beobachten. Durch diese spezifischen Wahrnehmungseinstellungen wird nicht nur der Verlauf von Supervisionsstunden, sondern auch die Erinnerung beim Protokollieren gesteuert.

Bei einem Verständnis von Supervision, das an der psychoanalytischen Methode orientiert ist, wird einerseits konzeptgeleitet und andererseits dennoch mit »Naivität« an den Gegenstand der Supervision, die zu verstehenden Fälle herangegangen. Das konzeptgeleitete Vorgehen ist aufgrund des beruflichen Bildungsprozesses der Supervisoren gegeben. Die »Naivität« indessen, mit der das Fallverständnis immer wieder beginnt, soll kurz erläutert werden.

Das sinnerschließende Vorgehen in der Supervision basiert auf einer entscheidenden psychischen Funktion, dem einfühlenden Verstehen des Supervisors der von den Supervisanden vorgebrachten Aspekte von Fallgeschichten. Diese psychische Funktion ist als »probeweise Identifizierung« bezeichnet worden (vgl. Lorenzer 1971, S. 175 f.). Die empathischen Fähigkeiten kommen nur dann zur Geltung, wenn konventionelle und theoriegeleitete Erklärungen einer Schwierigkeit oder Krise vorübergehend zurückgestellt oder suspendiert werden (vgl. Deserno 1990, S. 35 ff.; Roth 1984, S. 114).

Diese Art des »naiven« Zugangs zur Erlebnisweise des Gegenübers beruht auf intuitiven, alltäglichen Verständigungsformen, die schon in der frühen Kindheit ausgebildet werden. Zwischen Eltern und Kind spielen sich vorsprachliche, körper- und bedürfnisbezogene Einigungen ein, auf deren Grundlage das Zusammenwirken kognitiver und affektiver Verständigungsformen im späteren Leben organisiert wird. Auf dieser Verständigungsgrundlage entstehen Affekte, Gefühle, Stimmungslagen und Körperzustände, die sich im Laufe der Sprachentwicklung ausdifferenzieren und die späteren sprachlichen Diskurse begleiten. Sie stellen die Grundlage unserer Fähigkeit dar, Fremdpsychisches einfühlend zu verstehen. In der Falldiskussion, die mit freien Einfällen arbeitet, spielen diese empathischen Fähigkeiten eine zentrale Rolle. Obwohl sie selbst einem komplizierten, konflikthaften Bildungsprozeß entstammen und ihrerseits in den sozialen Berufen professionalisiert werden müssen, muten sie voraussetzungslos, naturwüchsig, also »naiv« an.

Auf der Ebene jener »Naivität« ist die Verständigung in der Supervisionspraxis erlebnisnah und umgangssprachlich organisiert; es wird mit Intuition und »lebenspraktischen Vorannahmen« gearbeitet (H.-D. König 1993, S. 214 f.; Lorenzer 1971, S. 61, u. 1986, S. 7). Gleichzeitig werden sowohl durch die Supervisanden als auch durch den Supervisor erste Konzeptualisierungen der vorgetragenen Konflikte und Problemlagen vorgenommen. Weitere Schritte der Konzeptualisierung erfolgen, zieht man die Ausbildungssituation von Supervisoren heran, in der Lehrsupervision. Hier wird der erlebnisnahe Zugang zum Fallverständnis sukzessive mit theoretischen Begriffen in Verbindung gebracht.

Das Protokollieren aus dem Gedächtnis geschieht gleichfalls »naiv« und dennoch konzeptgeleitet. Hier liegt die Konzeptualisierung noch auf der Ebene der intuitiven Vorgänge. Die Auswahl des Datenmaterials geschieht eher wie ein vorbewußter Vorgang, der sich sozusagen »neben« der Absicht, den Verlauf möglichst wortgetreu wiederzugeben, durchsetzt. Wir gehen davon aus, daß die zentralen Konflikte des Supervisionsprozesses auch in den Gedächtnisprotokollen in Erscheinung treten. In bezug auf die Gedächtnisprotokolle von Therapieverläufen schreibt H. Argelander (1984, S. 390):

> »Der Protokollant transportiert die unbewußte Thematik mit unverminderter Aktualität, wenn auch in einem anderen Gewand.«

Die unbewußte Thematik wird bis in den Protokolltext hinein vermittelt, sofern sie im Protokollanten »selbst wirksam geworden ist« (ebd.). Wenn der Supervisor die unbewußten Konflikte der Supervisionsgespräche zu verstehen versucht, wird er dieselben im Protokolltext auch reproduzieren. Das geschieht auch relativ unabhängig davon, wie vollständig die Ereignisse oder Fakten der Supervisionsstunden wiedergegeben werden.

In bezug auf den Protokolltext kommen vorbewußte Vorgänge zur Geltung, die Resonanz- oder Spiegelungsphänomenen in der Fallarbeit der Balint-Gruppe selbst entsprechen. Wie in Kapitel 6 besprochen, diskutiert P. Kutter (1990, 1993) die unbewußten Reinszenierungen von Konflikten des vorgebrachten Falles in Falldiskussionsgruppen als Spiegelungsphänomene. Wir werden sie in Teil III ausführlich darstellen. Hier werden sie erwähnt, weil sich ihre Wirksamkeit bis in das Verfassen von Gedächtnisprotokollen hinein zeigt.

Im Kontext einer Fallgeschichte kann die Selbstreflexion des Supervisors nur soweit zur Geltung kommen, wie sie mit den Mitteln der gleichschwebenden Aufmerksamkeit und relativen Neutralität während der Sitzungen, die immer nur ein »persönliches« Maß an Selbstwahrnehmung ermöglichen, erreichbar ist. Der Supervisor kann seine eigene Person also nur in begrenztem Umfang mitreflektieren. Während der Ausbildung wird diese Begrenzung erweitert. In den Lehrsupervisionen werden die Übertragungen des Supervisors überwiegend als Gegenübertragungsphänomene verstanden, die durch die unbewußte konflikthafte Thematik des Falles induziert sind.

Bei der Darstellung des Supervisionsverlaufs in Teil II sind die Reinszenierungen im Sinne des indirekten Spiegelungsphänomens der rote Faden der Interpretation (s. dazu Argelander 1972; M. Balint 1957; Bardé 1991; Kutter 1990; Roth 1984). Die in der Supervision besprochenen Fälle werden also in erster Linie unter dem Gesichtspunkt betrachtet, inwiefern sie sich dafür eignen, einen Konflikt des Teams indirekt zur Sprache zu bringen (Kutter 1990, S. 297f.). Mit Hilfe der indirekten Reinszenierungen wird derjenige Ausschnitt des Supervisionverlaufs erfaßt, der die unbewußte konflikthafte Dynamik des Teams sichtbar macht. In Teil III wird an mehreren Sitzungen gezeigt, daß gleichzeitig auch der Konflikt des Falles in der Falldiskussion des Teams reinszeniert bzw. übertragen wird.

Beim Verfassen einer Supervision als Fallgeschichte sehen wir die Protokolle auf die manifesten Themen der Supervisionssitzungen hin durch und fragen, in welcher Weise die latenten Teamkonflikte berührt werden. Es findet folglich eine Begrenzung auf diejenigen Bedeutungsgehalte des empirischen Materials statt, welche die Differenzierung der Teamentwicklung als Gruppenprozeß charakterisieren (vgl. Argelander 1972). Für dieses Vorgehen ist entscheidend, daß die Konzepte aus dem Praxisverlauf der Supervision heraus entwickelt werden. Der Versuch der Interpretation überläßt sich primär der Logik dieses Verlaufs und bindet ihn erst sekundär in ein theoriegeleitetes Konzept ein.

Man könnte annehmen, daß die Protokolle des Supervisionsverlaufs zur Illustration theoretischer Konzepte verwendet würden. Die Fallgeschichte zeigt jedoch, daß bestimmte Konzepte im Prozeß selbst wirksam sind. Dadurch ist eine zirkuläre Argumentation gegeben, die für die Evaluation von Fallmaterial durch den psychoanalytischen Supervisor selbst, also für die Perspektive der sogenannten qualitativen Forschung charakteristisch ist. Es geht in unserer Arbeit nicht darum, in der psychoanalytischen Supervisionsforschung den Mangel von qualitativer gegenüber quantitativer Forschung (oder umgekehrt) aufzuzeigen. (Statt qualitative und quantitative Forschungsmethoden gegenüberzustellen, kann man in Anlehnung an U. Moser 1991 auch »on-line«- von »off-line«-Forschung unterscheiden.)

Wir wollen darstellen, was psychoanalytisch orientierte Supervisoren und Supervisorinnen machen (vgl. L. Nellessen 1995, S. 5). Dafür wählen wir die Form der Fallgeschichte, deren Gegenstand sowohl die konflikthafte Entwicklung eines Teams als auch die selbstreflexive Berufspraxis psychoanalytisch orientierter Supervisoren ist. Auf die Auseinandersetzung über die qualitativen Verfahren der verschiedenen hermeneutischen Schulen in den Sozialwissenschaften kann im Rahmen dieser Arbeit nicht eingegangen werden; daher verweisen wir auf die Arbeiten von A. Gaertner 1979, H.-D. König 1993; T. Leithäuser & B. Volmerg 1988; A. Lorenzer 1986; U. Oevermann 1993, G. Riemann 1987 und F. Schütze 1983.

Um die Fülle von Themen, die in Gedächtnisprotokollen von Supervisionssitzungen enthalten sind, sinnvoll zu reduzieren, werden in Teil II der vorliegenden Untersuchung »dominante Konfliktthemen« herausgearbeitet. Da die Untersuchung, wie wir in Teil I, Kap. 1 bereits dargelegt haben, eine Einzelfallstudie darstellt und den Besonderheiten der »on-line«-Forschung folgt, darf man in Teil II und III keine statistisch orientierte Reduktion der zugrundeliegenden »Datenbasis« erwarten. Das Prinzip, das bei der Formulierung der dominanten Konfliktthemen zum Zuge kommt, lehnt sich an eine Wahrnehmungseinstellung an, wie sie in der psychoanalytischen Methodik unter dem Begriff der »gleichschwebenden Aufmerksamkeit« formuliert ist. In dem letzten Endes unmöglichen Versuch, allen Phänomenen mit gleicher Aufmerksamkeit zu begegnen, liegt die Möglichkeit, vergleichbare »Gestalten« oder Konstellationen zu erkennen. Dieses in der psychoanalytischen Situation (und ihren verschiedenen Anwendungen bzw. Modifikationen) realisierte Vorgehen läßt sich im erneuten Durcharbeiten von Protokollen außerhalb (und damit zeitlich nach) der konkreten Situation fortsetzen.

Auf diesem intuitiv anmutenden Prinzip, das jedoch bei der Psychoanalyse Ergebnis einer langen und mehrschichtigen Ausbildung ist, beruht der Großteil psychoanalytischen Wissens. Dieses Wissen wurde auf dem Wege der »on-line«-Forschung gewonnen (Moser 1991); es ist, wie Freud (1927 a, S. 293 f.) formulierte, aus dem »Junktim von Heilen und Forschen« (im Sinne der Anwendung) entstanden:

»In der Psychoanalyse bestand von Anfang an ein Junktim zwischen Heilen und Forschen, die Erkenntnis brachte den Erfolg, man konnte nicht behandeln, ohne etwas Neues zu erfahren, man gewann keine Aufklärung, ohne ihre wohltätige Wirkung zu erleben. Unser analytisches Verfahren ist das einzige, bei dem dies kostbare Zusammentreffen gewahrt bleibt.«

Teile dieses Wissens wurden mit anderen Methoden in systematischen Studien überprüft wie z.B. die Konzepte der Abwehr und der Repräsentation (z.B. Masling & Bornstein 1993) oder die kognitiven Veränderungen in Psychoanalysen (z.B. Leuzinger-Bohleber 1987, 1989, 1994). Einige Konzepte mußten durch die Ergebnisse anderer Wissenschaften verändert werden wie z.B. die Auffassungen über die früheste Kinheit (vgl. die Übersichten von W. Bohleber 1992; Dornes 1993, 1997; L. Köhler 1992, 1996).

Was die erweiterte und über den Rahmen dieser Arbeit hinausgehende Forschungsperspektive betrifft, so muß hier erwähnt werden, daß nach und nach einige der »on-line« produzierten bzw. generierten Hypothesen auch angemessenen »off-line«-Prozeduren unterzogen werden können. Als ein Beispiel unter anderen soll das von Luborsky und seinen Mitarbeitern (1990, 1993) eingeführte Verfahren erwähnt werden, durch das u.a. das Übertragungskonzept eine systematische Bestätigung erhält. Das Verfahren schließt sich in seinen Vorannahmen eng an die erwähnte Wahrnehmung vergleichbarer Konstellationen an. Geschulte Beurteiler stellen in verschrifteten Sitzungen nach festgelegten Regeln Konfliktkomponenten fest, die auch dem psychoanalytischen Therapeuten im Sinne eines zwar vereinfachten, aber bewährten Konfliktmodells vertraut sind: Wünsche, Reaktionen der anderen (der Objekte) und eigene Reaktionen (Reaktionen des Selbst) bilden die einfachsten Bestandteile (Komponenten) eines Konfliktes. Im zweiten Schritt gelangt man über eine Auflistung der Häufigkeit der Komponenten zu ihrer – »standardisierten« oder »maßgeschneiderten« – Kombination im zentralen Beziehungskonfliktthema (ZBKT) des untersuchten Falles. »Dominanz« oder »Zentralität« des jeweiligen Beziehungskonfliktes werden durch die Übereinstimmung der Beurteiler (Rater) abgesichert (vgl. Deserno et. al. 1998).

M.B. Buchholz und N. Hartkamp (1997) haben einen Sammelband herausgegeben, dessen verschiedene Beiträge die Ergebnisse unterschiedlicher Verfahren, die auf ein bestimmtes Transkript angewendet wurden (ZBKT durch Grabhorn & Stirn, Metaphernanalyse durch Buchholz, tiefenhermeneutische Interpretation durch Damasch et. al.), darlegen. Wir führen das ZBKT-Verfahren als Beispiel für die »off-line«-Forschung an, deren Wert ja darin zu sehen ist, daß sie der geschulten Subjektivität des einzelnen psychoanalytischen Forschers eine systematisch gewonnene Evidenz zur Seite stellt.

Wir sind uns bewußt, daß die Problematik der Beweisführung in der qualitativen Supervisions- bzw. Therapieforschung nicht mit Hilfe von Gedächtnisprotokollen gelöst werden kann (vgl. Faller & Frommer 1994; Kerz-Rühling 1993; Leuzinger-Bohleber 1987, 1994). Transkripte und Gedächtnisprotokolle unterscheiden sich qualitativ. Statt in Gedächtnisprotokollen lückenhafte Transkripte zu sehen, oder umgekehrt, an Transkripten das Fehlen der subjektiven und affektiven Bereiche zu beklagen (vgl. A.-E. Meyer 1981 über die »systematische, akustische Lücke« in der Forschung mit Hilfe von Transkripten), sollte man sich entscheiden, welche Form der Dokumentation für welche Absicht die geeignetere ist.

Da Gedächtnisprotokolle Bestandteil des Interpretationsprozesses sind, können sie nicht wie unvollständige Transkripte behandelt werden (vgl. Kächele 1993, S. 33). Das bedeutet auch, daß sie nicht den Status eines Beweismaterials erhalten können. Dagegen erfassen Niederschriften aus dem Gedächtnis sehr gut das Moment der Veränderung, an dem die Verständigung in der Supervisionspraxis orientiert ist.

Wir fassen zusammen. In dieser Arbeit wird dafür plädiert, daß psychoanalytische Supervision ein methodisch orientierter und konzeptgeleiteter Prozeß ist. Letzterer bringt Gesetzmäßigkeiten hervor, die sich aus der Teilhabe des Supervisors an diesem Prozeß beschreiben lassen. Aus der Beschreibung entsteht eine Fallgeschichte, die durch Plausibilität und Evidenz, nicht aber durch empirische Beweiskraft überzeugt – oder nicht überzeugt. Sie eignet sich zur Bildung von Hypothesen über den Supervisionsprozeß und zur kritischen Diskussion vorhandener Modelle.

Kapitel 8 Dominante Konfliktthemen der initialen Supervisionsphase

Vorbemerkung

In der folgenden Darstellung haben wir weitreichende Anonymisierungen, auch durch Auslassungen, vorgenommen. In erster Linie dienen sie der Anonymität der verschiedenen Mitarbeiterinnen und Mitarbeiter des dargestellten Beratungsteams und seiner Klientel. Die Konzentration auf dominante Konfliktthemen und den Prozeß der Teamentwicklung trägt ebenfalls zur Anonymisierung bei. Hier geht es um übergeordnete Muster und nicht um die Besonderheiten oder gar Probleme einzelner. Selbstverständlich wurden bei allen Personen, die in der Fallgeschichte vorkommen, die Namen, aber auch die beruflichen Merkmale geändert.

Im Mittelpunkt der Fallgeschichte steht ein Team, das im weitesten Sinne im Bereich des Gesundheitswesens arbeitete. Dieses Team war jedoch nicht Teil einer etablierten Einrichtung. Seine Gründung ging auf ein Projekt zurück. In einer nordhessischen Universitätsstadt wurde es zunächst als Projekt etabliert. Für die Supervisorin, die aus einer anderen Stadt kam, war ein größerer Weg nötig, der in Kauf genommen wurde, damit die Supervision in den Räumlichkeiten des Teams stattfinden konnte. So war die Atmosphäre der Einrichtung gegenwärtig. Von Beginn an wurde dieses Team, dessen Mitarbeiter, auch hinsichtlich der Zahl, viele Wechsel erlebten, supervidiert. (Auch die Supervisoren wechselten.) Zunächst war die Supervision in das Projekt eingebunden. Als die Projektphase beendet und eine Einrichtung aus ihr hervorgegangen war, hätte die Supervision beendet werden können. Sie wurde jedoch nur kurz unterbrochen. Im Rückblick läßt sich erkennen, daß die Supervision jeweils nur kurz unterbrochen und dann in wechselnder Besetzung fortgeführt wurde, wenn sich die Einrichtung veränderte. Es lassen sich verschiedene

Phasen, die jeweils von Supervision begleitet waren, unterscheiden: die Projektphase, die in eine anerkannte, aus verschiedenen Quellen finanzierte Einrichtung mündete; die Bildung verschiedener Bereiche, die jeweils selbständig wurden; die innere Differenzierung, die zu einer Organisation mit Leitungsstruktur führte.

Die hier geschilderte Supervision bezieht sich auf den Abschnitt der Institutionalisierung und Organisation, dessen Beginn sich durch eine interne Bereichstrennung markieren läßt und dessen Ende mit einer neuen inneren Differenzierung, insbesondere der Etablierung einer Leitungsstruktur zusammenfiel. Die Supervision dieses Abschnitts, der einen Zeitraum von drei Jahren und 60 Sitzungen in zweiwöchigem Abstand umfaßt, wurde von der Erstautorin dieser Veröffentlichung (S. G.-D.) durchgeführt; daher die Ich-Form in der Beschreibung der Sitzungen im Gegensatz zu anderen Textteilen. Wir verzichten darauf, die Numerierung der Protokolle und die genaue zeitliche Lokalisierung anzugeben; damit entstünde eine Scheingenauigkeit, die sich in keinen Zusammenhang mit den Prozessen auf den Ebenen von Falldiskussion, Beraterkompetenz, Gruppendynamik etc. bringen läßt.

H.-J. Busch und H. Deserno (1989) haben die Supervison eines vergleichbaren Projektes beschrieben. Auch die Beiträge der anderen Autoren von Heft 15 der Zeitschrift *Supervision* beziehen sich auf Organisationsformen in der Alternativbewegung. Es handelt sich dabei um einen nicht unbeträchtlichen Anteil am Arbeitsmarkt, wie der Herausgeber des Heftes P. Berker schreibt. Busch und Deserno rücken die »Dynamik der Institutionalisierung« in den Mittelpunkt. Unsere Auffassungen stimmen, was den Zusammenhang von Institutionalisierung und Professionalisierung betrifft, überein (ebd., S. 63):

> »Wenn man unterstellt, Institutionalisierung habe auf der Ebene individueller Rollenverteilung und -bestimmung Professionalisierung zur Voraussetzung als auch zur Folge, so stieß das Projekt an dieser Stelle an die entscheidende Klippe. Der Prozeß der Institutionalisierung bildete sich in der Supervision ab als fortwährende Auseinandersetzung um die angemessene Professionalisierung der Mitarbeiter des Teams.«

Während sich auch bei unserem Team ähnliche Schwierigkeiten zu Beginn einstellten, zeigt unsere Darstellung ein späteres Stadium der Professionalisierung, weshalb wir den Akzent auf die Verschränkung von personellem und institutionellem Entwicklungsprozeß setzen können.

Das Beratungsteam, das zunächst in zwei Arbeitsschwerpunkten organisiert war, trennte sich bald in zwei Teams auf, die im folgenden auch Team I und Team II genannt werden. Die Fallgeschichte bezieht sich auf Team I. Jedoch erscheint Team II immer wieder in seiner Bedeutung als Partner, der für institutionalisierte und interpersonelle Abwehrformen in Anspruch genommen wird. Im Verlauf der Supervision, von der hier ein Überblick über 60 Stunden gegeben werden soll, wechselten Supervisionen über Teamprobleme und institutionelle Fragen mit solchen über Klienten ab. Daneben gab es Falldiskussionen über Klienten, die überwiegend Teamprobleme zur Sprache brachten, wobei der Klient gewissermaßen ein Vehikel darstellte, um die Lösung von Teamproblemen voranzutreiben.

Aus den ersten drei Stunden

An der ersten Supervisionssitzung nahmen acht Mitarbeiterinnen aus Team I und II teil. Frau J., die nicht lange zuvor neu eingestellt worden war, sprach über ihre Unsicherheit im Umgang mit Klienten, vor allem mit depressiven Menschen. Sie habe selbst in der Beziehung zu ihrem Partner Erfahrungen mit depressiven Stimmungen gemacht. Daraufhin gaben ihr die zwei am längsten in der Einrichtung arbeitenden Mitarbeiterinnen, Frau K. und Frau L., durchaus streng zu verstehen, sie möge in der Supervision diese persönlichen Dinge beiseite lassen.

Die Einwände der beiden Mitarbeiterinnen empfand die Supervisorin als Zensur. Sie hatte das Gefühl, die beiden Mitarbeiterinnen wollten nicht nur der neuen Mitarbeiterin, sondern auch den anderen Neuen gegenüber (auch der Supervisorin gegenüber?) ihre Vorstellung von Supervision im Team durchsetzen. Zugleich schienen sie aufgrund vorhergehender Supervisionserfahrungen einen Vorsprung geltend machen zu wollen, etwa indem sie zeigten, wie Therapiewünsche vom Interesse an Supervision zu unterscheiden seien.

Von den Supervisoren, die das Team zuvor supervidiert hatten, wußte ich (S. G.-D.), daß es eine lange Phase des Projektaufbaus gegeben hatte, während der in der Supervision eine Art »Erziehung« zur Falldiskussion stattgefunden hatte. Das Team habe mit ständig wechselnder Besetzung eine ausgeprägte Tendenz gehabt, die soziale Arbeit der Einrichtung auch für die eigenen Interessen zu verwenden und die Verantwortung für das Projekt untereinander hin und her zu schieben. Es ging deshalb mit der Falldiskussion auch um die Institutionalisierung der Reflexion auf die soziale Arbeit, für die man eingestellt war.

Im Team II gab es drei neue Mitarbeiterinnen, die in dieser ersten Sitzung auf diffuse Weise Spannungen mit den alten Teammitgliedern ausdrückten. Eine Teilnehmerin bezweifelte ganz offen den Nutzen der von den alten Mitgliedern geplanten, psychoanalytisch orientierten Supervision. Sie brachte keine weiteren Argumente, argwöhnte nur, sie sehe nicht, wofür das gut sein solle. Ich formulierte ein paar Überlegungen zur Supervision in der Sozialarbeit, indem ich die charakteristischen Verstrickungen und Belastungen im Umgang mit der Bedürftigkeit der Klientel hervorhob. Die Sitzung wurde mit der Vereinbarung beendet, daß man mir telefonisch Bescheid geben würde, wie man weitermachen wollte.

Trennung und Neubeginn

Ein zweiter Termin kam nach einer sechswöchigen Sommerpause zustande. Man teilte mir telefonisch mit, daß die vier Mitarbeiterinnen des Teams II unabhängig von Team I Supervision nehmen wollten.

Nun stellten die drei Frauen von Team I, Frau K., Frau L. und Frau J., das Supervisionsteam. Sie sprachen sogleich über die Schwierigkeiten mit Team II. Es war von Uneinsichtigkeit und Verbohrtheit die Rede. Das hatte Gewicht, wenn es von Frau K. gesagt wurde, die Mitbegründerin der alternativen Einrichtung war und die Rolle einer Pionierin innehatte. Beide Teams arbeiteten weiterhin unter einem Dach. Sie hatten sich bislang als zwei verschiedene, aber zusammengehörige Ansätze in einem gemeinsamen Projekt verstanden.

Frau K. und Frau L. beklagten die Tatsache, daß neue Mitarbeiterinnen mit »immer gleichen Wiederholungen« an die Arbeit im Projekt herangingen. Sie seien dessen überdrüssig, immer wieder auf die Erfahrungsprozesse der Neuen eingehen zu müssen. Ihr Einwand betraf vor allem die Reserviertheit der Neuen gegenüber der Fallorientierung in der Supervision. So zählten sie die Skepsis der neuen Mitarbeiterinnen von Team II hinsichtlich der Falldiskussion zu den

»Kinderkrankheiten« der Gründungszeit. Da hätte man sich auch lieber mit sich selbst als mit den geplanten Aufgaben befaßt.

Nachdem ich die Vermutung geäußert hatte, daß es um den Versuch gehen könnte, Erfahrungsprozesse abzukürzen, weil man meinte, ihren Ausgang zu kennen, sprachen die Mitarbeiterinnen von Team I davon, daß sie gegenüber den Mitarbeiterinnen von Team II ein schlechtes Gewissen hätten. Ich formulierte meinen Eindruck, daß sich die im Projekt erfahrenen Frauen von Team I von den neuen, »unerfahrenen« Mitarbeiterinnen des Teams II trennen wollten. Möglicherweise enthielten die negativen Einschätzungen der Arbeit von Team II auch realistische Aspekte, die aber wiederum dazu dienen könnten, die Trennung, die man insgeheim längst wolle, zu beschleunigen und zu erleichtern. Von »schlechten« und » unerfahrenen« Mitarbeiterinnen trenne man sich leichter, und in der Supervision heute sei ja schon der erste Trennungsschritt getan.

Frau K. reagierte erleichtert und sagte, sie müsse zugeben, daß sie sich sogar schon die räumlichen Veränderungen vorstelle, die mit der Trennung der beiden Arbeitsgebiete verbunden wären. Von der Sache her sei die Aufteilung gerechtfertigt, da sich Team I stärker auf die Beratung von Klienten spezialisiert habe. Der Unterschied zu Team II zeige sich auch in den Vorstellungen von Supervision; da wolle man eine Art von Supervision haben, die »was zum Anfassen« biete, wie Frau K. nicht ohne Polemik meinte.

Als ich formuliert hatte, es müsse schmerzlich sein, sich als Pionierinnen dieser wichtigen Einrichtung nun von einem Teil der Institution trennen zu müssen, und daß die Trennung nicht nur größere Unabhängigkeit bedeute, sondern auch die Möglichkeit einschließe, Einfluß zu verlieren, bestätigten die beiden Mitarbeiterinnen meine Vermutung. Im Laufe der Jahre hätten sich durch unterschiedliche Professionalisierung und Spezialisierung die beiden Kompetenzbereiche von Team I und Team II herausgebildet. Ich stellte mir vor, daß mit Professionalisierung und Spezialisierung auch Statusdifferenzen verbunden seien. Auch erinnerte ich mich daran, daß Frau K. bedrückt vom »vielen sozialen Abseits«, was die Klientel von Team II betreffe, gesprochen hatte. Ich sagte, im Team II übernähmen die Sozialarbeiterinnen wohl eine Art »niederer« Sozialarbeit. Es entstünden Schuldgefühle, wenn man die Arbeit mit den Bedürftigsten nicht mehr machen wolle, weil man einen anderen Schwerpunkt anstrebe.

Das Team wirkte betroffen und zugleich erleichtert darüber, daß der von ihm selbst verpönte Wunsch nach »besserer« Klientel und einer ausschließlich beratenden Tätigkeit ausgesprochen werden durfte. Ein Tabu der Sozialarbeiterinnen schien berührt zu sein. Es blieb am Ende der Sitzung offen, ob sich die beiden Teams über die getrennten Supervisionen hinaus noch in anderer Hinsicht trennen würden. Das forcierte Moment, mit dem die Aufteilung der beiden Teams gleich nach der ersten Sitzung thematisch wurde, erwies sich als Inszenierung von initialer Bedeutung.

Wer ist der Vorstand?

In der dritten Stunde wurde bestätigt, daß die Supervision auch weiterhin unabhängig von Team II durchgeführt werden sollte. Die Teilnehmerinnen problematisierten die Verhaltensweisen zweier Frauen, die zusammen mit Frau K. ehrenamtlich den Vorstand des Vereins stellten, in dessen Organisationsstruktur Team I und II eingebettet waren. Die beiden ehrenamtlichen Vorstandsfrauen seien ehemalige Klientinnen. Eine davon sei viel zu schnell gekränkt, fühle sich oft zurückgesetzt und wolle zu viel. Auch würden beide nicht genug leisten. Zu dem Punkt, daß ehemalige Klienten als Mitarbeiter eingestellt würden, erläuterte Frau L., auch das sei ein typischer Fehler, eine Art »Kinderkrankheit« aus der Gründungszeit.

Die Mitarbeiterinnen problematisierten grundsätzlich die Vereinskonstruktion, auch wenn sie sich, wie sie selbst wüßten, nicht umgehen ließe. Der Vorstand werde gebraucht, habe mit der Arbeit aber nichts zu tun. Meine Sicht der Situation, die ich dem Team mitteilte, war: Auch von ihrer Seite würden aufgrund der Vereinskonstruktion widersprüchliche Erwartungen an die Vorstandsfrauen herangetragen. Einerseits leisteten diese in ihren Augen nicht genug, seien kränkbar und auf Unterstützung und Zuwendung angewiesen. Andererseits wollten die Mitarbeiterinnen von Team I als die tätigen »Leiterinnen« des Projekts auch keinen einflußreichen, mit Macht ausgestatteten Vorstand neben sich zulassen.

Projektive Abwehr auf gruppenpsychologischer Ebene – »Die Schwierigkeiten liegen außerhalb!«

Wenn man die Gruppensituation des Teams in der ersten Stunde betrachtet, so bekommt man den Eindruck, daß sich bereits zwei Fraktionen gebildet hatten. Eine »Kampfeinstellung« war zu spüren. Der projektive Umgang mit den Vorstellungen der je anderen Gruppierung drückte sich im mißtrauischen Zweifeln hinsichtlich der unterschiedlichen Supervisionsformen aus, für die sich die Teams entschieden hatten. Man suchte keine Verständigung, sondern argwöhnte, daß die Argumente des jeweils anderen nicht überzeugend oder unbrauchbar seien.

Die Rigidität, mit der die langjährigen Mitarbeiterinnen ihre Vorstellung von der »richtigen« Supervisionsmethode zum Ausdruck brachten, verwies auf den Wunsch, Einheitlichkeit durch machtvolles Eingreifen zu erreichen. Die »Erfahrenen« wollen Festigkeit und Struktur vorgeben. Gruppenpsychologisch ist die Situation so angelegt, daß sich beide Gruppierungen als miteinander unverträglich erleben müssen. Deshalb kommt es auch in der nächsten Sitzung folgerichtig zur Trennung der Teams. Der abgespaltene Teil des Teams wird als »die anderen außerhalb« wahrgenommen. Dort werden Probleme lokalisiert, die man »drinnen« im eigenen Team nicht wahrnimmt. »Drinnen«, in Team I, ist es jetzt die neue Mitarbeiterin Frau J., die von den Erfahrenen streng zensiert wird. Es scheint, als habe auf unbewußter Ebene eine thematische Einigung stattgefunden: Machtorientierung am Arbeitsplatz und Ausgrenzung von Unverträglichem.

Im Dienste der Konfliktvermeidung werden die Abwehrmechanismen der Projektion und Spaltung verwendet. In Team I erlebt man das Team II als gegnerisch, was sich in der Beurteilung der Supervisionsmethode ausdrückt, die als »etwas zum Anfassen« abqualifiziert wird. Später wird über eine Mitarbeiterin von Team II gesagt, sie »wirtschafte das Projekt herunter«. Damit sind auch die Schwierigkeiten des Gesamtprojekts nach »außen«, in die gegnerische Fraktion verlagert.

Ebenso kann man in der zweiten Stunde feststellen, wie das Ansprechen solcher entwertenden und auf Ausgrenzung gerichteten Reaktionsweisen das Problematisieren der institutionellen und personellen Struktur des Teams vorantreibt. Die Mitarbeiterinnen zeigen einerseits Schuldgefühle, während sie andererseits ihre Interessen bewußter wahrnehmen und die institutionelle Veränderung als angemessen vorantreiben.

Dieser Aspekt scheint uns für das weitere Vorgehen in der Supervision von zentraler Bedeutung. Das Team zeigt seine Abwehrformen. Es zeigt aber zugleich, wie es auf Interventionen eingehen kann. Die Schuldgefühle können wahrgenommen und in einen Beziehungs- und Interessenzusammenhang gestellt werden. Es stellt sich die Frage, ob sie im weiteren Verlauf als dazugehörig integriert und als Verhaltenskorrektiv aufgenommen werden, womit Verantwortung an ihre Stelle treten könnte.

Man diskutiert in der dritten Stunde einen institutionellen Aspekt, die Vereinskonstruktion. Indem man den »inkompetenten« Vereinsvorstand problematisiert, werden Führungsansprüche und Rivalitäten an einem äußeren Konkurrenten abgehandelt. Von der Überwindung der Projektions- und Spaltungsmechanismen als vorherrschender Abwehr der Konfliktkonstellationen werden sowohl die Zufriedenheit und Arbeitsfähigkeit der Teammitglieder als auch die Qualität der Einrichtung abhängen.

Zunächst jedenfalls hat man in dem jetzt dreiköpfigen Team einen raschen Einigungsprozeß herbeigeführt. Ab der vierten Stunde wird vorerst die Falldiskussion über Klienten in den Mittelpunkt gerückt. Am Beispiel der Klientel werden konfliktorientierte Formen der Bewältigung von Schwierigkeiten aus einer größeren Distanz erprobt, als dies an den Teamkonflikten selbst möglich wäre. Auf diese Weise hinterfragen die Beraterinnen selbst ihre Professionalität im Umgang mit der Klientel. Dieses Interesse des Teams vertritt Frau J., wenn sie ihre »depressiven« Beratungsfälle vorträgt.

Intrapsychische und interpersonelle Ebene – Abschied von der »berufsbiographischen Adoleszenz«

Die Spezialisierung der beiden Arbeitsbereiche von Team I und II innerhalb des ganzheitlich konzipierten Projektes führt zu Spannungen innerhalb des »Hauses«. Vermutlich haben diese Spannungen mit dem unterschiedlichen Anspruch und Prestige der Arbeitsschwerpunkte zu tun, mit den aufkommenden Neidgefühlen, mit den Befürchtungen, in den weniger attraktiven Schwerpunkten zurückgelassen zu werden, und mit der Persönlichkeit der Mitarbeiterinnen, die sich von dem einen oder anderen Schwerpunkt unbewußt angezogen fühlen.

Die anstehende Aufteilung der Arbeitsbereiche wird sich einerseits als sinnvoll herausstellen, bringt aber andererseits psychische und interpersonelle Belastungen mit sich, wie sie für Trennungssituationen charakteristisch sind.

Den Schmerz über den Verlust des gemeinsamen »großen« Projekts versucht man mit Hilfe entwertender Einstellungen gegenüber den Kolleginnen abzuwehren, mit denen man nicht mehr zusammenarbeitet. Man schießt sich in einer Art »Kampfhaltung« aufeinander ein, was die Trennung offenbar erst möglich macht. Es scheint weniger um Auseinandersetzung im Interesse zweier sinnvoller Arbeitsbereiche zu gehen als vielmehr um Entwertung im Dienste der Trennungsaggressivität. Man will erst mal »wegkommen«, sich im Geiste »die eigenen Räume einrichten«, wie Frau K. sagte, in denen man sich dann mit einer neuen beruflichen Identität ausbreiten kann. Würde man sich stärker mit den Fragestellungen der Arbeitsschwerpunkte des Teams II identifizieren, so könnte man diesen Teil der Einrichtung nicht »zurücklassen« und seine eigenen Sachen anpacken. Es ist deutlich spürbar, wie Trennungs- und Rivalitätsaggressivität hier im Interesse eines beruflichen Fortkommens und einer beruflichen Individualisierung gebraucht werden.

Auf diese Weise wird zunächst die Bewältigung des Konflikts »Gesamtprojekt oder Spezialisierung« vorangetrieben. Das »Gesamtprojekt« scheint mangelnde Professionalität einzuschließen, während Spezialisierung und stärkere Trennung der Arbeitsbereiche eher den Verlust des »großen« Entwurfs, also auch eine narzißtische Kränkung bedeuten.

Zum konflikthaften intrapsychischen und interpersonellen Geschehen gehören die erwähnten Schuldgefühle. Sie werden von Trennungsabsichten und Trennungsaggressivität ausgelöst und haben mit der Befürchtung zu tun, jemanden zurückzulassen, sich nicht mehr auf seine Belange einzulassen, das Mitgefühl zurückzuziehen, jemanden zu überrunden oder möglicherweise auch, ihn zu übervorteilen.

Der Vergleich mit einem adoleszenten Entwicklungs- und Ablösungsprozeß liegt nahe. Es geht um die Differenzierung von Einstellungen, Gefühlen, Affekten, Phantasien und Denkfiguren. Nimmt man den angesteuerten Verzicht auf Gleichheit, Zusammengehörigkeit und fraglose Solidarität hinzu, so entsteht das Bild einer adoleszenten Ablösung von Beziehungsvorstellungen und Abhängigkeiten, die nach den Mustern von Familie und »peer group« bestimmt sind. Man sucht für die gestellten Aufgaben nach neuen interpersonellen und institutionellen Formen, wobei man sich nicht sicher ist, ob man die Chance, die in der »adoleszenten« Übergangsphase des Alternativprojekts liegt, auch zu nutzen vermag (Erdheim 1988; Leuzinger-Bohleber & E. Mahler 1993; s. a. Kapitel 5). Und man befürchtet, bei der Herausbildung einer angemessenen Struktur unversehens traditionelle hierarchische Organisations- und Umgangsformen zu übernehmen.

Die ganzheitliche Konzeption des Projekts schließt die Maxime ein, daß alle klientennahen Ansätze wichtig seien und es damit zwar um verschiedene, aber gleichwertige Tätigkeitsbereiche ginge. Diese Maxime wird zwar von allen vordergründig geteilt, erzeugt aber einen inneren Konflikt bei den Mitarbeiterinnen, sobald der Wunsch aufkommt, ausschließlich eine Klientel beraten zu wollen, mit der eine auf Selbstreflexion gerichtete Verständigung möglich ist. Es geht um den Wunsch nach Spezialisierung und individuellem Qualifikationsprofil; die Gereiztheit und Aggressivität, die sich bei diesem Konflikt auftun, zeigen sich bereits in der ersten Stunde.

Als besonders unbefriedigend wurde die Arbeit von Team II angesehen. Von der Konzeption her wurde diese Arbeit für wichtig erachtet, drückte sie doch die Nähe zur Klientel des Projekts am deutlichsten aus. Man klagte über Fehler und Versäumnisse, haderte mit Kleinigkeiten und konnte sich nicht offen eingestehen, daß man diese Art von Sozialarbeit nicht mehr machen wollte.

Als in der Supervision das Thema der »niederen Sozialarbeit« angesprochen wurde, konnten sich die Mitarbeiterinnen auch ihre Schuldgefühle bewußt machen. Sie schafften sich auf diese Weise mehr inneren Entscheidungsspielraum für einen Konflikt, der folgendermaßen zu umschreiben wäre: Im Hinblick auf Wünsche und Interessen anderer macht man sich möglicherweise schuldig, wenn man eigenen Zielsetzungen und Verpflichtungen nachgeht und den anderen dabei aus dem Blick verliert. Aber man bleibt auf diese Weise den eigenen Maximen treu, z. B. sich selbst weiterzuentwickeln. Es geht sowohl um die Verantwortlichkeit den eigenen Interessen gegenüber als auch um die Einbindung dieser Interessen in die Verantwortung für eine als sinnvoll erachtete soziale Arbeit.

Das Projekt existierte, wie erwähnt, schon seit einigen Jahren, nicht zuletzt weil es auch politisch für sinnvoll erachtet wurde. Dennoch mußten die Mitarbeiterinnen und Mitarbeiter die Mittel für die Fortführung des Projekts Jahr für Jahr neu beantragen. Ein Projekt dieser Art, das sich inhaltlich und institutionell ständig weiter ausgestalten und legitimieren muß, erfordert von seinen Mitarbeiterinnen und Mitarbeitern ein hohes Maß an Flexibilität. Bereits in den beiden Eingangsstunden zeigt sich diese Herausforderung in der Szene zwischen den beiden »Erfahrenen« und der relativ »Neuen«. Wie persönlich oder wie allgemein und professionell müssen die Probleme, die im Berufsalltag auftreten, zum Ausdruck gebracht werden? Wie großzügig und verstehend oder regelbewußt und rigide gestaltet man die beruflichen Beziehungen?

Die vom Projektentwurf ausgehende Anforderung an intrapsychische und interpersonelle Differenzierung kommt einem Interesse der einzelnen Mitarbeiterinnen entgegen. Gleichzeitig wird diese Anforderung als Belastung empfunden. Nicht zuletzt wird sie auch als Abschied von einer Phantasie des Gleichseins, die mit der Pionierphase des Projekts verbunden war, erlebt. So gesehen geht es in der beruflichen Biographie der Mitarbeiterinnen um den Abschied von ihrer »beruflichen Adoleszenz« im Projekt.

Institutionelle Ebene – wer führt und wer führt weg vom »sozialen Abseits«?

Es geht um die Frage nach der Organisationsstruktur des Teams. Wer leitet in Team I oder kann man »alternativ« ohne Leitung auskommen? Wer stört von außen die Profilierungsinteressen von Team I, wer schmälert seinen Einfluß?

Die Trennung der beiden unter einem Dach angesiedelten Arbeitsschwerpunkte bahnt sich an und wird bereits zu Beginn und während der Supervision vollzogen. Wird auch das spezifische Arbeitsgebiet der Beratung noch stärker institutionalisiert?

Das Thema des Führungsanspruchs kündigt sich in der dritten Supervisionsstunde an, in der es um die Organisationsstruktur geht. Sie ist in eine Vereinskonstruktion eingebunden. Der Verein hatte einen Vorstand, der seine Funktionen nicht recht zu übernehmen vermochte. Zudem wurde der Vorstand zeitweise mit ehemaliger Klientel besetzt. Frau K. und Frau L. kritisierten einerseits die Inkompetenz des Vorstands, gaben aber gleichzeitig zu erkennen, daß sie kein Interesse an einem einflußreichen Vorstand hatten.

Frau K. und Frau L. riefen die Vermischung von Klientel und Beratern in der Einrichtung als eine der »Kinderkrankheiten« des Projekts in Erinnerung. Mit der Einsicht, daß eine solche Vermischung dem Zweck der Einrichtung zuwiderläuft und der Arbeit abträglich ist, wurde auch die Überlegung möglich, den Vorstand in Zukunft unter anderem mit einer Juristin zu besetzen. Die entscheidende Frage lautet jedoch: Wie flexibel und kompetent werden die Mitarbeiterinnen von Team I ihre Professionalisierung, von der nicht zuletzt die Fortexistenz der Einrichtung abhängt, vorantreiben? Wie wird man die weitere Institutionalisierung von Führungsrollen und Verantwortlichkeiten entwickeln, wie die Definition von konturierten Arbeitsbereichen und Qualifikationsprofilen mit entsprechenden psychosozialen Kompetenzen (Ohlmeier & Sandner 1984)?

Im Gesamtprojekt schien es eine undiskutierte Einschätzung der verschiedenen Arbeitsbereiche zu geben. Der »niederen Sozialarbeit« wurde die Beratungsarbeit und die Arbeit mit Selbsthilfegruppen, die sich am Wunsch nach Veränderung orientieren, vorgezogen. Letztere partizipiert offenbar durch die Nähe zu den Heilberufen auch an deren Ansehen, während die erste Gruppe stets mit dem »sozialen Abseits« befaßt ist, wie sich die Mitarbeiterin Frau K. ausdrückte.

Wir können bereits in den ersten drei Sitzungen der Supervision programmatisch die Probleme erkennen, die im Laufe der Zeit vom Team bewältigt werden müssen. Im nachhinein wissen wir, daß die personelle und institutionelle Entwicklung in eine spezialisierte und räumlich getrennte Institution mündet, die später von einer der erfahreneren Mitarbeiterinnen auch geleitet wird.

Kapitel 9 Dominante Konfliktthemen der mittleren Supervisionsphase

Von den »Kinderkrankheiten« in die Krise der »beruflichen Adoleszenz«

Während die Klienten des Teams II häufig Menschen waren, die nur einen Platz suchten, an dem sie sich treffen konnten, ohne daß es ihnen ausdrücklich um Veränderung ihrer psychischen Situation ging, entsprachen die Klienten der ersten drei Fallberichte mit ihren depressiven Beschwerdebildern eher einer Klientel für therapeutische Behandlungen, die mit dem Aufkommen der »Selbsthilfe« als Bewegung und Institution auch zunehmend an das Team I empfohlen wurde oder sich selbst an die Einrichtung und Team I wendete. In der Supervision erhielten diese Fallberichte für Team I auch die Funktion, seine Abgrenzung und Spezialisierung gegenüber Team II zu festigen und unter Beweis zu stellen.

Für Frau J. schienen die psychiatrischen Fälle auch noch einen Aspekt der Selbstthematisierung zu enthalten. Ihr wurde die Berechtigung, von sich selbst zu sprechen, gleich in der ersten Supervisionssitzung von Frau K. und Frau L. bestritten. Sie hatte angedeutet, daß ihr der Umgang mit depressiven Verstimmungen Schwierigkeiten bereite. Frau J. zeigte auf diese Weise ihre Fähigkeit zur Kompromißbildung im Team. Sie hatte sicherlich in der Zwischenzeit verschiedene Klienten gesehen, stellte aber zu Anfang der Supervision Menschen mit depressiven Verstimmungen vor. Dadurch drückte sie auf indirekte Weise aus, daß sie sich mit ihren Mitarbeiterinnen auf deren Regeln geeinigt hatte und dennoch an der Klärung ihres Themas interessiert blieb. Sie ließ etwas von den beklagten »Kinderkrankheiten«, dem Wunsch nach unmittelbarer Selbsterfahrung am alternativen Arbeitsplatz »soziale Arbeit«, hinter sich.

Spezialisierung und Professionalisierung kamen in der Supervision zunächst dadurch zur Geltung, daß man versuchte, die Klienten als Fall vorzustellen und ihre Problematik zu verstehen, um auf diese Weise die Spielräume der Beratungsarbeit zu erweitern. Die ersten drei Stunden stellten, wie in Kapitel 8 beschrieben, das implizite »Programm« der Supervision auf: Wie soll die institutionelle und personelle Verfassung des Teams beschaffen sein und wie die Beratung der Klientel?

Die darauffolgenden vier Fälle führten die inhaltliche Arbeit mit zentralen Themen der depressiven Klienten vor. Man konnte ihre Themen auch als die Themen des Teams lesen. Wieviel Trauer und Depressivität müssen in der Getrenntheit vom »großen« alternativen Projektentwurf bewältigt werden? Wie traurig oder deprimiert ist man über die mangelnde Professionalität, um die man die Heilberufe beneidet? Wieviel Distanz und Nähe werden für eine professionelle Arbeit gebraucht? Darüber hinaus bahnte sich aber auch der Wunsch nach Zusammenarbeit mit männlichen Mitarbeitern an sowie die Frage, welche Eigenschaften und Fähigkeiten diese Männer mitbringen sollten. Männer waren bisher nicht beteiligt gewesen – wie in den Fallbeispielen der »Depressiven«, die Frau J. vortrug.

Nach fünf Sitzungen stellte das Team erstmalig einen Mann ein, den Studenten Herrn P. Inzwischen war noch ein Schwerpunkt mit politischem Akzent geschaffen worden, der von dem neuen Mitarbeiter übernommen werden sollte. Seine Aufgabe sollte es unter der Projektleitung von Frau K. sein, diesem Schwerpunkt ein Profil zu geben. Zunächst blieb unklar, was Herr P. über die formale Beschreibung seiner Stelle hinaus für das Team bedeuten und leisten sollte. Wird mit seiner Person eine Ausdifferenzierung der Beziehungsmöglichkeiten verknüpft? Verbindet sich mit seiner Einstellung auch die Frage, wieviel »Männlichkeit« in einem symbolischen Sinne von Differenz, Konturierung, Initiative und Rivalität das Team braucht, erlaubt und integrieren kann (vgl. Benjamin 1988; Reiche 1990)?

Herr P., der neue Mitarbeiter, thematisierte häufig die Distanzlosigkeit von Klienten. Einige Male waren es Männer, die sich politisch betätigen wollten, dabei aber manipulativ und unseriös vorgingen. Ein Arbeitsloser mit hohem politischen Anspruch etwa agierte und sprach nur noch für sich selbst und suchte in der Einrichtung ein Zuhause. Indirekt stellte Herr P. über seine Fälle immer wieder die Frage, wie ein Mann, der an dieser Einrichtung arbeiten will, beschaffen sein müsse.

Ungefähr zwei Monate nach seiner Einstellung sprach Herr P. in der Supervision über einen Klienten, der durch distanzloses und manipulatives Verhalten auffiel. In der Falldiskussion wurde die Eigenart dieser Persönlichkeit herausgearbeitet. Rasch hatte sich Herr P. diesem Klienten gegenüber ausgeliefert gefühlt. Es teilte sich in der Falldiskussion mit, wie fordernd der Klient aufgetreten sein mußte und wieviel Druck er mit seinen großen Ansprüchen erzeugt hatte. Schnell schien er die Regeln des Umgangs bestimmt zu haben. Herr P. konnte sich ihm schlecht entziehen. Man fragte sich in der Diskussion zu diesem Fall, ob es angemessen sei, sich ausgiebig mit einem Klienten zu beschäftigen, der sich selbst nicht ändern wolle, sondern lediglich vorgab, im Kontakt mit der Einrichtung Politik machen zu wollen. Herr P. machte in der Supervision die Erfahrung, daß ihm das Team den Platz und die Zeit einräumte, über eine Persönlichkeit zu sprechen, die ihm durch ihre undistanzierten und fordernden Verhaltensweisen die Beratung erschwerte. So konnte er seinerseits wieder die notwendige professionelle Distanz zu diesem Klienten herstellen. Zugleich zeigte sich, daß es sich um einen Kliententypus handelte, mit dem Herr P. in seinem Schwerpunkt oft zu tun hatte.

Weder die von Herrn P. mitgebrachte Fähigkeit, als Berufsanfänger intuitiv den Kontakt zu regulieren, noch sein Wissen, über das er durch sein Studium verfügte, reichten dafür aus, daß er sich in der Einrichtung sicher fühlte und den Umgang mit Klienten hätte angemessen gestalten können. Noch einmal war das Thema der Professionalisierung in der sozialen Arbeit mit Hilfe der Falldiskussion programmatisch formuliert worden.

Vor der Darstellung von Herrn P. hatte Frau J. in der Supervision geklagt, daß es ihr an Professionalität mangele. Ein familiäres Muster, nach dem die kollegialen Beziehungen zwischen Frau J., Frau L. und Frau K. untergündig organisiert waren, bildete sich in der Supervision ab: Frau J., in der Rolle der heranwachsenden Tochter, klagte über Insuffizienzgefühle, aber die Ermunterungen von seiten der Elternfiguren, Frau L. und Frau K., erreichten sie nicht, und auch ihr Verlangen nach Fürsorglichkeit wurde zurückgewiesen. Später verließ Frau J. die Einrichtung, um sich einer anderen Tätigkeit zuzuwenden. Der Abschied schien für Frau J. eine richtige berufliche Entscheidung zu enthalten. Möglicherweise stand ihre Entscheidung auch mit dem Wunsch nach Professionalität, höherem Sozialstatus und besserem Gehalt in Zusammenhang.

Einem Entwicklungsprozeß vergleichbar, realisierte sich der Wunsch nach Professionalisierung in der Falldiskussion und im Gruppenprozeß des Teams. Die Entwicklungskrisen, die in den Fallberichten thematisch wurden, hatten ihre Entsprechungen im aktuellen Lernprozeß des Teams. Sowohl in der Falldiskussion als auch im Gruppenprozeß waren Themen der Trennung und Individuation mit der sie begleitenden Aggressivität, Nähe-Distanz-Regulation und den Abwehrmodalitäten von Spaltung, Projektion und Regression virulent. Später kamen Rivalität und Spannung zwischen den Geschlechtern wie auch die Frage hinzu, ob es einen Geschlechterkampf geben würde.

Zum einen stellte der von Herrn P. vorgetragene Fall eines als distanzlos beschriebenen Mannes einen häufigen Typus der Klientel, von der die Einrichtung aufgesucht wurde, dar. Zum anderen war er beispielhaft für die Probleme, die der alternative Anspruch des Projekts den Mitarbeitern und Mitarbeiterinnen bereitete. Abgrenzung und Individualisierung sowie Wettstreit um ein Ziel standen unausgesprochen im Verdacht, Verrat an der »guten«, weil alternativen Sache zu sein. Diese Vorstellung wurde einerseits vom Team nicht mehr ausdrücklich geteilt; andererseits gab es noch keine psychologischen und institutionellen Formen, die es ermöglicht hätten, sich von den »Distanzlosigkeiten« und »Kinderkrankheiten« zu verabschieden, ohne zugleich wichtige menschliche Maximen aufzugeben. Unabgegrenztheit und Offenheit als Erbe des »großen« alternativen Projektentwurfs bedeuteten zunächst, gegenüber rigiden und hierarchischen Rollenzuschreibungen antikonventionell und kritisch zu sein. Das machte es jedoch schwierig, sich von Selbstmißverständnissen zu befreien.

Wir sehen hier, wie schon modellhaft in Kapitel 5 formuliert, daß der Verlauf der Supervision sich mit einem adoleszenten Entwicklungsprozeß vergleichen läßt, der auch Entwicklungskrisen einschließt. Dem professionellen Anspruch, den das Team an das Projekt stellte, waren die personellen und institutionellen Formen nicht mehr angemessen.

Institutionalisierung und »veränderte« Psychologie

Die Institutionalisierung zweier getrennter Arbeitsbereiche mit unterschiedlichem Profil mußte eine Entsprechung im Verhalten der Mitarbeiter finden. Im hier besprochenen Team war auch die »Psychologie« der Teammitglieder ein Hemmschuh bei der Verwirklichung einer professionellen Institution. Während die Mitarbeiterinnen Frau L. und Frau K. noch mit der inneren Trennung von dem ursprünglich zusammengehörenden großen Projekt von Team I und II befaßt waren, spürten und thematisierten sie bereits, daß die neue Institution auch veränderte psychosoziale Kompetenzen des Teams erforderte. Dabei ginge es um »mehr Psychologie«, wie Frau K. sich ausdrückte. Mit der Trennung von Team I und II sollten Spezialisierung und Professionalisierung einhergehen.

Nachdem das Gesamtprojekt aufgegeben war, wurde die Beunruhigung darüber, ob der Trennungsschritt sozial- und berufspolitisch richtig war, zunächst durch die Entwertung der Mitarbeiterinnen von Team II abgewehrt. Die gereizten Auseinandersetzungen wurden als Versuch interpretiert, die Trennung nicht zu akzeptieren und die Verbundenheit von Team I und II aufrechtzuerhalten. Solange man sich noch stritt, hatte man auch noch miteinander zu tun. Frau K. mußte zu Recht befürchten, an Einfluß zu verlieren, jetzt, wo sie sich in einem emanzipativen Sinne zunehmend die Lust an Einfluß und Macht zugestand. Sie schien geradezu prädestiniert dafür zu sein, verantwortungsvolle, leitende Rollen zu übernehmen und initiativ zu wirken. Daß mit ihrem Führungsanspruch gleichzeitig ein ungelöster Konflikt verknüpft war, zeigte sich an ihren gelegentlich verwirrenden Botschaften.

Als der Konflikt zwischen Team I und II weiter thematisiert wurde, verhielt sich Herr P. überwiegend still. Er brachte lediglich zum Ausdruck, daß er die Querelen zwischen den Teams nicht verstünde und ohnehin zwei getrennte Einrichtungen wahrnehme. In dieser Sitzung wurde deutlich, daß die Trennung der beiden Teams und ihrer Bereiche eine noch zu bewältigende Aufgabe für Frau K. und Frau L. darstellte. Diese Aufgabe bestand darin, angemessene Einstellungen zu der Aufteilung der Teams und geeignete Formen der Kooperation zwischen zwei Institutionen zu finden. Im Gegensatz dazu war Herr P. von der Trennungsproblematik und der damit verbundenen psychischen und interpersonellen Dynamik nicht berührt.

Letzteres wiederum wies ihm eine wichtige Funktion für den Gruppenprozeß in Team I zu. Herr P. stand für die innere Differenzierungsanforderung des Teams, auch männliche Mitarbeiter einzustellen. Aber stand er wirklich für ein Bild vom männlichen, selbstbewußten Mitarbeiter oder lautete der heimliche Auftrag an ihn, er solle »neutral« oder sogar schwach und gefügig sein? Als Anfänger war er natürlich zunächst unsicher und als noch Studierender auch nicht erfahren genug, um bei möglichen Kompetenzstreitigkeiten und Führungsansprüchen als Rivale oder Konkurrent in Frage zu kommen.

Frau K. insistierte in derselben Sitzung auf ihrer Forderung nach »mehr Psychologie«; dadurch sollten die Spannungen mit Team II verständlicher werden. Dabei hatte Frau K. die Persönlichkeit einer Mitarbeiterin von Team II im Blick, die dominant sei und entschlossen, sich durchzusetzen. An dieser Frau ließen sich untergründige Rivalitätsprobleme thematisieren. Folglich wurde in der Supervision auf die verleugnete Tatsache aufmerksam gemacht, daß es formell nur gleichwertige Stellen gebe, informell aber ein starkes Erfahrungs- und Leistungsgefälle und somit auch Konkurrenz um Anerkennung, Macht und Einfluß.

Offenbar ahnte Frau K., daß es bei ihr und Frau L. um eine Bewältigung der Trennung von Team II ging, und damit um Befürchtungen, etwas verloren zu haben und geschwächt aus der Trennung der beiden Bereiche des großen Gesamtprojekts hervorzugehen. Die mit Rivalität verbundene Aggressivität, die noch gegen die dominante Mitarbeiterin von Team II gerichtet war, verlagerte sich mehr und mehr in die Dynamik von Team I hinein und schien damit jederzeit zwischen Frau K. und Frau L. aufbrechen zu können. So gab es eine Supervisionsstunde, in der nur die beiden Frauen anwesend waren und direkt nach einer gemeinsamen Dienstreise dieses Thema ansprachen.

Im Lauf der Zeit kamen die Teilnehmer mit angriffslustigen Verhaltensweisen besser zurecht und verwendeten sie sogar als eine Art von »Kraftquelle«. Während Frau L. sich öfter in einer eher bedeckten Stimmungslage befand, verkörperte Frau K. stärker die Protagonistin der Konfliktabwehr durch eine Kampfhaltung. Frau L. und Frau K. teilten unbewußt zusammengehörige Aspekte des jeweiligen Teamproblems offenbar untereinander auf. Frau K. vertrat aber nicht nur die Konfliktabwehr durch eine kämpferische Haltung; sie stand auch für die Bewältigung konflikthafter weiblicher Führungsansprüche.

Es sei schon immer ein offenes Geheimnis gewesen, sagte sie einmal, daß sie die heimliche Leiterin wäre.

Frau K.s Expansionsinteressen forderten individualisiertes Verhalten und Aggressivität heraus, lösten aber auch Schuldgefühle aus. Mit ihrer Person schien eine progressive, konfliktorientierte Linie der Verhaltensweisen im Team vorgezeichnet zu sein, auch wenn sie immer wieder durch regressive Lösungsversuche umgangen wurde.

Das Teamproblem wurde in einer streitbaren Diskussion über die Verteilung von Räumen symbolisch ausgetragen: Wieviel Raum bekommt man und wieviel Raum muß man sich nehmen? Alltagspraktisch ging es um Raumverteilung, gruppenpsychologisch um Individualisierung und Entwertung der Konkurrenten. Mit Frau K.s Forderung nach »mehr Psychologie«, wenn auch in der Absicht formuliert, eigene Schwierigkeiten projektiv an der gegnerischen Mitarbeiterin abhandeln zu wollen, drückte sich zugleich die Herausforderung an das Team aus, der faktischen Getrenntheit zweier Institutionen auch die angemessenen psychischen Einstellungen, Kooperationsformen und psychosozialen Kompetenzen einer spezialisierten Einrichtung folgen zu lassen.

Schuldgefühle und Projektion – Opfer oder Täter

Die Unverträglichkeiten der beiden Teams kamen durch den Fallbericht über eine Transvestitengruppe zur Sprache, wobei das Trennungsthema einen Verfolgungsaspekt erhielt: Wenn man sich trennt, hat man die Rachegelüste der verlassenen »gegnerischen« Partei zu fürchten. Das damit verbundene Muster einer projektiven Abwehr wurde in einer späteren Sitzung erneut sichtbar. Auch diesmal wurde als Fall über einen Transvestiten gesprochen, der seinesgleichen mit einer deutlich paranoiden Tendenz verfolgte. Er versuchte, seinen vermeintlich gefährlichen Gegnern »unsaubere« Machenschaften nachzuweisen, indem er sie bei einflußreichen Stellen mit denunziatorischen Briefen anschwärzte.

Für das Team bedeutete diese Falldiskussion ein Bewußtmachen der Abwehrmodalitäten Projektion und Spaltung. Es befürchtete Ärger und Racheakte durch Team II. Man hatte Mühe wahrzunehmen, daß man selbst die Abgrenzung auch durch räumliche Trennung von Team II gewollt und durch verschiedene Verhaltensweisen indirekt forciert hatte. Die Befürchtungen, übervorteilt zu werden, nahmen in dem Maße ab, in dem man nicht mehr die eigene Initiative, sich selbständig zu machen und sich absichtsvoll von den bisherigen Mitarbeiterinnen wegzubewegen, sowie die damit verbundenen Schuldgefühle verleugnete. Die Mechanismen der Spaltung und Projektion wurden offensichtlich gebraucht, um die teaminternen Konflikte abzuwehren und den Zusammenhalt des Teams – entprechend dem Selbstwertgefühl des einzelnen – zu regulieren.

Veränderungswunsch und Angst vor Desintegration

Mit dem Arbeitstitel einer von Team I betreuten Selbsthilfegruppe »Krise und Veränderung« wurde indirekt das Programm von Team I für die nächsten Supervisionen formuliert. Das Team hatte sich bereits mit vielen Falldarstellungen von Klienten seiner Möglichkeiten vergewissert, eine kompetente Falldiskussion zu führen und so Verständnis wie auch größere Verhaltens- und Beratungsspielräume zu gewinnen.

Auf diese Weise kamen sowohl Erfahrungsvorsprünge gegenüber neuen Mitarbeitern wie auch die mitgebrachten einfühlsamen Fähigkeiten der neuen Mitarbeiter zur Geltung. Diese gut entwickelte Fallstrukturierungskompetenz (A. Gaertner 1992, S. 186), die das Team bei der Besprechung von Klienten hervorbrachte, war auch von grundlegender Bedeutung für die Bewältigung der Teamkonflikte.

Die Dialektik von Veränderung und Krise bzw. Angst vor Desintegration wurde in der Falldiskussion über die Entwicklung einer Selbsthilfegruppe herausgearbeitet. Das Ende dieser Selbsthilfegruppe, die sich zu dem Thema »Krise und Veränderung« gebildet hatte, belebte bei den Teilnehmern alte Zweifel und Befürchtungen, sie könnten ohne die Selbsthilfegruppe die erreichte Integration und das damit verbundene Gefühl, es ginge den Teilnehmern gut und sie hätten etwas erreicht, nicht aufrechterhalten. In der Fallbesprechung wurde die Interpretation gefunden, daß sich die Teilnehmer der Selbsthilfegruppe stellvertretend für ihre eigenen Befürchtungen intensiv mit demjenigen Teilnehmer beschäftigten, der schon lange nicht mehr an der Gruppe und damit an ihrer Entwicklung teilgenommen hatte. Die Schuldgefühle demjenigen gegenüber, den man zurückgelassen und der den Weg aus seiner Krise mit Hilfe der

Gruppe nicht gefunden hatte, schränkten die progressive Tendenz der Selbsthilfegruppe ein.

Offenbar hatte die Falldarstellung zu dieser Selbsthilfegruppe, die in keinem anderen Kontext mehr erwähnt wurde, eine doppelte Bedeutung für Team I. Zum einen ging es darum, die aktuellen Konflikte der besprochenen Selbsthilfegruppe zu verstehen, wodurch in der Supervision eine hilfreiche Beratung der Gruppe durch die Mitarbeiterinnen Frau K. und Frau L. abgesichert wurde. Zum anderen, und wiederum programmatisch, ging es um ein Verständnis der eigenen Konfliktkonstellationen im Team. Aus dieser Perspektive gesehen zeigte die Falldiskussion der Selbsthilfegruppe eine Fähigkeit des Teams, eigene Konflikte bzw. Krisen oder Wege aus der Krise in stellvertretender symbolischer Form zu thematisieren. Man kann auch sagen, daß die Fähigkeit, Fälle zu diskutieren, eine Stärke des Teams darstellte, an der es sich orientierte, um seine desintegrativen Tendenzen zu überwinden.

In diesem Abschnitt der Supervision verließ Frau J. das Team. Das Team befand sich in einer eigenartig indifferenten Stimmung. Man wußte nicht recht, ob man Frau J. vermißte. Ein Neuer kam, von dem man nicht wußte, wie kompetent er sein würde. Die bisherige Schreibkraft ging, eine neue wurde eingestellt. Man wußte nicht, ob man nur verloren oder auch etwas gewonnen hatte. Und man schien überhaupt noch nicht zu wissen, wie die Einrichtung künftig gestaltet werden sollte. Es war, als fürchtete man einen Zerfall des Teams, dann aber zeigte das Team eine überzeugende Entschlossenheit, vor allem vertreten durch die beiden langjährigen Mitarbeiterinnen, die ungelösten Probleme im Team zum Fall zu machen. In dieser fast ein Dreivierteljahr andauernden Phase wurde immer wieder die Schwierigkeit thematisiert, als spezialisierte Einrichtung eine differenzierte personelle und institutionelle Struktur herauszubilden. Die Unsicherheit, ob man in der »Separation« weitere Fortschritte machen könne, zeigte sich im Verhältnis der »Alten« zu den »Neuen«, in der Art, neue Mitarbeiter auszuwählen und einzuarbeiten. Unbestimmte Abgrenzungen der Kompetenzbereiche dienten nach wie vor der Konfliktvermeidung und erhielten damit, wie K. Buchinger (1988) feststellt, den Charakter vorübergehender Symptombildungen (ebd., S. 6f.).

In einer Falldiskussion über eine Klientin, die als alleinerziehende Mutter von einem Erpresser bedroht wurde, bündelten sich die Einfälle in der Frage, wie kompetent Herr P. sei. In der darauffolgenden Stunde problematisierte er seine Situation im Team. Er versuchte, ohne daß man es von ihm gefordert hatte, seine Person und die Zusammenarbeit mit der Projektleiterin Frau K. zum Fall zu machen. Obgleich er sich persönlich sehr exponierte, bewahrte er eine erstaunlich beherrschte Haltung, die jedoch einen bestimmten Preis hatte: In der Falldiskussion dachten Frau K. und Frau L. über ihn nach, und er ließ sie »für sich arbeiten«. Es ließ sich klären, daß er dadurch – sicher nicht absichtsvoll – die Verantwortung derjenigen, die ihn eingestellt hatten und ihn einarbeiten mußten, zur Diskussion stellte.

Für Frau L. und Frau K. war es eine »neue« Situation, sich diese Aufgabe überhaupt bewußt zu machen. Bislang hatten sie vor allem an die neuen Mitarbeiter ihre Erwartungen gestellt. Eine Zeitlang schien der Ausgang dieser Krise ungewiß zu sein: Würden die drei Betroffenen die Selbstüberprüfung bestehen?

Zunächst hatte es den Anschein, als sei der neue Mitarbeiter zu unbeweglich und abhängig. Allmählich aber rückten die doppeldeutigen Botschaften in den Blick, die dem Neuen gegeben wurden, und man machte sich die widersprüchliche Aufgabenstellung, die an ihn herangetragen wurde, bewußt. Als Anfänger sollte er sich zunächst einer Bewährungsprobe aussetzen. Zum ersten Mal nahm man sich die Freiheit, einen Neuen zu beurteilen. Gleichzeitig sollte er den neuen Schwerpunkt der Einrichtung eigenverantwortlich und kreativ ausgestalten. Er wurde vordergründig so behandelt, als wäre er den anderen Teammitgliedern gleichgestellt, konnte jedoch, was seine Qualifikationen anging, mit dem noch unabgeschlossenen Studium und der fehlenden Berufserfahrung nicht gleich sein.

An diesem Punkt führte die Supervision zu einer vorübergehenden Überwindung der Krise, und es wurde ein höheres Niveau der Konfliktorientierung erreicht. Man nahm Unterschiede und Zuständigkeiten genauer wahr. Nun wurden vertragliche Vereinbarungen, Rollenbeschreibungen und Aufgabenbereiche als organisatorische Bestandteile einer professionellen Institution stärker berücksichtigt.

Das erreichte Gleichgewicht erwies sich als labil. Frau N., eine neue Mitarbeiterin, verließ die Stelle nach kurzer Zeit wieder. Im Team entstand eine tiefe Beunruhigung: Kann man die an die Mitarbeiter gestellten Anforderungen überhaupt bewältigen? Die Befürchtung, es könnte zerfallen, was man mühsam aufgebaut hatte, drückte sich nicht zuletzt in einer Sitzung aus, in der Frau K. und Frau L. ankündigten, daß sie die Einrichtung im Laufe des Jahres verlassen wollten. Lieber aktiv weggehen als passiv ertragen zu müssen, daß andere das Team verlassen, so interpretierte ich die Ankündigung von Frau K. und Frau L. Man versuche auf diese Weise der Angst, etwas nicht erhalten und zu Ende führen zu können, aus dem Wege zu gehen. So wäre man nicht nur die anhaltende Befürchtung los, eventuell keine finanzielle Unterstützung mehr zu erhalten; auch das mögliche Scheitern bei dem Versuch, die innere Stabilität des Teams herzustellen, versuche man zu umgehen.

Großartigkeit und Kränkbarkeit

Das soweit beschriebene Teamproblem erfuhr mit der Einstellung einer neuen Mitarbeiterin, Frau M., eine Zuspitzung. Wieder schienen alle auf dem Prüfstand zu stehen. Ist es möglich, einen Spielraum zwischen Kontrolle und Gewährenlassen zu geben, in dem die neue Mitarbeiterin ihre Arbeitsmöglichkeiten erproben kann? Sind die institutionellen Rahmenbedingungen, der Vertrag, die Kündigungsfristen und die Verantwortungsbereiche klar definiert?

Die neue Mitarbeiterin machte den Eindruck einer sensiblen Persönlichkeit, die mit hohen Ansprüchen in die Einrichtung kam und selbst gute Fähigkeiten versprach. Dabei wirkte sie sehr verletzbar. Spürbar wurde, daß mit dieser Neueinstellung eine unbewußte Phantasie von Großartigkeit verbunden war, welche die neue Mitarbeiterin möglicherweise mit Frau K., der »Dienstältesten«, vermutlich aber auch mit dem Team insgesamt teilte. Die unbewußte Phantasie gemeinsamer Großartigkeit schien eher die Wahl der neuen Mitarbeiterin bestimmt zu haben als ein realistisches Überprüfen ihrer Kompetenzen und des Bedarfs im Team. Erst als Frau M. die Einrichtung schon wieder verlassen hatte, konnte die unbewußte Übereinstimmung zur Sprache gebracht werden.

Einerseits hatten Frau K. und Frau L. die Kränkbarkeit von Frau M. hinter dem Anspruch von Großartigkeit nicht wahrgenommen. Vermutlich war beiden Mitarbeiterinnen die Identifizierung mit Frau M.s Leistungsansprüchen wichtiger gewesen, als auf die Belastbarkeit ihrer Kooperationsbeziehung zu achten. Beide Frauen hatten selbst gelegentlich Pläne für weitere Qualifikation erwähnt. Andererseits wehrte Frau M. die ihr durchaus zustehenden Befürchtungen, als

Neue nicht sofort so gut zurechtzukommen wie die langjährigen Mitarbeiterinnen, vehement ab. Sie sparte zudem nicht mit Kritik an ihrem Kollegen Herrn P. und erlaubte sich ihrerseits eine große Empfindlichkeit.

Hier kamen auch individuelle Unterschiede in der Verarbeitung belastender und kränkender Situationen zur Geltung. Während Herr P. seine unsichere und passive Haltung in einen Zusammenhang mit seinen Ängsten stellen konnte, als Anfänger nicht kompetent genug zu sein, vermochte Frau M. Interventionen, die in dieser Richtung entlastend gemeint waren, überhaupt nicht auf sich zu beziehen.

In der Supervision stellte Frau M. eine Szene vor, in der sie bei einer Podiumsdiskussion mit Herrn P. hatte kooperieren müssen. Sie versuchte, Herrn P. als schwachen, »impotenten« Typ darzustellen, dem es nur darum gegangen sei, sich nirgends unbeliebt zu machen; das habe sie dann »um der guten Sache willen« auf sich genommen. Es war deutlich zu spüren, wie sie mit dem geringschätzigen Bild, das sie von Herrn P. zeichnete, an die Skepsis, die Frau K. diesem Mitarbeiter gegenüber hegte, anknüpfen konnte. Es entstand ein Bündnis auf Kosten eines Dritten, das allerdings nicht von langer Dauer war.

Mittlerweile äußerte sich Frau M. im Team entrüstet und zutiefst enttäuscht. Sie stellte ihre Arbeitsfähigkeit in der Teamsupervision grundsätzlich in Frage und ging statt dessen den Weg der unmittelbaren Konfrontation: angreifen und zurückschlagen. So inszenierte sie ihre Enttäuschung darüber, daß das unbewußte Bündnis gemeinsamer Großartigkeit nicht funktionierte. Obgleich sie Berufsanfängerin war, hatte sie vermutlich das untergründige Versprechen signalisiert bekommen, daß sie mit den erfahrenen Mitarbeiterinnen übergangslos auf einer Stufe stehen könne, was nicht zuletzt durch ihr Gehalt bestätigt worden war. Frau M. stieg gleich auf der Gehaltsstufe ein, auf der sich Frau K. und Frau L. nach vielen Jahren befanden.

Wenig später teilte sie in der Supervisionssitzung auf eine beiläufige Art mit, daß man ihr eine Stelle mit Forschungsaufgaben angeboten habe, eine Tätigkeit, die ihr mehr läge, und daß sie deshalb die Einrichtung verlassen würde. Auch in diesem Fall war die latente Mitteilung von Großartigkeit und Unabhängigkeit geradezu erschlagend und regte Phantasien darüber an, ob die so rasch zur Verfügung stehende Alternative einer Forschungsstelle angesichts der gegenwärtigen Arbeitsmarktsituation glaubhaft sei.

Für Frau M. war die Integration von persönlichen Interessen und Erfordernissen des Arbeitsplatzes nicht möglich gewesen. Ihre Enttäuschung bewältigte sie dadurch, daß sie im Team und bei der Supervisorin die »schlechten« Aspekte ihrer Arbeitsplatzerfahrung ablud. Bei mir als Supervisorin blieb das Gefühl zurück, einen Scherbenhaufen wegräumen zu müssen, und ich fühlte mich »irgendwie« mißbraucht. Die Frage stand buchstäblich im Raum, inwiefern das Team – oder Frau K. als seine Hauptsprecherin – die neue Mitarbeiterin zu solchem Mißbrauch »verführt« und sich dadurch ständig selbst überfordert hatte. Die Supervisorin sprach die Ebene von gegenseitiger Verführung und Mißbrauch an. Frau L. formulierte später, daß ihr das Wort »Abladehygiene« eingefallen sei.

Das Team drückte in der folgenden Sitzung einerseits Erleichterung über die Trennung aus, andererseits aber auch das Gefühl, entwertet worden zu sein. Es wuchsen die Zweifel an den eigenen Fähigkeiten, eine personelle Zusammensetzung zustande zu bringen, die sich als arbeitsfähig erweisen würde. Frau M. hinterließ eine Lücke, als sie ging. Frau K. und Frau L. äußerten ihre Angst, immer wieder den gleichen Fehler zu machen. Vor allem Frau K. deutete an, daß sie das Geschehene selbstkritisch verarbeite.

Steht die Falldiskussion im Dienste der Abwehr oder der Integration?

Nachdem Frau M. gegangen war, berichtete Frau K. in der Supervision über einen ausländischen Arzt, für den ihre Beratung sehr hilfreich gewesen sei. Viel gab es an der kurz geschilderten Beratungssituation nicht zu klären. Es schien, als habe Frau K. über diesen Fall dem Team und der Supervisorin indirekt mitteilen wollen, daß andere sie brauchten, weil sie gute Arbeit leiste. Angesichts der desintegrativen Tendenz im Team bedeutete der Fallbericht, daß es jemanden gibt, der dankbar ist und die Beraterinnen des Teams gut findet. Es klang auch an, daß der Arzt Frau K. attraktiv fand; das wiederum schloß ein, daß Frau K. ihre professionelle Haltung gegen Verführungsangebote zu schützen wußte.

Man vergewisserte sich der eigenen Beratungskompetenz, der Fähigkeit, andere Menschen zu verstehen und ihnen behilflich zu sein. Dieser Abschnitt dauerte, bis der nächste Ansturm der ungelöst gebliebenen institutionellen und personellen Probleme einsetzte. Die Ruhe hielt nicht lange an.

Ein neuer Mitarbeiter, Herr Q., wurde in der Supervision angekündigt. Ein Mann, der seinen Studienabschluß nicht bestanden hatte, daraufhin an einer Weiterbildung teilnahm und in eigener Praxis arbeitete. Er war für den Schwerpunkt Beratung eingestellt worden. Ehe der neue Mitarbeiter das erste Mal zur Supervision kam, äußerte Frau L. den Wunsch nach Vermeidung weiterer desintegrierender Erfahrungen. Sie wollte sich Ruhe und Zeit gönnen. Frau K. hingegen brachte den Wunsch nach raschen Lösungen zum Ausdruck. Sie wollte schnellstmöglich wissen, wie es mit dem Team weitergehen werde, ob der neue Mitarbeiter bleiben und ob sie entlastet werden könne.

Die nun folgenden Sitzungen stellten eine neue Runde mit dem gleichen Thema dar, doch auf einem anderen Niveau der Konfliktbewältigung und der Selbstreflexion. So gebrauchte Frau K. gelegentlich die Frage: »Was ist der Fall?« In der Pionierzeit des Projekts hatten die Supervisoren immer wieder diese Frage gestellt, wenn das Team dazu tendierte, aus der Supervision eine Art Selbsterfahrung zu machen. Konsequenterweise geschah es jetzt immer häufiger, daß Teamprobleme in den Supervisionssitzungen direkt zum Thema gemacht oder indirekt durch einen Fall vorgebracht wurden.

Herr Q. »überlebte« Kritik und Zweifel, die ihm gegenüber geäußert wurden, nicht zuletzt deshalb, weil die »älteren« Mitarbeiterinnen sie dosiert und in der Absicht, Verletzungen zu vermeiden, vorbringen konnten. Er war aber auch interessiert und fähig, zwiespältige Gefühlseinstellungen zu ertragen und die erforderliche Spannungstoleranz aufzubringen. Unklar blieb dennoch, wie man ihn letztlich einschätzte und was es bedeutete, daß wieder ein Mann ohne abgeschlossene Ausbildung eingestellt worden war.

Alle Mitarbeiter konnten sich anhand einer Reihe aufeinanderfolgender klientenbezogener Falldiskussionen konturieren und »bewähren«. Die beiden »starken« Mitarbeiterinnen, Frau L. und Frau K., nutzten diese Zeit, um zu klären, wo sie in ihrer beruflichen Entwicklung standen. Sie begannen, sich von einer jugendlichen Phantasie der Gleichheit und Verbundenheit zu verabschieden. Allmählich verzichteten sie auf die Illusion, sie könnten in Gemeinschaft und Gleichheit die Spezialisierung der verschiedenen Arbeitsschwerpunkte regeln, ohne dabei in konflikthafte Auseinandersetzungen zu geraten und ohne sich die berufsbiographischen Unterschiede und rivalisierenden Positionen im Team bewußt machen zu müssen. Sie begannen, über ihre Ansprüche und Vorrechte zu sprechen, über die als riskant erlebte Frage, ob Unterschiede und Vorrechte anerkannt werden könnten, ohne daß man die gegenseitige Wertschätzung aufs Spiel setzte. Das Team konfrontierte sich damit, welche Fähigkeiten die einzelnen mitgebracht hatten und welche individuellen Möglichkeiten man innerhalb der Einrichtung noch entfalten könnte. Daraus ergab sich die Frage, ob trotz der Individualisierung von Kompetenzbereichen Solidarität möglich sei.

Auch an Herrn P. war eine Veränderung festzustellen. Er war als Student in die Einrichtung gekommen und lebte seine Wünsche nach Abhängigkeit noch eine Zeitlang aus, bis er schließlich begann, sich als Mann und Mitarbeiter selbstbewußter zu verhalten und eigene Vorstellungen zu vertreten.

Daß die familiaristischen Qualitäten ihrer Beziehungen, pseudojugendliche Gleichheit und Großartigkeit problematisiert wurden, erlebten alle Beteiligten als klärend. Sie konnten auf unterschiedliche Weise mehr Verantwortung übernehmen. So identifizierte sich Herr P. deutlicher mit seiner Aufgabe, den politischen Initiativen in der Einrichtung Gewicht zu geben.

Der innere Zusammenhang von Falldiskussion und Gruppenprozeß wurde enger. Die Falldiskussionen erhielten immer stärker die Funktion, die individuelle Spezialisierung und Kompetenz des jeweiligen Mitarbeiters zum Ausdruck zu bringen und zu verbessern. Gleichzeitig standen die konflikthaften Themen, die für die Fallberichte über Klienten charakteristisch waren, auch für die zentralen Konflikte des Teams.

An einem bestimmten Zeitpunkt, ungefähr in der Mitte des Supervisionsverlaufs, verlangte Herr P., wie er sich ausdrückte, nach der »Klärung struktureller Fragen«. Nun rückte die Konkurrenz um Spezialgebiete, aber auch um Einflußmöglichkeiten in den Vordergrund.

Obgleich sie mit guten Einfällen und Einfühlungsvermögen an der Supervision teilnahm, blieb Frau O. mit ihrem Schwerpunkt Telefon und Schreibarbeiten verständlicherweise im Hintergrund.

Frau L. zeigte mit ihren Berichten über eine Beratungsstelle für Frauen, daß sie sich ein eigenes Feld erarbeitet hatte. Sie hatte ohnehin sehr oft Fälle vorgetragen und dadurch die Beratungsarbeit in den Mittelpunkt gerückt.

Im gesamten Verlauf der Supervision wurde, bis auf wenige Ausnahmen, die Auseinandersetzung mit Kooperationsproblemen des Teams in einer Form vorgebracht, die der einer Falldiskussion ähnelten. Das heißt, das Problem war jeweils so weit strukturiert, daß es mit dem notwendigen Abstand reflektiert werden konnte. Dieses Stück Fallstrukturierungskompetenz (vgl. A. Gaertner 1992) in bezug auf die Teamprobleme stellte einen wichtigen Schritt in der Auseinandersetzung der Teammitglieder mit ihrer Einrichtung dar. Bis auf wenige Ausnahmen ließ man die Form der unmittelbaren Klagen, Angriffe, Schuldzuweisungen etc. hinter sich und strukturierte die Beschwerden der Klientel zu einem Problem bzw. Fall. Dadurch wurde die erforderliche Distanz zum konflikthaften Thema hergestellt und die Selbstreflexion gefördert.

Das Team zeigte jetzt auch, daß man verallgemeinerbare Schwierigkeiten ausmachen konnte, die sich gleichsam hinter dem Rücken der Teammitgleider einschlichen; damit bezog man sich auf unbewußte Aspekte des eigenen beruflichen Handelns. Manchmal wurden die teambezogenen Falldiskussionen von klientenbezogenen Falldiskussionen abrupt abgelöst, auch dann, wenn aus der Sicht der Supervisorin die Klärung der Teamprobleme drängender erschien. Als sie diese Auffälligkeit und ihre mögliche Abwehrfunktion thematisierte, wurden die teambezogenen Falldiskussionen z.B. von Herrn P. bewußt und im Interesse der Kontinuität gefordert.

Die Unterbrechung der Auseinandersetzung mit Teamkonflikten erschien zunächst als Widerstand, wurde aber auch als Versuch des Teams verständlich, mit den bedrohlichen, ängstigenden Erfahrungen der internen Auseinandersetzungen fertig zu werden. Oft lagen Konfliktabwehr und Konfliktbewältigung dicht beieinander. Offenbar konnte die notwendige Selbstreflexion in der klientenbezogenen Falldiskussion, wo sie in »kleinerer Dosierung« gefordert ist, besser ertragen werden.

Es zeigt sich, daß die Fallarbeit selbst ein komplexer integrativer Vorgang ist: Sie erhält sowohl die Kohärenz des Teams aufrecht als auch seine Fähigkeit, den institutionellen Auftrag zu realisieren. Wir sehen daher im Wechsel von Falldiskussion über die Klientel und Falldiskussion über das Team einen wichtigen selbstregulativen Mechanismus der Teamsupervision.

Die Teamsituation zwischen Geschlechterkampf und Geschlechterspannung

Die männlichen Mitarbeiter verhielten sich in der Supervision zunehmend selbständiger und kompetenter. Mit ihrer Profilierung stellten sich erneut konflikthafte Fragen: Wie sollten die Männer in diesem Team »beschaffen« sein? Wie qualifiziert sollten sie sein, um an dieser Einrichtung arbeiten zu können und mit den beiden Mitarbeiterinnen, die diese Einrichtung entscheidend gestaltet hatten, auszukommen? Sollten es Männer ohne Ausbildungsabschluß oder gar schwache Männer sein, die mit den »Pionier«-Frauen nicht konkurrieren könnten? Fühlten sich Frau K. und Frau L. von allen üblichen Berufsabschlüssen unabhängig, als sie zweimal Mitarbeiter ohne Abschluß einstellten? Oder lag die Bedeutung der männlichen Mitarbeiter für sie auf einer anderen Ebene?

Herr Q. schien für die Einrichtung geeignet zu sein. Er erwies sich als stabil genug, die zwiespältigen Einstellungen auszuhalten, die im Team neuen Mitarbeiterinnen und Mitarbeitern entgegengebracht wurden. Gleichzeitig war er nicht so qualifiziert, daß er mit seinen Expansionsinteressen, die er bald durchblicken ließ, die wortführende Position von Frau K. und Frau L. hätte bedrohen oder die noch ungeklärte Leitungsfrage gar für sich hätte entscheiden können. Er konnte nicht wirklich gefährlich werden.

Herr P. und Herr Q. benutzten die Besprechung eines Arbeitskontaktes mit Frauen aus den neuen Bundesländern zur indirekten Thematisierung der geschlechtsbezogenen Teamprobleme. Herr P. verhielt sich in dieser Sitzung verstehend und interpretierend. Er fand, daß die ostdeutschen Kolleginnen sehr schön und anspruchsvoll empfangen worden seien; danach, so vermutete er, hätten sie wohl das Gefühl bekommen, sie könnten den gesetzten Standards nicht genügen. Sie hätten sich einfach überfordert gefühlt und befürchtet, nicht mithalten zu können. In einer ebenfalls interpretierenden Bemerkung führte Herr Q. aus, es gäbe vielleicht auch in diesem Zusammenhang ein Gefälle zwischen den Teammitarbeiterinnen als Anleiterinnen und den ostdeutschen Frauen als den Angeleiteten – »wie hier in unserer Einrichtung«, fügte er hinzu.

Frau K. und Frau L. gingen auf die Interpretation der Männer nicht ein. Frau K. war eher vorwurfsvoll und gereizt. Schließlich stellte sie abweisend fest: »Wir sollen wohl Supervisoren für die ostdeutschen

Sozialarbeiterinnen sein?« Im weiteren Verlauf der Sitzung reagierten die Männer eingeschüchtert und passiv; sie hielten ihre anfängliche Position nicht durch.

Die Intervention der Supervisorin bewegte sich auf der Konfliktebene von Rivalität, Geschlechterspannung und einem unbewußten Zusammenspiel (Kollusion) zwischen Frauen und Männern im Team. Sie dachte, daß die Mitarbeiter die spürbare Problematik selbst erkennen und aus der unbegriffenen Verstrickung herauskommen wollten. Die Männer schienen zu spüren, daß ihre geringere Qualifikation für die führenden Mitarbeiterinnen – insbesondere für Frau K. als heimlicher Leiterin – eine Funktion hatte. Erfahrungsgemäß ist der stabilisierende Nutzen solcher Kollusionen von begrenzter Dauer. Die Intervention lautete:

»Herr P. und Herr Q. haben versucht, verstehende und deutende Positionen zu beziehen. Offenbar sind Frau K. und Frau L., was den angesprochenen Konflikt zwischen Anleitenden und Lernenden betrifft, zur Zeit so befangen, daß sie auf die Überlegungen von Herrn Q. und Herrn P. nicht eingehen können. Leider haben Herr P. und Herr Q. sofort den Schwanz eingezogen – als würde Frau K. angesichts starker Argumente sofort das Messer aus dem Strumpfband ziehen.«

Diese Interpretation wurde mit Erheiterung und Gelächter beantwortet... Nun nahm Frau L. die Argumente der Männer mit den Parallelen zum Kompetenzgefälle innerhalb des Teams auf. Dabei zeigte sich, wie schwer es war, Qualifikationsunterschiede überhaupt anzusprechen. Noch einmal, aber weniger polemisch, kam Frau K. auf die Frage zurück, ob sie für die ostdeutschen Sozialarbeiterinnen Supervisorenfunktion übernehmen könnten. Die Supervisorin dachte, daß es auch um Konkurrenz ginge, und setzte diesen Einfall in die intervenierende Frage um, ob man sich für kompetent genug hielte, Leitungsfunktionen wahrzunehmen. Jetzt war in der weiteren Diskussion ein Spielraum eröffnet, in dem die Frauen auch die Männer gut sein lassen, von ihnen etwas Gutes akzeptieren konnten, z.B. gute Interpretationen, psychosoziale Kompetenz etc.

Auch in dieser Sitzung hatte die Diskussion über Teamkonflikte ein typisches Moment: Die eigenen, konflikthaft erlebten Wünsche, sich rivalisierend zu verhalten, Einfluß zu nehmen und leitende Funktionen zu übernehmen, wurden durch Klagen über mangelnde Befähigung und unprofessionelle Verhaltensweisen anderer entstellt.

Es war spürbar, daß es den Beschwerden und Klagen an Plausibilität mangelte, weshalb Herr P. auch die Konfliktlage der ostdeutschen Kolleginnen verstehen konnte und es mit seiner Äußerung Herrn Q. ermöglichte, auf das Qualifikationsgefälle im eigenen Hause, einschließlich des Gefälles zwischen der Supervisorin und Frau K., hinzuweisen. So erschien die zurückweisend formulierte Frage von Frau K., ob sie für die Kolleginnen Supervisoren sein sollten, in einem anderen Licht: Können wir auch Supervisoren sein?

Die Supervisorin hatte ihre Wahrnehmung auf die Spannung zwischen den Geschlechtern im Team eingestellt. Bislang war diese Spannung durch eine Kollusion nach dem Schema aktiv – passiv, qualifiziert – unqualifiziert aufgelöst oder außer Kraft gesetzt worden. Nach der Anerkennung dieses Spannungsverhältnisses kam auch die Konkurrenz mit der Supervisorin zur Sprache. Sie wurde in Form einer ermunternden Frage angesprochen: »Warum sollten Sie Ihre Vorsprünge nicht geltend machen und den ostdeutschen Kolleginnen etwas von dem weitergeben, was Sie können?«

Eine neue Ebene der Differenzierung bahnte sich an. Die Themen Rivalität, Expansionsinteressen und Führungsansprüche waren nicht ganz neu, wohl aber die gleichzeitige Thematisierung des Geschlechterverhältnisses. Können die Frauen und Männer im Team anerkennend miteinander umgehen? Die Frage, ob aus der Spannung zwischen den Geschlechtern ein Kampf würde, war noch unbeantwortet. Herr Q. zeigte entschlossener seine Expansionsinteressen. Würden die beiden Frauen zu ihrem Vorsprung stehen können oder würden sie sich gedrängt fühlen, die Differenzen einzuebnen? Die Supervisorin dachte an eine Arbeit, in der die »Erfolgsangst der Frauen« beschrieben wurde (U. Prokop 1976).

Nun rückte die Frage in den Blick, ob die kollusive Verstrickung als »Bremse« der Expansionbestrebungen bei den Frauen wirksam war. Die Widerstände der Frauen, auf die Interpretationen der Männer zum Gefälle in der Einrichtung einzugehen, hingen offenbar damit zusammen, daß sie Schuldgefühle abwehrten, die aufkommen würden, sobald sie erkennen müßten, daß sie die Männer gerade wegen ihrer fehlenden Qualifikationen hatten »instrumentalisieren« können.

Als Frau K. z. B. äußerte, ihr fiele auf, daß »ein unangenehmes, typisch männliches Verhalten« in letzter Zeit zunehme, und sie wolle sich »bestimmte Dinge einfach nicht aus der Hand nehmen lassen«, war unmißverständlich Herr Q. gemeint.

Herr Q. und Herr P. hatten Krisen im Team bisher »überlebt« und konnten deshalb in der Einrichtung bleiben. Sie waren an der Überwindung der Krisen nicht nur mit ihrem Fallverständnis beteiligt, sondern auch mit der wichtigen Fähigkeit, Ambivalenzen zu tolerieren. Herr P. übernahm in der Supervision öfter einen verstehenden und interpretierenden Part. Er forderte auch eine »kontinuierliche« Klärung »struktureller« Fragen des Teams, wie er sich ausdrückte. Nun ging es eindeutig um die Zusammenarbeit von Männern und Frauen mit beruflichen Expansionsinteressen. Würde man etwas Gemeinsames in Gestalt dieser Einrichtung erschaffen oder gegeneinander kämpfen? Neben die frühere Frage, ob die Männer an ihrem Arbeitsplatz kompetent seien, trat die andere Frage, ob man sie auch kompetent sein lasse.

Nachdem die Handlungsspielräume und Kompetenzen der Männer klarer definiert waren, mußten die Frauen nicht mehr fürchten, ihre »Entmachtung« könnte durch die »Potenz« der Männer herbeigeführt werden. In einer doppelstündigen Sondersitzung versuchte man, die institutionellen Aspekte der Verteilung von Einfluß und Macht zu besprechen. Sollten in Zukunft Führungsansprüche und Weisungsbefugnisse als Leitungsfunktion institutionalisiert werden oder würde man weiterhin alle Tätigkeiten, Vorrechte, Kompetenzunterschiede und Verhaltensspielräume immer wieder neu miteinander aushandeln müssen?

Bislang war Anerkennung in diesem Team ein einseitiger Vorgang gewesen: Anerkennung der Differenz und der Vorsprünge von Frau K. und Frau L. durch die beiden männlichen Mitarbeiter. Ohne Zweifel wurden die Männer von den Frauen auch gemocht. Warum wurde ihnen Sympathie zuteil? Weil sie in diesem Team nicht, wie sonst in der Gesellschaft, Macht und Kompetenz, sondern eine psychische Funktion verkörperten? Offenbar konnten sie bleiben, weil sie etwas einzustecken vermochten. Sie besaßen Ambivalenztoleranz und verstehende Fähigkeiten. Als das interpersonelle Arrangement (Kollusion) deutlich wurde, war auch klar, daß die Weiterentwicklung der Einrichtung davon abhing, ob verdeckte (latente) Funktionen am Arbeitsplatz bewußt werden durften und akzeptiert werden konnten. Was würde nach der Aufhebung der Kollusion geschehen?

Beide Seiten schienen nicht genau zu wissen, was sie voneinander hatten oder was sie einander bedeuteten. Würden Frau K. und Frau L. nach der Probezeit von Herrn Q. und Herrn P. sehen können, daß diese Mitarbeiter z.B. durch die genannte psychische Funktion für das Team auch insgesamt einen Gewinn darstellten? Oder würde sich ihre Aufmerksamkeit mehr auf die Befürchtung richten, kompetente Männer könnten ihren Einfluß schmälern? Würden Frau K. und Frau L. in dieser Situation ihre auf langer Erfahrung beruhenden Vorstellungen durchsetzen können? Neben den vielen Fragen war festzustellen, daß ein neues Bündnis, das an Stabilität, Ambivalenztoleranz und pragmatischem Umgang mit Konflikten orientiert war, das frühere unbewußte und auf gemeinsamer Großartigkeit beruhende Bündnis ersetzt hatte.

Die kollusive Verstrickung wurde nur schrittweise überwunden. Zwischen Frau K. und Herrn Q. schien eine unbewußte Gemeinsamkeit zu bestehen. Die Supervisorin hatte den Eindruck, daß beide eine offizielle Anerkennung ihrer Leistungen nicht zulassen durften. Man fragte sich, warum Frau K. noch nicht Leiterin der Einrichtung war mit entsprechender finanzieller Eingruppierung und äußerer Anerkennung. Offenbar durfte sie es nicht werden. Herr Q., der von seinen Fähigkeiten überzeugt genug war, um selbständig beratend zu praktizieren, durfte offensichtlich keine Anerkennung in Form eines offiziellen Qualifikationsnachweises bekommen. Oder bestand das Zusammenspiel zwischen Frau K. und Herrn Q. in einer »antikonventionellen Tradition« beider Persönlichkeiten?

Einiges sprach für ein unbewußtes Bündnis im Sinne einer defensiven Konfliktlösung. Frau K. spielte Herrn Q. schon kurz nach seiner Einstellung eine schillernde Rolle im Team zu, als sie sagte: »Du kannst die Einrichtung leiten, weil ich gehen werde.« Unausgesprochen mochte dahinter gestanden haben: »Ohne Berufsabschluß wirst du das aber nie schaffen!« Frau K. blieb jedoch in der Einrichtung. Sie prüfte die Beratungskompetenz und das Fallverständnis von Herrn Q.; er ertrug das alles, wenn auch nicht ohne Widerspruch, weil er seinerseits einen Gewinn davon hatte, in der Einrichtung zu arbeiten. Für das Team stellte sich die Frage: Könnte man sich bewußtmachen, daß jede Partei einen Gewinn durch die andere hat, oder würde es wieder Opfer und Täter geben?

Eine neue Mitarbeiterin, Frau N., kam in die Einrichtung und nahm an der Supervision teil. In den beiden folgenden Sitzungen wurde über zwei Klientinnen gesprochen, eine Frau mit einer Kaufsucht und eine mit einem Mißbrauchsproblem. Die Supervisionssitzungen hatten, ohne daß es ausgesprochen wurde, die Funktion einer Einführung für die neue Mitarbeiterin. In den Einfällen der Supervisionsteilnehmerinnen und -teilnehmer kamen verschiedene Aspekte des Falles zum Ausdruck. Alle beteiligten sich mit Einfällen und Interpretationen an der Diskussion, auch Frau S., die Bürokraft, und die neu eingestellte Frau N. Das Team schien sich von den internen Spannungen erholt zu haben. Im Interesse einer Falldiskussion zur Bewältigung der Beratungsaufgaben konnten die Mitarbeiter persönliche Ambivalenzen und Schwierigkeiten aufgrund unklarer Rollen und Funktionsbestimmungen zumindest zurückstellen. Alle schienen an der Professionalisierung ihrer Beratungskompetenz interessiert zu sein.

In der folgenden Stunde erklärte Herr P., daß ihm die Funktion übertragen worden sei, Frau N. anzuleiten. Für die Supervisorin war nicht klar, wie ein solcher Auftrag erteilt worden war, ob durch Teambeschluß oder durch eine Entscheidung Frau K.s. Zunächst schilderten Frau N. und Herr P. in der Supervision Schwierigkeiten bei der gemeinsamen Organisation einer öffentlichen Veranstaltung. Bald aber schien es so, daß die Komplikationen auf die neue Mitarbeiterin zurückgingen, die als Berufsanfängerin Kooperationsprobleme hatte. Aus der Sicht der Supervisorin stellte sich die Frage: Waren es die Eigenarten der Berufsanfängerin, die problematisch wurden, oder waren es die Defizite des Teams, die es schwierig machten, neue Mitarbeiter aufzunehmen, einzuarbeiten und ihnen einen passenden Platz einzuräumen?

Frau N. wurde mit ihrer Vorgängerin Frau J. verglichen. Sie zeigte auch Fähigkeiten, die man bei Frau J. vermißt hatte. Im Rahmen ihrer Tätigkeit konnte sie sich gut darstellen; sie hatte Mut und sprach von ihren Befürchtungen, nicht anerkannt zu werden. Ein Gefühl, »man nehme ihr etwas weg«, bedrückte sie. Wieder stellte sich die Frage, ob, wie schon bei früheren Mitarbeitern, der Aufgabenbereich der neuen Mitarbeiterin nicht klar umschrieben war, ob man sie als Anfängerin nicht angemessen eingeführt hatte oder ob persönliche Eigenschaften in der Zusammenarbeit mit Herrn P. zu Spannungen führten.

Wiederholt sprach Frau N. davon, daß sie etwas in der Einrichtung als »fallenartig« erlebe. Es schien, als sei auch bei dieser Neueinstellung die Phantasie gemeinsamer Großartigkeit von »alten« und »neuen« Mitarbeitern in der Teamgruppe wirksam gewesen. Auffallend war, daß Frau N. sich einerseits sehr zu engagieren schien und lange Arbeitszeiten für einen hohen Anspruch an ihre Arbeit in Kauf nahm; als sie jedoch eine recht aufwendige Arbeit erstellt hatte, erschien sie ihr nicht gut genug. Da die Supervisorin sich vorstellte, daß Frau N. angesichts der aufwendigen Tätigkeit an einer Broschüre über die Einrichtung vielleicht enttäuscht sei, weil sie nicht die nötige Anerkennung als Autorin finde, fragte sie, ob ihr Name in der von ihr erstellten Broschüre genannt sei? Das sei ihr völlig gleichgültig, da ihr alles ohnehin nicht gut genug erschiene, erwiderte Frau N.

Bestand das »Fallenartige«, von dem Frau N. gesprochen hatte, in dem unbewußten Bündnis gemeinsamer Großartigkeit wie bei Frau J., ehe man überhaupt Erfahrungen mit der Zusammenarbeit gemacht hatte? Stand Frau N. deshalb sehr unter Druck, vieles mit großer Anstrengung leisten zu müssen? Später, als diese Mitarbeiterin nicht mehr in der Einrichtung arbeitete, konnte thematisiert werden, daß unbewußt geteilte Phantasien zur Beziehungsfalle werden, wenn ihnen keine klaren, institutionalisierten Funktionen und Zuständigkeiten als Grenze gegenüberstehen.

Herr P. war der Ansicht, daß es bei Frau N. um Mißverständnisse gehe, die sie selbst zu verantworten hätte. Sie mache Übergriffe und wolle zuviel. In seiner Rolle als »Anleiter« von Frau N. zeigte Herr P. eine sowohl verständnisvolle als auch distanzierende Einstellung. Er verstand ihr Gefühl der Überforderung, ließ aber auch keinen Zweifel daran aufkommen, daß er Ansprüche zurückweisen konnte. Er erwartete, daß sie selber wisse, wieviel sie sich zumuten könne.

In einer der Sitzungen geisterte der Ausdruck »Wegnehmen« durch die Diskussion. Frau N. wolle, so wurde sie vom Team dargestellt, vieles erreichen und viele Funktionen übernehmen, die ihr noch nicht zustanden – wollte sie anderen etwas wegnehmen, was sie selbst noch nicht hatte? Wollte sie die Begrenzungen der Anfängerin nicht akzeptieren, weil sie mit dem Prädikat »Studentin mit ganz hervorragendem Abschluß« in die Einrichtung gekommen war? Herr P. grenzte sich noch deutlicher ab. Er wolle keine Pseudopartnerschaftlichkeit, wo es um Kompetenz- und Statusunterschiede ginge; also wolle er auch nicht die Fehler wiederholen, die Frau K. bei der Einarbeitung von Frau J. und ihm selbst gemacht habe. Frau N. hatte einige Supervisionsstunden für die Darstellung und Problematisierung ihrer Tätigkeit genutzt, und das bedeutet, daß das Team und die Supervisorin ihr den Platz und die Zeit auch eingeräumt hatten. Was hatte das Team damit gewonnen?

Für die Supervisorin wurde immer deutlicher, daß es dem Team bislang nicht gelungen war, eine leitende Funktion zu institutionalisieren. Immerhin hatte man Herrn P. damit beauftragt, Frau N. anzuleiten. Für die Supervisorin war spürbar, daß ihr das Leitungsproblem immer wieder zugespielt wurde. Am Beispiel der als qualifiziert empfohlenen Mitarbeiterin Frau N. wurde das Defizit des Teams bei der Nutzung seiner Ressourcen erneut vorgeführt. Die Qualifikationen konnten nicht genutzt werden, weil niemand verantwortlich sowohl bestimmte Leistungen einforderte als auch Grenzüberschreitungen zurückwies. Niemand rückte die Verantwortung für die Weiterentwicklung der Einrichtung in den Mittelpunkt, da der Arbeitsplatz mehr und mehr für die individuellen berufsbiographischen Interessen in Anspruch genommen wurde.

Zu oft ging es noch mehr um die persönlichen Bildungsprozesse als um Professionalisierung in Verantwortung für eine ganz bestimmte institutionelle Aufgabe. Aber jetzt sah man dieses Problem im Team. Es war jedoch noch nicht gelungen, Frau N. gegenüber die Einrichtung in den Mittelpunkt zu rücken, obgleich Frau K. diese Situation thematisiert hatte.

Zugleich rückte noch ein weiterer institutioneller Aspekt in den Blick. Frau K. sprach einen Gedanken aus, den auch Frau L. schon einmal geäußert hatte: daß man sich mit Neueinstellungen mehr Zeit lassen müsse. Sie überlegte auch, ob Neueinstellungen noch notwendig seien. Die Expansionsinteressen und die gemeinsame Phantasie von Großartigkeit wurden ein Stück weit eingestanden und zurückgenommen. Mit Frau N. wurden noch einmal adoleszente Lebensentwürfe in der Einrichtung inszeniert, aber auch ins Bewußtsein gerückt, was aus der Sicht der Supervision als Fortschritt zu sehen ist.

Nachdem sie den Raum in der Supervision ausgiebig dafür genutzt hatte, sich darzustellen und Verständnis zu erhalten, erklärte Frau N. überraschend, daß sie für zwei Monate Ferien machen werde. Sie habe höhere Ansprüche, die über das, was sie mit der Broschüre geleistet habe, hinausgingen. In den bevorstehenden Ferien habe sie nicht vor, an das Team zu denken. Ihre Ausführungen, die von abfälligen Gesten gegenüber den Teammitgliedern begleitet waren, wirkten »erschlagend«. Dieses Gefühl wurde sicher noch dadurch verstärkt, daß dem Team schlagartig eine Wiederholung klar wurde. Zur Befriedigung adoleszenter Anspruchshaltungen, komprimiert in der Phantasie gemeinsamer Großartigkeit, hatte ein gegenseitiger »Mißbrauch« stattgefunden.

Situationen gegenseitigen »Mißbrauchs«

Die Evidenz für die Inszenierung gegenseitigen Mißbrauchs lieferten die zu dieser Zeit in der Supervision diskutierten Fälle. Frau L. berichtete von einer Klientin, die wegen eines sexuellen Mißbrauchs in die Einrichtung gekommen war. Für Frau N. war das die zweite Supervisionsstunde, an der sie teilnahm, obgleich sie schon seit einigen Wochen an der Einrichtung eingestellt war. Die Intervention der Supervisorin bezog sich vor allem auf einen allgemeinen Mißbrauch im Verhalten Erwachsener gegenüber Kindern. Da die Klientin mit ihrem sexuellen Mißbrauchsthema nicht überzeugend wirke, sei auch zu bedenken, daß manche der mißbrauchten Menschen erst dann Gehör finden, wenn sie über den in der öffentlichen Diskussion stehenden sexuellen Mißbrauch sprechen. Es gebe noch viele andere Formen von Mißbrauch, die ebenfalls krank machen.

Wenige Sitzungen darauf trug Frau L. einen weiteren Fall mit einer Mißbrauchsthematik vor. Sie sprach über eine Selbsthilfegruppe, die sich zu dem Thema »Mißbrauch verletzt jeden« gebildet hatte. Der Fallbericht enthielt neben dem Mißbrauch ein Ausgrenzungsthema. Mißbraucht man sich und muß jemand des Mißbrauchs wegen ausgegrenzt werden? Zunächst wurden die Themen der Falldiskussionen weder von der Supervisorin noch von den Teilnehmern auf die Teamsituation bezogen. Erst als es darum ging, ob dem Gruppengründer, gegen den der Verdacht bestand, daß er Mißbrauch treibe, der Zutritt zur Einrichtung verboten werden solle, kam das Teamproblem wieder in den Blick, und es wurde die Frage gestellt, ob Einrichtung und Team zu stark für private Interessen – die persönliche Weiterentwicklung – mißbraucht würden.

Durfte das Team Frau N. gegenüber eine Kündigung aussprechen, weil sie die Einrichtung und das Team überwiegend für ihre persönlichen Bildungsinteressen genutzt hatte? Schon bei der Einstellung von Frau J. hatte die Frage eine Rolle gespielt, ob es innerhalb des Teams eine Tendenz gebe, sich gegenseitig für unausgesprochene Ambitionen »in Dienst« zu nehmen? Oder gemäß Frau N.s Worten und Empfindungen: Nimmt man sich gegenseitig Leistungen, Wertschätzung des Geleisteten oder Vorsprünge weg oder kann man dem anderen lassen, was ihm gehört?

In einer der nächsten Supervisionssitzungen erfuhr ich, daß Frau N. gekündigt worden war. Sie nahm noch an einer weiteren Supervisionssitzung aktiv und ohne Gekränktheit teil. Als sie nicht mehr kam, wurde deutlich, wie sehr sich die anderen über sie geärgert hatten. Man nannte ihr jugendliches Geltungsbedürfnis und nahm Anstoß daran, daß sie aufgrund von Überstunden noch drei Wochen Urlaub genommen habe. Das war formal in Ordnung, wie Herr P. betonte, aber Frau K. fragte, wie sich diese Rechnung mit einer kleinen Mitarbeiterzahl vertrüge. Frau O. warf den Begriff »Stechuhrmentalität« in die Diskussion. Das Gefühl, mißbraucht worden zu sein, stand im Vordergrund. Es wurde erarbeitet, daß man Frau N. auch dazu verführt hatte, den Arbeitsplatz überwiegend für ihre persönlichen Interessen zu nutzen. Frau N., die gerade die Hochschule absolviert hatte und über keinerlei Berufserfahrung verfügte, mußte für die informellen und antikonventionellen, Gleichheit signalisierenden Umgangsformen empfänglich gewesen sein und die leiterlose Struktur als Verführung und Ermunterung erlebt haben, ihre Vorstellungen von Selbstverwirklichung umzusetzen. Dem Team wurde klar, daß man ihr eine Zeitlang nichts entgegenzusetzen vermochte. Daraus ergab sich eine Einsicht in die Balance von individuellen und institutionellen Interessen: optimal wäre es, wenn sich die individuellen und institutionellen Interessen deckten; eine mißbräuchliche Einstellung gegenüber dem Arbeitsplatz entstünde aber, wenn sich die individuellen Interessen von den institutionellen Aufgaben ablösten. Am Beispiel von Frau N.s Emsigkeit und »jugendlichem« Eifer konnten die anderen auch etwas von sich selbst erkennen. Vor allem Frau K. und Frau L. waren daran interessiert, die Strukturdefizite der Einrichtung an diesem Beispiel zu verstehen und nicht allein die entlassene Mitarbeiterin zu problematisieren.

Kränkbarkeit und Destruktivität waren dieses Mal viel geringer als im vorherigen Kündigungsfall. Die Auseinandersetzung verlief in moderater Form; die Integrität der Beteiligten war nicht erschüttert. Es schien, daß sich auch Frau N. etwas von dem beschriebenen Prozeß hatte bewußt machen können. Jetzt nach der Kündigung waren sich alle einig, daß man sich mit Neueinstellungen nicht nur mehr Zeit lassen, sondern auch Nutzen und Kosten genauer abwägen müsse. Neben die Wünsche nach Expansion und Profilierung trat ein klareres Bewußtsein für die Verantwortung, die man für andere Mitarbeiter und die finanziellen Ressourcen trug.

Integration und Organisation des Teams

Für den letzten Abschnitt des hier geschilderten Supervisionsverlaufs ist eine Entwicklung kennzeichnend, die sich als Integration konflikthafter Berufserfahrungen der Teammitglieder und Strukturiertheit der Einrichtung darstellt. Diese progressive Tendenz kam in einem Fallbericht von Frau K., ihrer Fallstrukturierungs- und Beratungskompetenz wie auch in der sich anschließenden Diskussion deutlich zum Ausdruck. Es lag nahe, das mögliches Ende der Supervision zu thematisieren. Als die Supervisorin dies tat, ging das Team nicht darauf ein. Statt dessen zeigte sich eine gegenteilige Tendenz, die durch zunehmende Übertragungen auf die Supervisorin gekennzeichnet war. Es erschien sinnvoll, diese Tendenz als spezifischen Bestandteil der Abschlußphase zu deuten oder zumindest diese Interpretation im Auge zu behalten.

Das Team engagierte für eine Wochenendsupervision einen Supervisor aus einer anderen Stadt und ließ sich diese Sondersupervision eine Menge kosten. Dagegen wurde die Supervisorin mit Verspätung bezahlt, was bislang nie vorgekommen war. Die verzögerte Honorierung war von Herrn Q. zu verantworten, der inzwischen geschäftsführende Aufgaben übernommen hatte. Aber es lag nahe, sein Verhalten als Ausdruck der ambivalenten Einstellungen des Teams der Supervisorin gegenuber zu sehen.

Das Team berichtete in einer Supervisionssitzung von der Wochenendsupervision bei dem »Supervisionskonkurrenten«. Diesen ungewöhnlichen »Supervisionsfall« verstand die Supervisorin so, daß man sie sowohl mit der von ihr so oft angesprochenen Rivalität konfrontieren wollte und zugleich versuchte, ihr die Initiative, die sie ergriffen hatte, indem sie das Ende der Supervision zum Thema machte, aus der Hand zu nehmen und die Beendigung selbst zu »organisieren«.

Der Supervisorin wurden spürbare, die Falldiskussion störende ambivalente Übertragungseinstellungen entgegengebracht. Einerseits ging es darum, an der adoleszenten Phantasie einer Familiensituation mit einer als mütterlich erlebten Supervisorin, die entwertet wurde, festzuhalten. Andererseits zeigte man sich entschlossen, diese Abhängigkeit zu überwinden, und zwar durch einen Mann, durch einen Supervisor, der zudem renommierter, also auch besser idealisierbar war als die vertraute Supervisorin. Die ödipale Qualität dieser Konstellation war mehr als deutlich.

In den folgenden Sitzungen wurde die zusätzliche Supervision nicht nur als Möglichkeit verstanden, anstehende Fragen zum Teamprozeß und zur Organisation zu stellen. Sie hatte auch eine spezifische Bedeutung für die konflikthafte Erfahrung auf der Ebene des Gruppenprozesses. Es ging um einen Widerstand, die Gefühle der Abhängigkeit von der Supervisorin wahrzunehmen, vor allem nachdem sie sich ein Ende der Supervision hatte vorstellen können. Dieser Widerstand hatte eine weitere Bedeutung. Es wurde vermieden, sich mit den Qualifikationsunterschieden im Team, der Leitungsfrage und der Verantwortung für die Einrichtung auseinanderzusetzen. Statt dessen »kontrollierte« man die Supervisorin mit einem zweiten Supervisor. Das Durcharbeiten dieser verdoppelten Supervisionssituation leitete eine längere Phase intensiver Fallarbeit ein. Dem Ende der Supervision ging voraus, daß eine der beiden Frauen, die dem Team am längsten angehörten, vom Vereinsvorstand offiziell als Leiterin des Teams eingesetzt wurde.

Dieser Abschluß kam nun allerdings nicht, wie man es sich vielleicht gewünscht oder erwartet hätte, in Ruhe und Abgeklärtheit zustande. Vielmehr spitzten sich die Konflikte um ein spezialisiertes Qualifikationsprofil der Mitarbeiter als heftige Rivalitätskonflikte zu. Zuvor war jedoch eine relative Integration des Teams mit zwei Mitarbeiterinnen und zwei Mitarbeitern sowie einer Schreibkraft erreicht worden. Man zog in andere Räume um, was nicht nur die endgültige räumliche Trennung von der früheren Gesamteinrichtung mit sich brachte, sondern auch eine Klientel, in der die Mittelschicht stärker als bisher vertreten war. Man war etwas weniger mit dem »sozialen Abseits« konfrontiert. Die chronische Platznot, die im Haus der Pionierzeit herrschte, hatte ein Ende. Mit diesem Abschied vom ursprünglichen gemeinsamen Projekt mit zwei Arbeitsschwerpunkten schien das Team auch die schon früher angestrebte Spezialisierung realisiert zu haben.

Der Wechsel zu einer konflikthaft zugespitzten Abschlußphase wurde durch eine charakteristische Episode eingeleitet. Nach einer harmonischen Arbeitsphase fragten Frau L. und Frau K. die Supervisorin, ob sie in ihrer Einrichtung eine Supervision, die sie anbieten wollten, übernähme und sie diese Supervision evaluieren könnten. Letzteres sei für den Geldgeber notwendig. Gleichzeitig teilte Frau K. mit, daß sie die Einrichtung verlassen wolle, um sich selbständig zu machen.

Die Doppeldeutigkeit, die in diesem Angebot lag, formulierte die Supervisorin so: »Das Team möchte meine Supervision evaluieren. Dieses Angebot nehme ich wörtlich. Sie wollen schauen, was Sie erreicht haben und wo Sie stehen. So können Sie den Gewinn durch die Supervision mit mir einschätzen und den Abschluß ansteuern.«

Darauf brachte Frau L. ihre Supervisionsinitiative in Zusammenhang mit dem anstehenden Abschied von mir. In Form dieser zweiten Supervision könnte man professionellen Kontakt zu mir behalten. Obgleich man an einem Ziel angekommen war und die einzelnen offensichtlich auch viel für ihre Berufsbiographie erreicht hatten, nahm der Abschluß der Supervision zunächst eine Wendung, die sich für die Supervisorin belastend gestaltete (s. Kap. 10).

Prozesse unterschiedlicher Richtung – Institutionalisierung und Entinstitutionalisierung

Für die Beurteilung dieses Teamprozesses ist wichtig, daß es sich um eine Projektentwicklung handelte. Wir betonen daher am Ende dieses Verlaufs, daß es uns nicht leichtfiel, bestimmte Situationen ausführlich unter dem Aspekt der persönlichen Bildungsprozesse zu beschreiben. Wenn in bestimmten Situationen die Einrichtung persönlich »in Dienst« genommen wurde, dann ist das auf keinen Fall auf eine Ausnutzung der Einrichtung durch einzelne Mitarbeiter zu reduzieren. Der Gedanke etwa, hätte man die Mitarbeiter nur gleich besser ausgewählt, wäre alles anders gelaufen, geht an dem darzustellenden Problem vorbei. Daß sich die Balance zwischen persönlichen Interessen der Professionalisierung und verantwortlichem Handeln im Interesse der Einrichtung immer wieder verschieben kann, liegt im Wesen von Prozessen der Institutionalisierung. Die Mitarbeiter sind selten genug »Ausbeuter« der Institution; sie bedürfen der Supervision, um das Wesen dieser Balance und die zu ihr gehörenden Konflikte zu begreifen und in ihre Professionalität zu integrieren. Hinter einer angemessen erscheinenden institutionellen Struktur läuft ein komplizierter Prozeß ihrer ständigen Balancierung, Wiederherstellung und Veränderung ab, von dem die Mitarbeiter oft nur wahrnehmen, daß sie über ihre Arbeitsaufgabe hinaus beansprucht werden und erschöpft sind, nämlich von der Arbeit, die Institution zu erhalten, die Arbeitsabläufe veränderten Anforderungen anzugleichen etc.

Da wir hier die Perspektive der Entwicklung von einem Projekt zu einer Institution mit Organisationsstruktur beschrieben haben, möchten wir auch auf eine umgekehrte Perspektive hinweisen. In etablierten Institutionen wie Schulen, Kliniken etc. laufen Prozesse ab, die sich als De- oder Entinstitutionalisierung bezeichnen lassen. Nicht selten werden sie auf der Ebene von Teams durch die Bildung von konträren Untergruppen und die Unterbrechung handlungsnotwendiger Absprachen in Gang gebracht, wie z.B. Bardé (1996) in einer Einzelfallstudie zur stationären Psychotherapie zeigt. In seinem Beispiel scheiterte die Behandlung eines Patienten aufgrund eines plausibel rekonstruierten, destruktiven Zusammenhangs von Klinikorganisation, Führungsstil und Teamdynamik.

Kapitel 10 Dominante Konfliktthemen der Abschlußphase – institutionelle Aspekte der Teamsupervision

Der Leitungskonflikt

Das Team hatte viel erreicht. Man war in neue, großzügige Räume eingezogen, hatte sich von der ursprünglichen Einrichtung getrennt, die Spezialisierung der eigenen Arbeit vorangetrieben und nicht zuletzt sich persönliche Qualifizierungen erworben. Nach wie vor aber war das Team ohne Leitung. Die Frage nach einer Veränderung der so weit institutionalisierten Struktur wurde aber nicht als Problem oder Fall vorgebracht, sondern unter manipulativer Verwendung der Supervisorin in Szene gesetzt. Mehrfach versuchte man, die Supervisorin in die Leitungsrolle zu drängen. Z. B. wurden klärende Interventionen so mißverstanden, als wollte die Supervisorin die Leitungsfunktion übernehmen. Als sie in einer schwierigen Situation an die Aufgabe der Einrichtung erinnerte, mahnte sie ein Mitarbeiter, sie habe ihren Zuständigkeitsbereich überschritten und ihre professionelle, neutrale Haltung aufgegeben.

Die weitere Ausgestaltung des Leitungskonfliktes bestand darin, daß Mitarbeiter, die für die Leitungsfunktion nicht in Frage kamen, zeitweise auch nicht mehr in der Supervision erschienen. Sie brachten ihre geringe Loyalität mit einer möglichen Leitung zum Ausdruck. Das Leitungsthema wurde äußerst zwiespältig erlebt. Eine Leitung wurde ersehnt, gebraucht und zugleich abgelehnt; die mit ihr verbundene Unterordnung wurde im Vorgriff schon als Kränkung erlebt. An der Situation, in der die Supervisorin eine Vorstellung von der Verantwortung für die Arbeit des Teams aufrechterhielt und dafür gemahnt wurde, sie überschreite ihre Kompetenzen, läßt sich gut erkennen, daß sich im Team eine intensive spezifische Angst ausgebreitet hatte.

Angesichts des nicht mehr zu umgehenden Leitungskonflikts brachen verspätete adoleszente Selbstidealisierungen zusammen. Die zugehörige Wut und Enttäuschung entluden sich, als die Supervisorin an der Bearbeitung des Leitungskonfliktes festhielt. Es wurde evident, daß es sich um ein bislang nicht integriertes, konflikthaftes Thema handelte, das weiterhin ausgespart bleiben sollte. Offenbar hatte es neben der schon häufiger erwähnten Paarbildung der erfahrenen Mitarbeiterinnen auch eine gemeinsame Gruppenphantasie gegeben, man könne ungelöste berufsbiographische Konflikte mit Hilfe der Einrichtung abwehren. Nicht nur die Paarbildung, sondern auch diese gemeinsame Gruppenphantasie war mit dem Leitungskonflikt in Frage gestellt. Die bislang zurückgehaltenen Affekte richteten sich im Sinne einer negativen Übertragung auf die Supervisorin.

Die ohnehin hohe Konfliktspannung konnte das Team nicht mehr bewältigen, als eine der beiden Frauen ankündigte, sie werde ausscheiden. Während frühere Ankündigungen auch Fluchtcharakter hatten und die Rolle der informellen Leiterin eher stärkten, kam es jetzt wirklich zur Kündigung. Das Team reagierte unmittelbar und heftig. Es nahm die reflexive Haltung, die mittlerweile gut eingeübt war, zurück und inszenierte den Trennungskonflikt der Supervisorin gegenüber: durch Absagen des Supervisionstermins, gleichzeitiges Anbieten neuer Aufträge, Zurückziehen des Angebots etc. Ständig waren die Rahmenbedingungen der Supervision bedroht. Darin zeigte sich, wie sehr das Team sich bedroht fühlte.

Mit dem Wechsel von Angeboten und Terminabsagen schien das Team mit der Supervisorin zu wiederholen, wie es den Verlust der informellen Leiterin erlebte. Die Auflösung der Rahmenbedingungen stellte eine Art Kündigung dar, zumindest ein Aufkündigen der Absprachen und bisherigen Verständigung. Die Supervisorin fühlte sich nicht nur den willkürlichen Aktionen des Teams ausgeliefert, sondern auch herabgesetzt und verärgert. Sie hätte nun, da die Rahmenbedingungen fast aufgehoben waren, von sich aus die Zusammenarbeit beenden können. Das Verständnis der Gesamtsituation bewog sie, ihrerseits an den Rahmenbedingungen festzuhalten bzw. sie wieder herzustellen, was ihr durch Telefonate und einen Brief auch gelang. Sie setzte dem Team in den folgenden Sitzungen auseinander, daß man sich mit dem oben geschilderten Verhalten ihr gegenüber nicht nur gegen die Trennung von der bisherigen informellen Leiterin gesträubt habe, sondern insgesamt gegen eine wichtige, alle betreffende Veränderung: die Lösung des Leitungskonflikts.

Wenig später verließ Frau K., die schon gekündigt hatte, das Team und übernahm eine leitende Position in einer anderen Institution. Frau L. übernahm die Leitung des Teams und der Einrichtung. Der Kampf gegen die neue Organisationsstruktur war noch nicht zu Ende. Die neue Leiterin wurde zunächst eher entwertet als mit der erforderlichen Loyalität und Kooperationsbereitschaft unterstützt. Es dauerte noch eine Zeitlang, bis den Mitarbeitern bewußt wurde, daß sie damit gegen ihre untergeordnete Position ankämpften und an einem überholten Anspruch von Gleichheit, ungeachtet der faktischen Qualifikationen, festhielten.

Institutionsanalytische Perspektiven

Mit der Lösung des Leitungskonflikts hatte das beschriebene Team das vorläufige Ende seiner Expansions- und Normalisierungsphase erreicht. Das Beispiel zeigt aber nicht nur, daß die verschiedenen Institutionalisierungstendenzen des Teams zu einer Leitungsstruktur geführt haben. Es zeigt auch, daß diesem Ergebnis viele Schritte vorausgingen, die mit Hilfe der Supervision erarbeitet wurden. Von der Gründung des Projekts bis zur etablierten Institution war die Supervision fester Bestandteil der Arbeit gewesen.

Das Projekt, aber auch die spätere Einrichtung waren nie Teil einer etablierten Institution; die Mitarbeiter hatten eine Organisationsform gewählt, die fortlaufend erweitert und differenziert werden mußte, sollte sie die projektierte Arbeit ermöglichen. Da alles aufzubauen und zu organisieren war, kann man von einer »Generierungsphase« institutioneller Entwicklung sprechen (vgl. Schülein 1996, S. 159 f.). Sie ist in unserer Fallgeschichte nicht direkt beschrieben, ist aber während der späteren Entwicklung im Hintergrund stets gegenwärtig. Die wiedergegebenen Abschnitte des Supervisionsverlaufs gehören zur zweiten Phase, der Expansions- und Konsolidierungsphase und zum Anfang der dritten, der Normalisierungsphase institutioneller Entwicklung. Dazu schreibt J. Schülein (ebd., S. 160):

> »Für jede Phase der Institutionsentwicklung gibt es eine typische Struktur und ein typisches Problemprofil. Was für eine Pionierinstitution notwendig bzw. unvermeidlich ist, indiziert in einer Normalinstitution möglicherweise eine Krise. Aus dieser Perspektive ist es deshalb wichtig festzustellen, in welcher Phase sich eine Institution befindet bzw. in welche Richtung sie sich bewegt, weil nur

dadurch ersichtlich ist, ob das institutionelle Geschehen angemessen oder problematisch ist.«

Um aus einer institutionsanalytischen Perspektive die einzelnen Ausschnitte der Fallgeschichte beurteilen zu können, sind weitere begriffliche Differenzierungen nötig. Institutionsanalyse ist, wie M. Wolf (1996, S. 133) ausführt, Analyse des Handelns – und des Erlebens, wie wir ergänzen möchten – in einer Institution. Handeln und Erleben der einzelnen stehen gleichsam im Mittelpunkt des Zusammenhangs von individuellen psychischen Strukturen, interpersonalen Beziehungen und institutioneller Struktur. (Letztere regelt die Arbeitsteiligkeit, aber auch die funktionale Differenzierung von Kompetenz und Verantwortung.)

In diesem komplexen Zusammenhang laufen zwei Prozesse ab, deren Unterscheidung gerade für die Supervision bedeutsam ist: produktive und reproduktive Prozesse. Durch erstere erbringt eine Institution ihre Leistungen, während die reproduktiven Prozesse dafür sorgen, daß eine Institution erhalten und entwickelt wird. Die Logik, daß Institutionen Leistungen erbringen, aber auch Leistungen voraussetzen, führt zu weiteren Unterscheidungen. Nach Schülein (1996, S. 164 f.) gibt es in Institutionen offene und verdeckte Prozesse sowie manifeste und latente Realitäten.

Diese Differenzierung macht verständlich, warum es in Institutionen oft sachbezogene Auseinandersetzungen gibt, die jedoch einer sachfremden Logik folgen. So kann bei Neueinstellungen trotz der Orientierung an der zu leistenden Arbeit die Wahl auf jemanden fallen, der nicht die besten Voraussetzungen dafür mitbringt. Daraus ist nicht zwangsläufig der Schluß zu ziehen, daß man den Bewerber noch eingehender mit Tests und Gesprächen hätte prüfen sollen. Wahrscheinlicher ist, daß man versäumt hatte, eine sachfremde, d. h. latent wirksame Logik aufzuspüren, sich z. B. klarzumachen, wie der Bewerber in die aktuelle Bedürfnis- oder Konfliktlage des Teams passen würde.

Die verdeckten oder latenten Prozesse mit ihrer eigenen psychischen Logik stellen sich in der psychoanalytischen Teamsupervision dar. Mit der psychoanalytischen Methode wird, wie wir in Teil I, Kap. 2 ausgeführt haben, der Gegenstand, d. h. was jeweils der Fall ist, von den manifesten Inhalten ausgehend in Richtung der latenten Bedeutungen untersucht. Für die Theorie und Technik einer psychoanalytisch und institutionsanalytisch orientierten Supervision stellt sich die Frage, wie sich institutionelle Strukturen und Konflikte in der Falldiskussion reinszenieren bzw. ob und wie sie in der Supervision erkennbar und analysierbar werden.

Die Fragestellung zielt in zwei Richtungen. Zum einen sollen die privatistischen Bedeutungen aufgespürt werden, die Mitarbeiter »ihren« Institutionen unbewußt verleihen. Dabei wird unterstellt, daß die institutionellen Strukturen einigermaßen brauchbar und dem Auftrag der Institution angemessen sind. Zum anderen richtet sich das Interesse auf organisatorische Formen und Muster, die ihrerseits der institutionellen Aufgabe unangemessen sind und deshalb nicht effektiv funktionieren. Sie entwickeln eine Eigendynamik, die negative Auswirkungen auf die Arbeit der einzelnen und der Teams hat, ohne daß diese Ursache wahrgenommen wird. Privatistische Umdeutungen von institutionalisierten Funktionen, Rollen und Kooperationsformen werden dadurch begünstigt. Bewußt erlebt wird in diesem Fall nur der Mangel an persönlicher und kooperativer Kompetenz; die institutionellen Defizite und die daraus resultierenden Konflikte bleiben im dunkeln.

K. Buchinger (1988, 1996), P. Fürstenau (1992), A. Gaertner (1982), W. Leuschner (1985), S. Mentzos (1976 / 1988), H. Pühl (1996), F. Wellendorf (1986, 1996) u. a. haben sich mit der Analyse der Institution im Rahmen von Teamsupervisionen befaßt. Sie analysieren nicht die Institution, wie es ein Organisationssoziologe tun würde, sondern erschließen von der Ebene der Falldiskussion her, wie die Institution von den Mitarbeitern erlebt wird: die Institution »in den Köpfen« der Mitarbeiter.

K. Buchinger (1988) zeigt in einer Fallstudie, wie er vom Leidensdruck, dem er Symptomwert verleiht, ausgeht. Er hält daran fest, daß die zugrundeliegenden Konflikte nicht durch unmittelbares Thematisieren zugänglich sind, sondern erst im Lauf der Zeit erschlossen werden. Der unmittelbare Zugriff auf das Problem ist seiner Auffassung nach gerade deshalb nicht möglich, weil mit der Störung selbst, begreift man sie als Symptom, ein versteckter, unbewußter Versuch der Problemlösung vorliegt. An diesem Versuch der Konfliktlösung sind diejenigen Strebungen unbewußt, die mit gegenläufigen Tendenzen unverträglich erscheinen: entweder, weil sie Verbotenes enthalten, oder weil sie angstauslösend wirken. Die verbotenen oder angstauslösenden Inhalte sind unbewußt und verschaffen sich in Gruppen oder Teams kollektiven Ausdruck.

Institutionelle Widersprüchlichkeiten, die von Teams nicht bewußt wahrgenommen werden, können in Supervisionsgruppen zu »Symptombildungen« führen. Ein von K. Buchinger (1988; 1993, S. 44 f.) dargestelltes Team hatte die Bedrohung seiner Identität infolge institutioneller Veränderungen und die Gefährdung seiner Fortexistenz verleugnet. Die Ängste wurden personalisiert. Man fand einen greifbaren Gegner, problematisierte mit überhöhten Ansprüchen die Kompetenz der Mitarbeiter und klammerte sich an einen übertrieben festen Zusammenhalt des Teams, der für seine Arbeitsfähigkeit nicht funktional war.

K. Buchinger (1988, S. 12) betont, die institutionellen Widersprüche müßten von dem Punkt her erschlossen werden, an dem sie als Symptombildung störend und in entstellter Form in Erscheinung träten: im Befinden und in der Arbeitsfähigkeit der Mitarbeiter. Dennoch dürfe man sich nicht dazu verleiten lassen, ihre Ursache, sofern sie in der Eigendynamik organisatorischer Verhältnisse liege, in den Symptomen selbst finden zu wollen (Buchinger 1993, S. 45). Weil die Störungen in der Arbeit eines Teams nicht als institutionelle Konfliktabkömmlinge erkennbar seien, neige man in Institutionen dazu, sie unversehens durch bestimmte technische Maßnahmen beseitigen zu wollen.

In unserer Perspektive wird zunächst die Verzerrung der subjektiven Bedeutungen, die Erlebnisebene, analysiert. Die Art und Weise, in der Teammitglieder »ihre« Institution erleben bzw. wie sich deren funktionale oder dysfunktionale Regeln und Formen in der konkreten Arbeit der Mitarbeiter spiegeln, stellt die Ebene der Untersuchung in der Supervision dar. Allerdings gelangt die Supervision dann an einen Punkt, an dem die zurechtgerückte Wahrnehmung der institutionellen Strukturen auch zu einer Korrektur der Organisationsform selbst führen muß, sei es durch die Mitarbeiter, die innovativ die organisatorischen Strukturen verändern, sei es in komplexen Einrichtungen durch das Heranziehen spezialisierter Organisationsentwickler.

Aber auch der institutionsanalytische Ansatz benötigt einen Prozeß der Professionalisierung, um wirkungsvoll sein zu können. Das heißt, daß die Einsichten in informelle institutionelle Strukturen mit privatistischen und familiaristischen Bedeutungen sowohl auf der organisatorischen als auch auf der personellen Seite Veränderungen hervorrufen. Mitarbeiter, die sich die Einsicht in notwendige institutionelle Veränderungen erarbeiten, durchlaufen auch einen individuellen

Prozeß der Qualifizierung bzw. Professionalisierung; das eine bedingt das andere. Daher ist es nicht sinnvoll, organisatorische und personelle Perspektiven in der Supervision voneinander zu trennen.

In unserem hier vorgestellten Team führte der Supervisionsprozeß dazu, daß die Mitarbeiter ihrerseits initiativ wurden, um der Einrichtung eine angemessene und effiziente organisatorische Form zu geben. Dazu gehörte auch, daß eine Mitarbeiterin sich das organisatorische Know-how erwarb, um eine funktionale organisatorische Struktur in der Einrichtung durchzusetzen.

Einen vergleichbaren Ansatz, psychoanalytisch innerhalb von Institutionen zu arbeiten, formuliert F. Wellendorf (1986). Auch er geht davon aus, daß sich institutionelle Konflikte in der Supervison spiegeln. So nimmt er an, daß z.B. Konflikte zwischen dem Leiter und den Mitarbeitern sich auf die Ebene der Arbeit mit der Klientel verschieben. Und umgekehrt werden auch Konflikte mit den spezifischen Arbeitsanforderungen auf die Ebene der Autoritätskonflikte mit der Leitung verschoben.

Grundlegend für das Verständnis solcher latenten Prozesse in einer Institution ist das Konzept der interpersonalen und institutionalisierten Abwehr von S. Mentzos (1976/1988). Es beschreibt die Verankerung intrapsychischer Abwehrvorgänge in der Realität (ebd, S. 26):

> »In Unterscheidung von den intrapsychischen Abwehrmechanismen ist für die interpersonalen Abwehrkonstellationen charakteristisch, daß hier der Partner nicht nur als psychische Repräsentanz, sondern als reale Person mit realem Verhalten in die Abwehrorganisation eingebaut ist.«

Interpersonelle und institutionelle Konstellationen entlasten und stützen die jeweiligen individuellen, intrapsychischen Abwehrmechanismen. Sie ermöglichen, daß Teammitarbeiter Struktur und Zielsetzung einer Institution unbewußt in den Dienst regressiver Konfliktabwehr stellen. Die Institution agiert als Gruppe von Mitarbeitern und deutet dabei Ziele und Arbeitsformen der Institution so um, daß Insuffizienzerlebnisse und Konflikte zunächst vermieden oder reduziert werden, was aber keine dauerhafte Konfliktlösung sein kann.

Wenn wir von der Übertragung institutioneller Konflikte in der Teamsupervision sprechen, können wir uns an den interpersonellen Abwehrvorgängen in Gruppen orientieren (vgl. Mentzos 1976/1988, S. 103). Zu dieser Kategorie von Konfliktabwehr gehören auch viele andere Arten der Gruppenübertragung und -abwehr. So z.B. die drei Grundannahmen Bions (Kampf–Flucht, Abhängigkeit und Paarbildung), die Rolle des Sündenbocks, des Leitungsassistenten etc. wie von I.D. Yalom (1970, S. 310f.) beschrieben.

Natürlich muß der Supervisor Kenntnisse in Organisationssoziologie haben, damit sich seine Wahrnehmungseinstellung auf die Diskrepanz zwischen erlebter institutioneller Realität und faktischer institutioneller Struktur und Aufgabe richten kann. Es besteht also neben der formalen Struktur eine informelle Institutionsstruktur, die für privatistische oder familiaristische Umdeutungen anfällig ist. Gerade die informelle Struktur kann mit Hilfe der Supervision zur Darstellung gebracht werden. Wie F. Wellendorf (1986, S. 61 f.) beschreibt, führte die Angst der Mitarbeiter eines Teams, die in einem Heim für schwererziehbare Kinder arbeiteten, vor der Hilflosigkeit im Umgang mit ihrer schwierigen Klientel zu einer Verschiebung der Konflikte auf die Ebene der Mitarbeiterbeziehungen, was dann in der Supervision erarbeitet wurde.

Die »institutionelle Aufgabe« ist der entscheidende Bezugspunkt für Supervisanden und Supervisor – das »Dritte« in der Supervision (vgl. A. Overbeck 1990, S. 12f.; Wellendorf 1986, S. 59). Der Supervisor fühlt sich in die Problemdarstellungen der Supervisanden ein und fügt ihnen im inneren Dialog neben seinen Gegenübertragungsphantasien die Vorstellung von der institutionellen Aufgabe hinzu. Diese Aufgabe – die Errichtung einer angemessenen Organisationsstruktur – haben Teams, die um Supervision nachfragen, oft aus dem Blick verloren. Es gibt in diesen Teams ein Bewußtsein ungenügender Arbeitsbedingungen und Unzufriedenheit gepaart mit Insuffizienzgefühlen. Kernberg erörtert in seiner Arbeit über Regression in der Organisation (1980, Kap. 12) zudem ausführlich den Regressionsdruck, der auf dem jeweiligen Leiter lastet.

In dem hier vorgestellten Team wurden Grundannahmen um so stabiler als Widerstände formiert, je unklarer und inadäquater die institutionellen Rahmenbedingungen waren. Diese Widerstände bildeten sich aber auch dann, wenn berufsbiographische Konflikte abgewehrt werden sollten, die sich in Insuffizienzgefühlen, Konkurrenzproblemen, Ausbildungs- und Qualifikationsproblemen, Führungswünschen und den damit verbundenen Konfliktspannungen manifestierten. So griff das von uns untersuchte Team lange Zeit auf die Grundannahme der Paarbildung zurück.

Wir erwähnten schon, daß das hier vorgestellte Team als Projekt begann, das keiner etablierten Institution zugeordnet war. Daher fehlten ihm Schutz und Entlastung durch eine funktionale institutionelle Struktur, was wiederum, sollte der professionelle Anspruch auch eingelöst werden, individualisierte persönliche Aktivität und Kompetenz der Teammitarbeiter und -mitarbeiterinnen erforderte. Die daraus entstehenden Konflikte wurden häufig in interpersonellen Abwehrkonstellationen wie Paarbildungen, Ausgrenzungen und Fluchtversuchen stillgestellt.

Die Paarbildung, die sich zwischen den erfahreneren Mitarbeiterinnen des Teams, Frau K. und Frau L., formierte, hatte mehrere Funktionen. Zum einen diente sie einem Kompromiß von Wunscherfüllung und Abwehr. Beide Frauen befriedigten ein Bedürfnis, mit der Einrichtung etwas Gemeinsames zu erschaffen, ihr »Kind«, wie sie sich später äußerten. Gleichzeitig eignete sich die Paarbildung zur Abwehr von Rivalitätskonflikten. Zudem erwies sie sich für die beiden informell leitenden Frauen als funktional, weil sie den professionellen Anspruch der wenig institutionalisierten Einrichtung sicherten. Im Prozeß der Institutionalisierung war die Paarbildung für längere Zeit zu einem stabilen Strukturbestandteil des Teams geworden. Sie mußte erst aufgegeben werden, als sie sich für die progressiven, rivalisierenden und individualisierenden Strebungen der beiden Mitarbeiterinnen dysfunktional, d. h. einschränkend auswirkte.

Die immer wieder aufbrechenden Loyalitätsschwächen einiger Mitarbeiter gegenüber der Einrichtung waren ebenfalls im Kontext des geringen Institutionalisierungsgrades der Einrichtung zu verstehen. Durch die mangelnde Institutionalisierung waren die Mitarbeiter, was Initiative, schöpferische Kraft, Arbeitsfähigkeit, Flexibilität und Verantwortung betrifft, ständig herausgefordert.

Nicht alle Teammitglieder waren dieser Anforderung gleichermaßen gewachsen. Qualifikationsdefizite und geringer Institutionalisierungsgrad verstärkten sich gegenseitig. Das Einrichten von Leitungsfunktionen und spezialisierten Funktionen wurde von denjenigen unterlaufen, deren Defizite unter den neuen Bedingungen besonders zutage treten mußten. Die Fähigkeit, so etwas wie eine »corporate identity« zu entwickeln, war eher bei den neu hinzukommenden Mitarbeitern gering. Sie identifizierten sich zunächst nur so weit mit der Einrichtung, wie diese ihren eigenen Interessen nach Selbstverwirklichung entgegenkam.

Die beiden »dienstältesten« Mitarbeiterinnen konnten dagegen eine weitgehende Übereinstimmung von berufsbiographischen und institutionellen Interessen entwickeln. Diese Fähigkeit war ein wichtiger Indikator für den Prozeß der Professionalisierung; sie hatte aber, wie sich in der Fallgeschichte zeigt, ihren Preis. Die Wahl geringer qualifizierter und dadurch abhängiger Mitarbeiter und Mitarbeiterinnen stellte ein interpersonelles und institutionalisiertes Arrangement dar. Man brauchte sich in dieser Form und legte sich dadurch vorübergehend auf eine gewisse Stagnation fest. Die Fallgeschichte zeigt aber auch, wie sich mit Hilfe der Supervision derartige Arrangements auflösten.

Frau K. z.B. traf eine besonnene Entscheidung, als sie zu Beginn der Normalisierungsphase ausschied. Die Paarbildung mit Frau L. war sozusagen überholt, und Frau K., die dem Team am längsten angehörte, war viel zu erfahren und kompetent, um sich künftig unterzuordnen. Außerdem hatte sie über längere Zeit sehr selbstbewußt die informelle Leitungsposition innegehabt.

Im Hinblick auf die Analyse des Auftrags, mit dem eine Teamsupervision übernommen wird, sind die Möglichkeiten, das Supervisionsinteresse eines Teams vorab zu klären, begrenzt. In der Auseinandersetzung mit ausgegrenzten Konfliktkonstellationen, die zu Arbeitsschwierigkeiten führen, kann es kaum anders sein, als daß ihre klare Definition oder Diagnose Teil des Supervisionsprozesses ist, der zur Veränderung führen soll. Teams fragen zumeist wegen Supervision nach, um mit Hilfe eines besseren Verständnisses über die Klientel zu einer kompetenteren Arbeit zu gelangen. Erst allmählich stößt man in diesem Prozeß auch auf die institutionellen Defizite, deren Behebung dann die weitere Entfaltung der Professionalität eines Teams ermöglicht.

Oft meint man, mit organisationsberaterischen Methoden auf sicherem Terrain zu sein. Aber gerade unser Supervisionsbeispiel zeigt, daß institutionelle Strukturen und personelle Interessen ein Bündnis zur Konfliktabwehr eingehen können. Dieser enge Zusammenhang führt, da er ein unbewußter, institutionell eingebundener Vorgang ist, ebenso zum Widerstand gegen seine Erkenntnis wie andere Formen unbewußter Konfliktabwehr. Wir finden auch im Hinblick auf die institutionellen Strukturen eine Ambivalenz von Erkenntnisinteresse und Widerstand gegen die Erkenntnis, wie wir sie in Kap. 1 beschrieben haben. Werden diese Ambivalenz und ihre Abwehr zur Unzeit benannt, so führt die Angst vor der Verunsicherung zum Widerstand, gleichviel ob die Interventionen organisationsberaterisch oder als Analyse des Auftrags beabsichtigt sind. Nach unserer Erfahrung gilt es in jedem Fall, das in sich widersprüchliche Interesse – der Wunsch nach Einsichten und die Vermeidung von Einsichten – methodisch zu berücksichtigen, so daß die »permanente Analyse der Nachfrage nach Supervision« (vgl. Pühl 1990, S. 170f.) zum Bestandteil des Supervisionsprozesses selbst wird.

Wir möchten noch eine Anmerkung zu der verbreiteten Auffassung machen, die für eine Trennung von Fallsupervision und Institutionsanalyse plädiert. Diese Aufteilung ist unserer Auffassung nach künstlich, da doch die Fallsupervision bereits ein Stück bisher nicht geglückter Institutionalisierung in einer Arbeitsorganisation darstellt. Mit der vom Supervisor angeleiteten Falldiskussion wird die regelmäßige Reflexion der zu bewältigenden Aufgabenstellung am Arbeitsplatz eines Teams institutionalisiert. Den Fokus auf die Organisationsstruktur richtend, spricht K. Buchinger (1997, S. 49ff.) von Supervision als organisatorischer Selbstreflexion. Beide Male geht es um das Institutionalisieren von Selbstreflexion.

Daß die von uns vertretene, fallorientierte Form der Supervision immer wieder als die leichtere oder nicht so konflikthafte dargestellt wird (vgl. Weigand 1990, S. 176), der sich nur diejenigen verschreiben, die nichts von institutionellen Bedingungen verstehen, sehen wir als ein Mißverständnis der Funktion von Fallsupervision an. Erstens scheint hier immer wieder ein antipsychoanalytischer Affekt durchzubrechen, der dazu führt, daß man die Kontexte, die man zitiert, verzerrt. So zitiert W. Weigand (ebd.) ein durchaus instruktives Beispiel offenbar nur, um einen Positionskampf zu gewinnen. Bei diesem Beispiel, wie auch bei der hier dargestellten Supervision, geht es um den Aufbau einer nichtetablierten, beratenden Einrichtung, und die Falldiskussion über Klienten stellte das organisierende Zentrum der Projektarbeit dar. Mit ihr wurde das zu erarbeitende professionelle Verständnis von Klientel und Beratungstätigkeit institutionalisiert. Von diesem Zentrum der Falldiskussion aus, in dem die Aufgabe der Einrichtung regelmäßig zum Ausdruck gebracht und unter verschiedenen Perspektiven ins Bewußtsein gehoben wurde, ließen sich auch weitere organisatorische Ausdifferenzierungen vornehmen. Damit die Kritik konsistent erscheint, werden die Supervisoren von W. Weigand so dargestellt, als seien sie ihrer therapeutischen Herkunft blind verpflichtet. Es bleibt unerwähnt, daß sich wegen eines gemeinsamen institutionsanalytischen Interesses der Autoren H.-J. Busch und H. Deserno (1989) ein Sozialwissenschaftler und ein Psychoanalytiker zusammengefunden hatten.

Die dargestellten Supervisionsausschnitte und die einzelnen Sitzungen, die in den Kapiteln 12 bis 15 wiedergegeben und kommentiert werden, zeigen den Wechsel von mehr teambezogenen und mehr klientenbezogenen Falldiskussionen, sind also »bifokal« angelegt, wie A. Overbeck (1990) die psychoanalytische Teamsupervison bezeichnet. Das stimmt auch mit T. Pollak (1995, S. 66) überein, der festhält, daß sowohl die teambezogene als auch die klientenbezogene Diskussion als Widerstand eingesetzt werden können.

Gerade die Erfahrung mit dem in Teil II und III dargestellten Supervisionsprozeß eines Teams legt es nahe, auch in einem institutionsanalytischen Vorgehen von der Methode des szenischen Verstehens auszugehen. In der Supervision erscheint die Institution in entstellter Form, in den Übertragungen und Widerstandsformen, den Inszenierungen und Kollusionen der Mitarbeiter und Mitarbeiterinnen eines Teams – sie erscheint in ihren Wirkungen auf die psychische Realität. Das soziologische Wissen über Institutionen und Organisationen richtet die Suchbewegung oder Wahrnehmungseinstellung des Supervisors auf die Aktionen der Beteiligten als Träger institutioneller Funktionen. Dennoch versteht der Supervisor einfühlend jene konflikthaften Beziehungen und Szenen im Berufsalltag, deren Bedeutung ausgegrenzt ist, die aber die individuellen und kollektiven Möglichkeiten, sinnvoll und verantwortlich zu arbeiten, blockieren (vgl. Fürstenau 1992, S. 53). Diese Einfühlung wird erleichtert, wenn der Supervisor die Perspektive einnehmen kann, »den ›Widerstand‹ des Klientensystems als anstößiges Verhalten positiv zu verstehen in dem Sinne, daß sich das Klientensystem aus sicherlich guten Gründen so verhält« (ebd., S. 185).

Institutionsanalyse ist Analyse der Institution, wie sie erlebt wird, oder anders ausgedrückt: neben der materiellen wird die psychische Realität der Institution erkennbar gemacht. Wann die im Supervisionsprozeß gewonnenen Rekonstruktionen von Bedeutungen der institutionellen Bedingungen als gesicherte Erkenntnisse an die Supervisanden weitergegeben werden können, ist eine Frage des Vertrauens. Da es für die einzelnen Mitarbeiter auch um die Sicherheit geht, in der immer bestehenden Öffentlichkeit einer Teamsupervision nicht über die persönlichen Grenzen hinausgehend belastet zu werden, kommt ein zeitliches Moment hinzu: Teamsupervisionen sind, wenn wir von ausdrücklich vereinbarten Kriseninterventionen absehen, langfristig angelegt.

Langlaufende Teamsupervisionen entfalten schon deshalb einen Entwicklungsprozeß, weil solche Teams an den vereinbarten Rahmenbedingungen, dem sogenannten Setting, festhalten, was die selbstreflexive Einstellung zur Arbeit garantiert. Wir übersehen nicht, daß es auch eine Frage von Macht und Einfluß in Organisationen ist, ob und inwieweit diese selbstreflexive Einstellung in den Arbeitsalltag integriert werden kann. Für die Mitwirkung der Mitarbeiter an notwendigen institutionellen Veränderungen erscheint uns die Selbstreflexion gleichermaßen wichtig wie das notwendige fachliche Wissen.

Vermutlich zeigt das Interesse, das dem Begriff »emotionaler Intelligenz« (Goleman 1995) gilt, daß Selbstreflexivität auch im beruflichen Alltag ihren Platz finden könnte. Psychoanalytische Teamsupervision kann die am jeweiligen Fachgebiet orientierte Selbstreflexion entwickeln und fördern. Sie leistet das im Aufspüren und Thematisieren verdeckter bzw. latenter Prozesse in der Institution. Als kritische Institutionsanalyse klärt sie nicht zuletzt auch, ob eine bestimmte Institution ihren Migliedern den notwendigen Schutz gibt, den sie für ihre Aufgabe, aber auch zu ihrer »Rekreation« brauchen, oder ob beispielsweise ihre Organisationsstruktur die Aufgabenstellung zugunsten der Machtpositionen einzelner unbegriffen vernachlässigt.

Teil III Zur Technik der psychoanalytisch orientierten Teamsupervision

Kapitel 11 Übertragung, Spiegelung und Reinszenierung

Während in Teil II die vielfältigen Themen des Teamprozesses zu dominanten Konfliktthemen komprimiert wurden, sind für Teil III Sitzungen ausgewählt, die eine unterschiedliche Handhabung der Übertragung zeigen, je nachdem welche Übertragungsdimension im Mittelpunkt steht. Wir wollen hier noch einige Bemerkungen zur Übertragung machen, die über die Ausführungen in Teil I (Kap. 2 und 6) hinausgehen.

Beim Ablauf der Supervision, wie er für die Balint-Gruppe charakteristisch ist, steht die Übertragung als direkte Spiegelung im Mittelpunkt. Das entspricht der Beschreibung, die Gruppe fungiere mit ihren Einfällen und Deutungen als »Resonanzboden«. Wendet man die Terminologie der psychoanalytischen Technik an, dann besteht der Resonanzboden aus »konkordanten« und »komplementären« Reaktionen im Sinne der Gegenübertragung (vgl. Racker 1959); die Teammitarbeiter reagieren auf die Übertragung von Klienten, wie sie über den Fallvortrag vermittelt wird, mit Gegenübertragungen. Letztere sind als unbewußte Identifizierungen mit den ebenfalls unbewußten Tendenzen der Klienten zu sehen. Die folgenden Sitzungen zeigen viele dieser »Resonanzreaktionen«, »übereinstimmende« (konkordante) wie auch »ergänzende« (komplementäre).

Für die Einzelanalyse ist die Übertragung zum Kernstück des therapeutischen Prozesses geworden. Genauer: Man konnte nicht anders, als anzuerkennen, daß die Übertragung die entscheidende dynamische Größe im Behandlungsprozeß ist. Die nicht zu starke positive Übertragung – eine »milde, unanstößige, positive Übertragung« – ist nach Freud (1912b) »die Trägerin des (Therapie-)Erfolges« (ebd., S. 371). Später wurde diese Art der Übertragung mit einem guten Arbeits- oder therapeutischen Bündnis gleichgesetzt (Greenson 1967). Die Auffassung, daß Übertragungsbeziehung und Arbeitsbeziehung i. S. einer realen bzw. übertragungsfreien Beziehung scharf voneinander zu trennen seien, wurde später von verschiedenen Autoren in Zweifel gezogen (vgl. Deserno 1990/1994). Was zunächst wie ein ungenügender Beitrag des Patienten zu einem erwünschten, guten Arbeitsbündnis aussieht, verdankt sich ebenfalls der Übertragung. Man konnte nicht mehr übersehen, daß auch die milde positive Übertragung in Übertragungsformen umschlägt, die den Behandlungsprozeß nicht mehr fördern, sondern sogar zum Stillstand bringen können, wenn sie nicht erkannt und interpretiert werden (Deserno ebd., S. 130f.).

Mit der psychoanalytischen Supervision verhält es sich nach unserer Auffassung nicht anders. Man verdankt der Übertragung die Einsicht in die Dynamik eines Falles, gleichviel, ob es um einen Patienten in Analyse, einen Klienten in Beratung oder ein Team in Supervision geht. Der Preis dafür? Die Übertragung kann jederzeit zum Widerstand werden und die reflexiven, arbeitsorientierten Prozesse stagnieren lassen. Wir schließen uns Brenner (1982) an und wollen hier nicht weiter zwischen »positiver« und »negativer« Übertragung unterscheiden (ebd., S. 246): »Die Übertragung ist niemals positiv oder negativ. Sie ist immer beides. Sie ist immer ambivalent.« Das heißt, daß auch eine zunächst fördernd erscheinende Übertragung schon ambivalent ist.

In Kapitel 3 haben wir dyadische und triadische Perspektiven von Beziehungen beschrieben. Die dyadische Objektbeziehung hat vor allem narzißtische Qualitäten, weil das Objekt nicht getrennt, sondern als Erweiterung der kindlichen Selbstimago erlebt wird. Das Überwinden der dyadischen Perspektive ist mit dem Akzeptieren eines »Dritten« als einem weiteren Objekt verbunden. Man spricht auch von »Triangulierung«.

Kohut (1968) hat zwei Formen der narzißtischen Übertragung beschrieben, die idealisierende Übertragung und die Spiegelübertragung. Er sah in ihnen parallele Vorgänge. Die eine stellt eine Wiederbelebung des »allmächtigen Objekts« dar, in der anderen wird das »Größenselbst« reaktiviert. In der Nachfolge Kohuts gewannen die Selbstobjekt-Übertragungen an Bedeutung. Der Terminus Selbstobjekt weist auf die Ungetrenntheit von Objekt und Selbst hin. Man kann Selbstobjekte so mit den Übergangsobjekten zusammenbringen, daß erstere der psychische Niederschlag (im Sinne von Imago oder Repräsentanz) der letzteren sind. Mit Selbstobjekt-Übertragung ist die Entwicklungsdimension der Übertragung gemeint, wie Stolorow et al. (1987, S. 62) ausführen. Sie ist nicht eine bestimmte Übertragungsform neben anderen, sondern eine Dimension *jeder* Übertragung, »die in dem Ausmaß fluktuieren kann, in dem sie als Gestalt oder Hintergrund der analytischen Beziehung, wie der Patient sie erlebt, erscheint« (ebd., S. 63). Diese Dimension jeder Übertragung enthält den Wunsch des Patienten bzw. Analysanden, »im Analytiker die Quelle geeigneter Selbstobjekt-Funktionen zu erleben« [...] »er [der Patient] sucht nach einer neuen Selbstobjekt-Erfahrung, die ihm die Fortsetzung und den Abschluß eines unterbrochenen Entwicklungsprozesses ermöglichen soll« (ebd., S. 136).

Die neuere Selbstpsychologie fügt also dem traditionellen Übertragungskonzept, das sich an konflikthaften Objektbeziehungen orientiert, eine Entwicklungsdimension hinzu. Die Konfliktdimension entspricht der von uns als triadisch bezeichneten Beziehungsperspektive. In der folgenden Definition der Übertragung von Stolorow et al. (1987) sehen wir eine Bestätigung unserer Auffassung, daß der Wechsel von dyadischer zu triadischer Beziehungsperspektive und umgekehrt eine progressive Tendenz in Richtung auf die Integration konflikthafter Erfahrungen enthält (ebd., S. 140):

> »Übertragung wird als bipolare Erlebensorganisation aufgefaßt, bei der Selbst-Objekt- und Konflikt-Dimensionen kontinuierlich in einer Vordergrund-Hintergrund-Beziehung oszillieren.«

Diese Übertragungsauffassung eignet sich dazu, auch die Prozesse in der Supervision zu erfassen. Übertragungen erscheinen auch in der Supervision eines Teams als Inszenierungen unbewußter konflikthafter Beziehungen zum Selbst und zu Objekten. Spürbar und sichtbar werden in Supervisionen nur Ausschnitte der reproduzierten Szenen, nie die ursprüngliche konflikthafte Szene insgesamt. Um das Übertragungs- und Widerstandsgeschehen verstehen zu können, muß die szenische Konstellation, die vermutet wird, in Gedanken vervollständigt werden. Dies geschieht auf dem Wege probeweiser Identifizierungen sowie der Konstruktion möglicher sinnvoller Bedeutungen mit Hilfe der Gegenübertragung.

Die Reinszenierungen bringen zum einen das Konfliktgeschehen des Klienten zur Darstellung. Zum anderen entstehen in einem Parallelprozeß Szenen, die Selbstdarstellungscharakter besitzen. Dafür hat P. Kutter (1990, 1993) den Begriff der indirekten Spiegelung verwendet. Bei dieser Übertragungsform geht es immer um den Teamprozeß als Gruppenprozeß. Selbstdarstellung bezieht sich also nicht auf individuelle lebensgeschichtliche Konflikte, sondern auf konflikthafte Themen des Teams, an deren Gestaltung die einzelnen Supervisanden in einem unbewußten Vorgang teilhaben.

Sowohl die direkten Reinszenierungen (Spiegelungen) als auch die indirekten werden von uns als Übertragungsvorgänge aufgefaßt. Den Ausführungen zum Übertragungskonzept der neueren Selbstpsychologie entsprechend sucht das Team im Supervisor nach geeigneten Selbstobjekt-Funktionen, d. h. nach Funktionen, die es selbst entwikkeln und übernehmen möchte. So möchte z. B. ein Team durch indirekte Reinszenierung dem Supervisor Leitungsfunktionen zuweisen, ihn mit der idealisierten Größe einer elterlichen Instanz ausstatten, wofür er dann ambivalent erlebt, bewundert und abgelehnt wird.

Ob überhaupt und wann der Supervisor diese Übertragungsqualität thematisiert, stellt ein besonderes technisches Problem der Supervision dar. Die Übertragung kann über weite Strecken zum Fokus des inneren Dialogs des Supervisors werden, wodurch er Aufschluß über die Konfliktdynamik im Team erhält. Damit ist aber noch nicht gesagt, daß dieser Übertragungsaspekt auch thematisiert wird. Es ist eine Frage des Vertrauens, der Möglichkeiten zur Selbstreflexion auf seiten der Supervisanden, des legitimen Interesses an Diskretion und des konventionellen Respekts vor der Berufsrolle, der Dringlichkeit des inszenierten Konflikts sowie vor allem der Evidenz im Supervisionsgeschehen, ob diese Übertragungsebene gedeutet wird. In unserem Fallbeispiel wurde sie dann angesprochen, als die berufliche Selbstreflexion zum Stillstand zu kommen drohte. Im übrigen aber stellte die Übertragung, vor allem als milde, idealisierende Übertragung eine lebendige und wirksame, aber nicht thematisierte Voraussetzung des Supervisionsprozesses dar.

An einem Beispiel der negativen Übertragung auf die Supervisorin scheint ein institutionelles Problem zum Ausdruck zu kommen. Der leiterlosen Struktur der Einrichtung entspricht durchaus ein Konzept des Teams: Man will »basisdemokratisch« arbeiten. Untergründig und unausgesprochen aber leiden die Teammitglieder unter den Konflikten, die durch diese Organisationsstruktur entstehen. Sie verleitet offenbar zu regressiven, familialistischen Umdeutungen der Einrichtungsfunktionen. Die privatistischen Wünsche, die nicht mit einer verantwortlichen Ausgestaltung der verschiedenen Kompetenzbereiche verträglich sind, sollen einerseits befriedigt werden und führen andererseits zu Nachlässigkeiten im Umgang mit der Einrichtung.

Die Übertragung auf die Supervisorin stellt immer wieder den Wunsch nach strukturierender Leitung, geklärten Zuständigkeiten und Verantwortlichkeiten dar. Das Team hat oft die Organisation der Einrichtung problematisiert und am Ende die Verantwortung für die Einrichtung auch durch eine Leiterstelle institutionalisiert.

Aus organisationsberaterischer Sicht ließe sich einwenden, daß man diese Entwicklung schneller haben könnte, nämlich durch organisationsberaterische Interventionen in lernintensiven, kompakten Veranstaltungen. Ein Vergleich wäre sicher interessant. Wir denken allerdings, daß die komplizierten psychosozialen Prozesse, die hier als Entwicklung nachgezeichnet werden, von Teams verarbeitet werden müssen und deshalb Zeit brauchen. Außerdem hatte unser Team keinen Supervisionsvertrag für eine bestimmte Zeit, sondern es war eine Kündigungsfrist von fünf Sitzungen (bzw. zehn Wochen) vereinbart. Der Supervision lag Freiwilligkeit zugrunde. Sie dauerte vier Jahre.

Eine stärker organisierte institutionelle Struktur bedarf auch der kompetenten Ausgestaltung durch die Mitarbeiter. In der Fallgeschichte tauchte diese Thematik als »veränderte Psychologie« unter veränderten institutionellen Bedingungen auf. Die Wechselwirkung von personellen Voraussetzungen und organisatorischen Strukturen einer Institution sind ein langdauernder Prozeß, der nicht ein für allemal abgeschlossen ist.

Immer wieder müssen die Vorstellungen von der Institution – »die Institution in den Köpfen« – einer Reflexion unterzogen werden. Ob dieses Überdenken durch eine leitende initiative Instanz oder durch Teambeschluß herbeigeführt wird, ist zunächst nicht relevant. Supervision oder Organisationsberatung haben beide mit unterschiedlichen Methoden daran zu arbeiten, die personellen Voraussetzungen für eine angemessene Organisationsstruktur zu berücksichtigen. Wenn personell nicht gleichbedeutend sein soll mit dem Kündigen oder Neueinstellen von Mitarbeitern, so kann es nur beinhalten, daß Teams regelmäßig die Ausgestaltung der institutionellen Aufgaben auf ihre Brauchbarkeit, ihre Effizienz und ihren Sinn hin überdenken.

In den folgenden Abschnitten werden direkte und indirekte Spiegelungen und die Übertragung auf die Supervisorin dargestellt. In Übereinstimmung mit einer früheren Veröffentlichung (Graf-Deserno & Deserno 1992) werden wir Spiegelungen im Sinne Kutters und Reinszenierung synonym verwenden; der Tendenz nach geben wir dem Begriff der Reinszenierung den Vorzug, da er dem Mißverständnis vorbeugt, es würden Erlebnisse oder Ereignisse gespiegelt im Sinne von abgebildet.

In den Kapiteln 12 bis 14 wird jeweils, wenn erforderlich, der Kontext einer bestimmten Sitzung beschrieben, das Gedächtnisprotokoll wiedergegeben und ein evaluierender Kommentar angefügt, der sich an den vorherrschenden interpersonellen Konstellationen, den zentralen Konfliktthemen und den Interventionen der Supervisorin orientiert. Man sieht deutlich, wie die Darstellung eines konflikthaften Themas zugleich den Widerstand gegen diesen Konflikt enthält. Der zu lösende Konflikt wird durch Thematisieren oder Inszenieren eines anderen Konflikts dargestellt und zugleich entstellt. In der zugehörigen Gegenübertragung entsteht häufig Verärgerung in Verbindung mit dem Gefühl, nicht zu wissen, was mit einem geschieht. Mit dem verdeckten Übertragungsangebot an die Supervisorin, dem Team als elterliche Führungsperson oder als »Projektleitung« die Konfliktlösungen abnehmen zu sollen, treten inszenierende und »manipulative« Verhaltensweisen in den Vordergrund. Manipulativ heißt hier, den anderen zu einer bestimmten unbewußten oder bewußten Rollenübernahme bringen zu wollen (vgl. J. Sandler 1976).

Alle interpersonellen Ansätze der Psychoanalyse beschreiben Verhaltensweisen gegenseitiger Beeinflussung: Als Beispiele seien die interpersonellen und institutionalisierten Abwehrarrangements (Mentzos 1976/1988), Kollusionen (Willi 1975) und Delegationen (Stierlin 1975) genannt. Auch das Konzept der projektiven Identifikation stellt eine Verbindung von intrapsychischem Abwehrmechanismus mit Beeinflussung oder Manipulation des jeweiligen Objektes dar (vgl. Hinshelwood 1989, S. 271).

In Kapitel 6 haben wir ausgeführt, warum es sinnvoll ist, in der Gruppensituation »horizontale« (und multilaterale) Übertragungen auf der Ebene der Gruppen- bzw. Teammitglieder von »vertikalen« (und unilateralen), auf den Gruppenleiter bzw. Supervisor gerichtete Übertragungen zu unterscheiden (Deserno 1984). Wir haben die Erfahrung gemacht, daß sich die Übertragung zwangsläufig auch vertikal ausrichtet, vor allem in den kritischen Phasen einer Teamsupervision. Sie kann eine solche Intensität gewinnen, daß sich die Zweckbestimmung und die Rahmenbedingungen der Supervision gleichsam auflösen. In diesen Situationen ist unseres Erachtens die Übertragung als Widerstand zu interpretieren. Diese Krisen des Supervisionsprozesses werden nach unserer Erfahrung oft durch Konflikte und Abwehrformen der Adoleszenz ausgestaltet.

Wir möchten unsere Ergänzungen zum Übertragungskonzept, die wir den folgenden Supervisionssitzungen vorausschicken, mit einem Hinweis auf die Gedächtnisprotokolle abschließen. Wie schon ausgeführt (Kap. 7), hat die Verwendung von Gedächtnisprotokollen den Vorteil, daß man »nahe« am Übertragungsgeschehen ist. Gedächtnisprotokolle verdanken ihre jeweils spezifische Ausgestaltung den Übertragungs- und Gegenübertragungsprozessen. Beim Protokollieren reproduziert sich das Geschehen auf schriftlicher Ebene. Die schriftliche Reinszenierung zeigt sich z.B. durch Auslassungen, die dem Protokollanten später wieder einfallen und nachgetragen werden, durch Lücken in der Erinnerung, auffallende Wortwahl, Brüche in den Sinnzusammenhängen etc. Da Gedächtnisprotokolle das Ergebnis eines fortlaufenden Interpretationsprozesses (i. S. von psychischer Verarbeitung) sind, läßt sich das dominante konflikthafte oder selbstorganisierende Geschehen auch in ihnen selbst wiederfinden.

Forschern, die Erfahrung mit der Arbeit an Transkripten haben, ist vertraut, daß man sie sich in der einen oder anderen Weise »aneignen« muß, um sinnvoll mit ihnen arbeiten zu können. G. Overbeck (1993) hat diesen Vorgang als »Subjektivierung« bezeichnet, D. P. Spence (1982) spricht weniger geschickt von der »Naturalisierung« eines Transkripts. Wie schon in den Kapiteln 8 bis 10 halten wir uns auch in den folgenden Kapiteln an diese notwendige »Subjektivität« oder »Natürlichkeit« der Gedächtnisprotokolle.

Allerdings ist auf eine wichtige Einschränkung hinzuweisen, die für Gedächtnisprotokolle charakteristisch ist. Zwar enthalten sie im Gegensatz zu Transkripten wichtige Hinweise auf den affektiven und averbalen Austausch innerhalb der Supervisionsgruppe sowie zwischen letzterer und der Supervisorin oder dem Supervisor. Diese Hinweise sind jedoch aus der Sicht des Protokollanten formuliert und ausgewählt, damit auch sehr persönlichkeitsspezifisch. Während durch die notwendige Anonymisierung die einzelnen Personen des Teams eher blaß wirken, rückt die Person des Supervisors oder der Supervisorin deutlich in den Mittelpunkt. Wir sehen keine Möglichkeit, daran etwas zu ändern, es sei denn, man schriebe die Fallgeschichte und die einzelnen Protokolle konsequent in Richtung eines literarischen Produkts um, etwa mit dem Ziel, eine Teamentwicklung als Geschichte darzustellen. Dann könnten die verschiedenen Personen im Sinne einer Fiktion wieder mit vielfältigen Details ausgestattet werden. Obgleich wir das letztere kaum getan haben, entspricht die Fallgeschichte in Teil II dieser Vorstellung.

In Teil III ist die Orientierung der Darstellung jedoch eine andere. Wir wollen zeigen, was eine Supervisorin oder ein Supervisor, die sich an der Psychoanalyse orientieren, in der Praxis tun. Die Konsequenz ist, daß der Leser sich für jede Intervention, ja, auch für jeden nicht geäußerten, aber protokollierten Gedanken des Supervisors oder der Supervisorin Alternativen denken kann. Zwangsläufig gesellen sich zu den Alternativen auch Beurteilungen: Ist die Intervention angemessen, gut oder schlecht? Wie lautet eine bessere? Angesichts dieser Situation möchte man das Vorhaben, die eigene Praxis im Detail darzustellen, fast wieder sein lassen. Wenn wir es dennoch tun (vgl. auch Graf-Deserno & Deserno 1993; Deserno 1990, 1992), dann nicht, weil wir das jeweilige Vorgehen für besonders richtig und gelungen halten, sondern weil es uns ausreichend oder gut genug erscheint, um unsere methodische und theoretische Orientierung im Verhältnis zur Praxis zu zeigen.

Kapitel 12 Beispiel zur Thematisierung der indirekten Reinszenierung

Kontext der Sitzung

An einem typischen Problem von Teams, der Neueinstellung von Mitarbeitern, möchten wir die kompromißhafte Verknüpfung zweier Konfliktebenen aufzeigen: den Kompromiß zwischen der Ebene der klientenbezogenen Falldiskussion und der Ebene des Teamkonflikts. Dazu wählen wir eine Stunde aus, in der ein neuer Mitarbeiter, Herr Q., einen Fall einbringt.

Herr Q., der als Berater mit eigener Praxis vorgestellt wurde, berichtete, er habe gerade an einer Jahresplanung des Teams teilgenommen und dabei erfahren, daß die langjährigen Mitarbeiterinnen, Frau K. und Frau L., zum Jahresende die Einrichtung verlassen wollten. Frau K. bestätigte seine Äußerung mit dem Hinweis, daß sie gute andere Angebote habe. Der neue Mitarbeiter fuhr fort, man habe ihm auch gesagt, er könne dann das »Erbe« der Einrichtung antreten. Im weiteren Verlauf dieser Supervisionssitzung kam die Frage nach der Leitung des Teams auf.

In der folgenden Supervisionsstunde machte Frau K. in Gemeinschaft mit dem neuen Mitarbeiter »die Arbeitsbedingungen hier im Hause« zum Thema, eine Frage, die dem ersten Eindruck nach eher in die regelmäßigen Teambesprechungen gehörte. Frau K. schilderte und problematisierte die Raumnot. Das »Zusammenleben« mit Team II »unter einem Dach« sei allmählich unerträglich. Es sei alles zu eng. Sie finde morgens keinen Platz an ihrem Schreibtisch, nicht zuletzt weil auch Herr Q. dort seinen Platz habe.

Alle steuerten etwas zum Thema der Raumnot bei. Dann schaltete sich Herr Q. ein und berichtete, daß er sich zusammen mit Frau K. neue Räume angesehen habe, um das Haus nicht länger mit Team II teilen zu müssen. Davon hatten die anderen Teammitglieder noch nichts gewußt. Die Supervisorin dachte, daß sich eine neue »Paarbildung« anbahnt oder bereits konstelliert ist. Dieses Arrangement wirkte spannungsreich. Es gab Frau K. und Herrn Q. gegenüber dem Team als Gruppe Sicherheit und ermöglichte Einflußnahme. Gleichzeitig engte das Bündnis mit Herrn Q. Frau K. ein: »Ich habe keinen Platz am Schreibtisch, weil da auch noch Herr Q. arbeitet.« In der nächsten Sitzung stellte Herr Q. einen Beratungsfall vor.

Supervisionsprotokoll

Alle sind anwesend. Herr Q. berichtet über eine Frau, die gekommen war, um Frau L. zu sprechen. Aus bestimmten Gründen sei diese nicht erreichbar gewesen. Herr Q. habe ihr erklärt, sie könnte einen neuen Termin bekommen oder, wenn es ihr dringend wäre, auch mit ihm sprechen. Ziemlich forsch habe die Klientin geantwortet, sie hätte nun schon lange genug auf Frau L. gewartet – in dieser Zeit hätte sich ein depressiver Mensch längst umbringen können! Sich auf sein Angebot beziehend, habe sie gefragt, wer er wäre und in welcher Funktion er hier arbeite. Er habe geantwortet, daß er hier neu wäre und ebenso wie Frau L. für Beratungsgespräche zuständig sei. Wenn es sich so verhielte, habe die Frau geantwortet, dann könnte sie auch mit ihm reden.

Seit Jahren wäre sie in psychiatrischer Behandlung. Die Diagnose laute endogene Depression. Mit den vielen Medikamenten würde sie wohl nicht richtig behandelt, meinte ihre Familie. Jetzt wäre sie hierher gekommen, um etwas anderes zu versuchen. Herr Q. habe gefragt, ob sie sich für eine Selbsthilfegruppe interessieren würde. Das verneinte sie, weil sie mit ähnlichen Gruppen schon schlechte Erfahrungen gemacht hätte. Ob sie nicht bei ihm, Herrn Q., eine Therapie machen könnte? Nein, er könne keine Therapie machen, da hier im Hause nur Beratungen stattfänden. Sie würde ihn auch privat bezahlen, sei ihr Vorschlag gewesen. Auch das habe er abgelehnt, berichtet Herr Q.; Klienten oder Patienten, die sich hier im Hause vorstellten, könne er nicht privat übernehmen. Sein Eindruck sei gewesen, daß sie das alles recht gut habe verstehen und akzeptieren können. Schließlich habe sie noch die Bemerkung fallenlassen, daß sie in letzter Zeit öfters an den Tod hätte denken müssen. Am Ende des Gesprächs habe Herr Q. ihr gesagt, er glaube, daß sie noch genug Kraft besäße, den Weg zu einem Therapeuten zu finden.

Herr Q. betont, daß er nach dem Gespräch ein zwiespältiges Gefühl verspürte. Einerseits sei ihm die Klientin stark vorgekommen. Die Art und Weise, in der sie sich beklagte, habe auf ihn nicht so gewirkt, als sei sie eine suizidale Patientin. Andererseits sei die Diagnose endogene Depression doch ernst. Am Ende habe ihn die Befürchtung beschlichen, er könne womöglich in den nächsten Tagen auf eine »schwarzumrandete Anzeige« in der Zeitung stoßen.

Frau K. und Frau L. eröffnen sogleich die Diskussion, indem sie Herrn Q.s Beratungstechnik kritisieren. Er lasse sich abfragen. Die Klientin habe ihn in der Hand gehabt. Er müsse ihr keine Auskunft geben. Er dürfe nicht als Therapeut auftreten, sondern solle sich eindeutig als Vertreter und Mitarbeiter des Hauses darstellen. Frau K. hebt zudem kritisch hervor, sie könne sich die Frau nicht vorstellen. Er habe nichts berichtet über ihr Leben, wie sie gekleidet war und wie alt sie sei.

Herr Q. rechtfertigt sich bei jedem Einwand, gibt weitere Auskünfte, fühlt sich aber sichtlich unwohl. Auch Frau O. moniert, er trete als Therapeut auf.

Bei diesem Auftakt geht in mir Folgendes vor: Seit Beginn der Falldiskussion fühle ich mich unbehaglich. Will man den Fall nicht genauer verstehen, sondern Herrn Q. »vorführen«? Eine verzwickte Situation. Natürlich schaut man sich einen neuen Mitarbeiter genau an. Aber wie geht man dabei vor? Es werden zwei Themen gleichzeitig verhandelt. Im Vordergrund steht, daß der Fall einer depressiven Klientin vorgestellt und diskutiert wird. Der sich zugleich darstellende Teamkonflikt könnte lauten: Wie stellt man einen neuen Mitarbeiter ein, ohne eine Fehlbesetzung vorzunehmen? Wie aber kann man ihn einarbeiten und seine Qualifikation bewerten, wenn man ihm schon mit dem Erbe gewinkt hat? Ich verstehe nicht, warum Herrn Q.s Formulierung, daß er Therapeut sei, in der Einrichtung aber wie die anderen für Beratungen zuständig, so heftig kritisiert wird. Mich irritiert, wie kameradschaftlich Frau K. Herrn Q. auf den Oberschenkel klopft.

Herr P. teilt sehr offen eine bestimmte eigene Reaktion zu dem Fallbericht mit. Er habe sich wegen der Depression nicht so sehr beunruhigt. Ohne zu wissen warum, sei ihm die ganze Situation sogar etwas witzig vorgekommen. Ich frage mich, ob er sich mit der Rolle des Neuen identifiziert und von den Vereinnahmungstendenzen im Team distanzieren möchte?

Ich spreche die beiden Ebenen an, auf denen heute meiner Ansicht nach verhandelt wird. Der Fallvortrag des neuen Mitarbeiters werde dazu verwendet, den Konflikt mit den Neueinstellungen zu thematisieren. Das sei an den bewertenden, beurteilenden und kritischen Einwänden, dem Ausfragen und ähnlichem zu spüren. Unter dem Druck, einen Teamkonflikt klären zu wollen, sollten heute wohl zwei Fliegen mit einer Klappe geschlagen werden: Die Beratung einer depressiven Klientin und die Schwierigkeiten mit der Einarbeitung neuer Mitarbeiter. Ich hielte es deshalb für sinnvoll, zuerst den Beratungsfall zu diskutieren. Jeder Einfall zu dem Bericht über die Klientin sei wichtig und komplettiere das Bild, das wir uns von ihr machen könnten. Anschließend könne man noch über den Teamkonflikt sprechen.

Daraufhin entfaltet sich eine Diskussion, zwar in gedämpfter Stimmung, aber bedachtsam und stärker klientenzentriert. Der Eindruck, den die Familie der depressiven Frau von ihr hatte, scheint sich nun in der Supervisionsdiskussion zu wiederholen. Vielleicht ist die Patientin mit der medikamentösen Behandlung allein wirklich unterfordert, macht sie doch den Eindruck, daß sie konflikthaften Situationen durchaus mit einer gewissen Stärke entgegentreten kann. Sie ist offenbar so stark, daß sie Verfahrensweisen kritisch beurteilen kann und sich einer Institution nicht gleich ausliefern muß. So vermochte sie zu fragen, mit wem sie es zu tun habe. Das ist eine Seite von ihr. Auf der anderen Seite wirkt sie beunruhigend, wenn sie von Selbstmord und Tod spricht. Sie bringt dadurch Töne in das Gespräch hinein, die irritierend sind. Wie Herr Q. muß man fragen, wie gefährdet sie ist. Zugleich ist diese Gefährdung im Verlauf des Berichts und der Diskussion nicht fühlbar, eher eine Irritation. Herr P. findet sogar etwas Witziges an dem Gespräch.

Ich mache darauf aufmerksam, daß die Klientin mit den Begriffen Tod und Selbstmord offenbar versucht, beim Gesprächspartner wie auch bei ihrer Familie etwas zu bewirken. Vielleicht versuche sie, andere zu kontrollieren. Das sei ihr bei der von ihr erwarteten Frau L. nicht gelungen. Darüber drücke sie gleich zu Beginn des Gesprächs mit Herrn Q. ihre Verärgerung aus: In der Zeit, in der sie auf Frau L. gewartet habe, hätte ein depressiver Mensch sich längst umbringen können. Unabhängig davon, wie man die Gesprächstechnik des neuen Mitarbeiters beurteilen wolle, habe die Art und Weise, wie Herr Q. durch die Klientin ausgefragt worden sei, die Funktion des

Kontrollierens. Es gebe aber auch noch die Bedeutung der Stärke, die mit diesem Verhalten der Klientin verbunden sei: die Stärke, nicht alles mit sich geschehen zu lassen, sich nicht auszuliefern.

Frau K. möchte die Diskussion länger als vereinbart fortführen. Ich verweise auf die vorgeschrittene Zeit und hebe hervor, daß zuvor eine weitere Diskussionsebene zu erkennen gewesen sei, die man jetzt wieder aufnehmen könne. Es gehe um den Teamkonflikt, der immer wieder als Belastung erlebt werde. Meinem Eindruck nach sei die Situation heute anders als in der Sitzung davor: Der Teamkonflikt sei in verdeckter Weise, nämlich als Falldiskussion über die depressive Klientin in die Supervision hineingetragen worden. Im Unterschied zu früheren Stunden sei der Teamkonflikt nicht mehr durch die Beschäftigung mit äußeren Gegnern abgewehrt worden. Zusammen mit der anfänglichen Falldiskussion sei er heute zum Thema gemacht worden und wir könnten seine Bedeutung jetzt noch genauer herausfinden.

Herr Q. beginnt damit, daß er sich am Anfang der heutigen Supervision sehr schlecht gefühlt habe. Er habe alles wiederholen müssen und nichts sei gut genug gewesen. Schuldbewußt antwortet Frau K., sie habe schon ganz gut gefunden, was er gemacht habe. Herr Q. erwidert verdrossen, das wolle man als Neuer aber auch gerne mal hören.

Beim Schreiben des Protokolls kann ich mich nicht mehr daran erinnern, wer sonst noch etwas sagte. Jedenfalls spitzt sich die Situation schnell in eine bestimmte Richtung zu: Frau K. spricht von Schwierigkeiten im Team, die sie nicht mehr ertragen könne. Dabei sucht sie die Zustimmung der anderen: »Ich habe es satt, immer die Mutterbrust zu sein.« Als ich frage, was sie damit meine, bezieht sie sich auf die Bemerkung von Herrn Q., der »als Neuer auch mal hören wolle, daß er etwas gut gemacht habe«.

Diesen bescheiden vorgebrachten Wunsch nach Anerkennung weist Frau K., wie ich finde, zu heftig zurück. Offenbar will sie zum Ausdruck bringen, daß zur Zeit jeder Anspruch an sie eine Zumutung enthält. Ich bin beunruhigt. Frau K. kommen fast die Tränen. Ich spüre nur die Dramatik der Szene, verstehe aber nicht die Inhalte, über die sie spricht.

Zu Frau K. gewendet, sage ich, ich spürte, daß ihr im Augenblick alles zuviel sei; zugleich versuche ich, sie auf das in der Beratung von Herrn Q. Erreichte aufmerksam zu machen:

»Es sieht so aus, als erscheinen Ihnen die Konflikte so unlösbar, daß Sie das, was bereits bewältigt worden ist, gar nicht mehr wahrnehmen – als sei es nichts. Heute ist jedoch eine Aufgabe gelöst worden. Als Frau L. nicht zur Verfügung stand, ist Herr Q. eingesprungen und hat in klärender Weise mit einer Klientin ein Gespräch geführt. Die fordernden Kommunikationsangebote haben ihn nicht durcheinandergebracht. Als neuer Mitarbeiter hat Herr Q. eine konkrete Aufgabe übernommen. Seit einiger Zeit hat das Team selbst problematisiert, wie man mit neuen Mitarbeitern umgeht. Heute hat Herr Q. im Team den Raum der Supervision für seinen Fall beansprucht, und ich habe den Eindruck, es fällt den anderen schwer, ihm diesen Raum zuzugestehen.«

Erneut klagt Frau K., daß ihr alles zuviel sei, aber jetzt könne man ja nicht mehr reden, da die Zeit schon überschritten sei, sagt sie.

Ich erinnere noch einmal daran, daß Herr Q. eine praktische Lösung gefunden habe, als er im Gespräch mit der depressiven Patientin äußerte, sie würde sicher die Kraft besitzen, den Weg zu einem Therapeuten zu finden.

Als ich dies ausgesprochen habe, merke ich, daß mit dem Fall der depressiven Klientin, die andere in Schach halten will, ein spezifisches Thema des Teams angesprochen ist. Durch die Dramatik im Verhalten von Frau K. bleibt ihre wirkliche Belastbarkeit, aber auch die Anspruchshaltung des Teams ihr gegenüber im unklaren.

Kommentar

Der entscheidende Kontext dieser Sitzung ist sicherlich das immer wieder konflikthafte Ausscheiden und Neueinstellen von Mitarbeitern. Weil die verschiedenen Funktionsbereiche in der Einrichtung relativ wenig organisiert waren, gab es weder eine klare Stellenbeschreibung für Neueinstellungen noch verantwortliche Entscheidungen, wie sie mit Hilfe von formal definierten Leitungsfunktionen getroffen werden können. Dadurch geriet die Auswahl der neuen Mitarbeiter unbewußt in den Dienst interpersoneller Arrangements. Bewußt wollte man die neuen Mitarbeiter auf ihre Qualifikationen hin überprüfen und sich den Spielraum für eine Probezeit nehmen. Unbewußt standen einer klaren Regelung Bündnistendenzen im Sinne von Kollusionen und interpersonellen Arrangements entgegen, durch die neue Mitarbeiter und Mitarbeiterinnen rasch und ohne Erfahrungen mit Fremdheit und Distanz machen zu müssen, in ein diffuses psychosoziales Klima von Nähe und Gemeinsamkeit aufgenommen wurden. Folge ist, daß die Neuen, hier Herr Q., Eigenschaften und Motivationen mitbringen mußten, aufgrund derer sie der Verführung, schnell und ungeprüft dazuzugehören, erlagen oder ihr zumindest nur geringen Widerstand entgegensetzen konnten.

In der wiedergegebenen Sitzung wird die spezifische Dynamik eines Teamkonfliktes mit Hilfe der Falldiskussion indirekt reinszeniert. Zu diesem Zeitpunkt gab es im Team keine Leitung, die bei Neueinstellungen hauptverantwortlich hätte entscheiden müssen. Dieses fehlende Moment von Institutionalisierung brachte nicht nur mit sich, daß die notwendigen Funktionen verantwortlicher Entscheidung und Aufgabenbewältigung immer wieder neu ausgehandelt werden mußten. Es hatte auch, was für die Supervisionsarbeit noch bedeutsamer ist, zur Folge, daß Wünsche nach Einfluß, Macht, Kontrolle, Bewertung und Konkurrenz, wie sie im vorliegenden Protokoll enthalten sind, in interpersonellen Arrangements kompromißhaft befriedigt wurden.

Wir halten fest: Neue Mitarbeiter werden nicht nach klaren Kriterien ausgewählt. Sie werden auch nicht mit der notwendigen Sorgfalt eingearbeitet, weil es im Team keine entsprechende verantwortliche Funktion gibt. Alle sind beteiligt; wie aber verteilt sich die Verantwortung? Die Supervisionssitzung wird als Bühne verwendet, um verschiedene Konflikte gleichzeitig darzustellen.

1. Herr Q. stellt seine Beratungskompetenz unter Beweis und sucht Hilfestellung durch die Falldiskussion.
2. Frau K. und Frau L. führen Herrn Q. der Supervisorin vor, womit sie ihr die Rolle zuspielen, den neuen Mitarbeiter zu beurteilen.
3. Frau K. nimmt die neue, in den letzten Sitzungen sich anbahnende »Paarbildung« mit Herrn Q. wieder zurück, indem sie ihn überprüft und vorführt.
4. Ist Frau K. alles zuviel, weil ihr jetzt Bündnisse wie die früheren fehlen? Die frühere »Paarbildung« mit Frau L. ist gelockert; die neue mit Herrn Q. zurückgenommen.
5. Herrn Q.s Fallbericht über die depressive Klientin rückt Fragen der Belastbarkeit und die Bedeutung manipulativer Verhaltenstendenzen in den Mittelpunkt.
6. Das institutionelle Problem einer fehlenden Leitung wird insze-

niert. Einerseits bekommt die Supervisorin die Leitungsrolle zugespielt, andererseits inszeniert die informelle Leiterin, Frau K., einen berufsbiographischen Konflikt, der sich in ihrer zwiespältigen Haltung zur Leitungsposition ausdrückt. Zugleich ist ihr Konflikt auch der des ganzen Teams, weshalb sie eher als Sprecherin dieses Konflikts zu sehen ist.

Auch wenn Frau K. in dieser Sitzung eine zentrale Rolle spielt, halten wir eine Interpretation, die das Geschehen insgesamt auf die Person von Frau K. zentrieren würde, für unzutreffend. Die Verengung auf Konflikte und Konfliktlösungen einer einzelnen Person entspricht weder der Supervisionsmethode, die wir vertreten, noch gibt es im Kontext der Supervision dazu einen Auftrag. Wir sehen Frau K. als Protagonistin eines noch ungelösten Leitungskonflikts des Teams.

Der zentrale Konflikt

In den Einfällen der Supervisorin bildet sich, wie im Protokoll beschrieben, als Konfliktfokus das Verhältnis der Neueinstellungen zur fehlenden Leitungsfunktion heraus. Das Übertragungsgeschehen läßt sich folgendermaßen formulieren: Die Supervisorin soll Leitungsfunktionen übernehmen, verantwortlich die Kompetenz des Neuen beurteilen, entscheiden und für die Folgen geradestehen. Die Interventionen der Supervisorin beziehen sich auf die mehrfache Funktion der Falldiskussion über die depressive Klientin. Daraufhin gelingt dem Team eine Falldiskussion, die Herrn Q. in seiner Aufgabe als Berater unterstützt.

Danach bricht der Teamkonflikt auf. Die informelle Leiterin, Frau K., zeigt dem Team und der Supervisorin, daß ihr das Verantwortlichsein für die Einarbeitung neuer Mitarbeiter zuviel wird. Sie erlebt es offenbar als zu starke Anforderung an ihre Fürsorglichkeit: Sie will nicht ständig »Mutterbrust« sein. Die Supervisorin erkennt eine doppelte, in sich widersprüchliche Botschaft. Der neue Mitarbeiter soll sofort selbständig und kompetent arbeiten können. Wenn er das aber, wie im vorgebrachten Beispiel, macht, wird er in Frage gestellt.

In dieser Sitzung wird die ungelöste institutionelle Aufgabe, welche weitere organisatorische Struktur für die Einrichtung angemessen wäre, von den Mitarbeitern und Mitarbeiterinnen, vor allem von Frau K., unbemerkt »psychologisiert«. Die notwendige, aber doch begrenzte Fürsorglichkeit bei der Einarbeitung neuer Mitarbeiter wird als Zumutung zurückgewiesen. Die ebenfalls notwendige Abgrenzung gegenüber Neuen wird durch schnelle Bündnisse verwischt. Alle nehmen mehr oder weniger durch interpersonelle Arrangements Einfluß. Offenbar will aber niemand die Leitungsfunktion übernehmen und institutionalisieren.

Frau K. zeigt sich in der hier untersuchten Sitzung möglicherweise deshalb labilisiert, weil ihr im Augenblick die bisherigen Paarbildungen als Ersatz einer institutionalisierten Leitungsfunktion fehlen. Betrachtet man das Bündnis, das sich noch einige Sitzungen zuvor zwischen Frau K. und Herrn Q. anbahnte, aus der Sicht von Herrn Q., dann erscheint es plausibel, daß er unbewußt gerade diese Klientin für die Fallbesprechung auswählte. Sie entspricht in einigen, vor allem widersprüchlichen oder gegensätzlichen Aspekten dem, wie er Frau K. unbewußt erlebt haben mochte: Als stark, weil sie weggehen will (oder kann), und als schwach, weil sie ein Bündnis mit ihm sucht und ihm anbietet, ihr Erbe zu sein. Außerdem möchte Herr Q. dem Team auch zeigen, daß er mit seinem Einspringen für Frau L. eine Aufgabe in der Einrichtung erfüllen kann.

Der aktuelle Konflikt scheint davon auszugehen, daß Team II nicht mehr zur projektiven Konfliktabwehr verwendet wird und die Konfliktspannung in Team I durch die progressive Entwicklung zunimmt. Mit der inneren Differenzierung von Team I wird auch das Problem der fehlenden Leitung aktualisiert. Die äußerst labile Konfliktlösung im Sinne eines Kompromisses besteht in der Ambivalenz des Teams weiterer formaler Organisation gegenüber: Man will sie und man fürchtet sie. Frau K. hat zwar keine formale Leitungsfunktion inne, nimmt aber sowohl auf der gruppenpsychologischen Ebene als auch in ihrem faktischen Einfluß und Engagement die Rolle einer informellen Leiterin ein.

Es bietet sich an, im Thema der »Raumnot«, das in einer der vorausgegangenen Sitzungen aufkam, eine Anspielung auf die Übertragung von Wünschen nach Individualisierung, Differenzierung, Macht und Rivalität zu sehen. Besteht im Team die angstvolle Phantasie, man käme sich mit diesen Wünschen zu sehr in die Quere?

Indem die Supervisorin die indirekte Reinszenierung thematisiert, hebt sie das Oszillieren zwischen zwei Ebenen, zwischen dem Teamkonflikt und der Falldiskussion über die Klientin, als eine Kompromißbildung hervor, die dem Widerstand gegen eine Bearbeitung anstehender Probleme dient. Diese Interpretation bekommt Vorrang vor einer Deutung des Übertragungsangebotes an die Supervisorin aus Gründen der Fokussierung auf den zentralen Konflikt. Außerdem zeigt die Supervisorin auf diese Weise, daß sie zwar die Supervision leitet, indem sie die Diskussion strukturiert und einen Fokus heraushebt; aber sie übernimmt nicht die vakante Leitungsfunktion im Team.

Am Ende der Sitzung weist die Supervisorin erneut auf das Leitungsthema hin, indem sie anspricht, daß Frau K. die erwiesene Beratungskompetenz ihres Mitarbeiters aus Gründen der Erschöpfung nicht wahrnehmen kann. Sie spricht von zwei Ebenen, auf denen heute verhandelt werde, und stellt eine Veränderung fest: In den vorherigen Supervisionen sei das Teamproblem mit Neueinstellungen erst spät zum Vorschein gekommen; vorher hätte man das Team II als Gegner zur Abwehr der Konflikte »im eigenen Hause« verwendet. Heute habe man auf diesen äußeren Gegner verzichtet. Dennoch werde der Teamkonflikt nicht als ein Problem für sich, als Fall vorgebracht, über den sich nachdenken ließe, sondern er werde mit Hilfe der Diskussion über Herrn Q.s Beratung indirekt thematisiert.

Wenn die Supervisorin nahelegt, zuerst über den vorgetragenen Fall zu diskutieren, sagt sie damit implizit, daß die bisherige Diskussion einem Widerstand gedient habe. Eine unbewußte Tendenz hat die Falldiskussion zu einem eigentümlichen Zwischending werden lassen. Der erste Abschnitt der Falldiskussion war weder eine klientenzentrierte Falldiskussion noch wurde die Teamsituation als Fall repräsentiert. Technisch gesprochen hat die Supervisorin hier das Team mit dem Phänomen der indirekten Reinszenierung konfrontiert.

Man kann sich der aktuellen Übertragungssituation von auffallenden Aspekten der Diskussionsbeiträge her annähern: Die Einfälle erweitern das Fallverständnis nicht in dem Sinne, daß Herr Q. mit ihrer Hilfe verstehen kann, warum das Gespräch mit der depressiven Frau so und nicht anders verlief. Statt der Vertiefung in die Szene zwischen Herrn Q. und der depressiven Frau baut sich eine zweite Szene auf, die zwar Momente der ersten aufgreift, aber für einen anderen Zweck verwendet wird: Herr Q. wird problematisiert.

Nach der Deutung des Widerstandes gegen die Falldiskussion strukturierte sich letztere und konnte bis an einen Punkt fortgeführt werden, an dem die Stärken und Schwächen der Klientin erkennbar wurden: Die depressive Klientin ist darauf angewiesen, andere unter Kontrolle zu halten; gelingt es ihr, erscheint sie stark. Es gibt jedoch Dinge, die unkontrollierbar sind, z.B. der Tod. Hier gerät sie in ein Dilemma. Will sie sich weiterhin über Kontrolle stabilisieren, muß sie den unkontrollierbaren Tod durch Selbstmordgedanken, also über eine den Kontrollwunsch befriedigende Phantasie, kontrollieren. Aber der Berater läßt sich nicht verwirren. Er entscheidet sich für eine günstige Einschätzung der Klientin dahingehend, daß sie die Kraft besitzt, einen Therapeuten zu finden.

Evidenz für die Interventionen der Supervisorin ergibt sich schließlich dadurch, daß es ihr in dieser Sitzung gelingt, die einengende Kompromißbildung, die sich im ersten Abschnitt der Falldiskussion zeigte, zu überwinden. Nach der Intervention der Supervisorin konnte das Team die beiden Problemebenen auseinanderhalten.

Kapitel 13 Beispiel zur Thematisierung eines Widerstandes

Kontext der Sitzung

Im folgenden Beispiel wollen wir die bisherige Darstellung der verschiedenen Reinszenierungen erweitern um die Übertragung auf den Supervisor oder die Supervisorin. Zumeist wird von der Übertragung auf den Supervisor gesagt, man nehme sie wahr, beziehe sie aber nicht in die deutende Arbeit ein. Das gilt in der Praxis für Übertragungen, die mit geringerem Widerstand einhergehen. Bei stärkerem Widerstand ist die Arbeit beeinträchtigt und eventuell sogar gefährdet. Wir möchten zeigen, warum es uns sinnvoll erscheint, dann die Übertragung zu thematisieren.

Der übliche Vierzehntage-Rhythmus war unterbrochen worden, weil das Team die nächste Sitzung mit der Begründung absagte, die Mitarbeiterinnen und Mitarbeiter seien auf einer Tagung. Allerdings wurde diese Absage beim Abschied am Ende der letzten Sitzung ausgesprochen. Die Supervisorin war über die Art und Weise, so nebenbei über Termine zu reden, irritiert. Überdies war es eine Wiederholung: Genauso hatte man es nach der vom Team gewünschten »Sondersitzung« vor einigen Monaten gemacht. Die Supervisorin holte ihren Kalender hervor und sagte, es finde noch eine Sitzung vor den Ferien statt; dann gehe es erst nach den Ferien weiter.

Anschließend schien es, daß sich herabsetzende Tendenzen verstärkten. Beispielsweise hatte ein Mitarbeiter die Kaffeekanne an der Supervisorin vorbeigeschoben, so als wäre sie nicht vorhanden oder als sei sie auch ein Teammitglied. Sonst hatte man sich an die Konvention gehalten und die Supervisorin gefragt, ob sie etwas trinken wolle, und sie gegebenenfalls wie einen Gast bedient. Ein anderes Mal hatte eine Mitarbeiterin nach einer Intervention der Supervisorin ihre Miene mit einem Ausdruck der Geringschätzung verzogen.

Die Supervisorin versuchte sich eine Vorstellung von dem Konflikt zu machen, der dieser veränderten Atmosphäre zugrunde liegen könnte. Hatte sie das Team nicht ausreichend verstanden? Die zunehmende Profilierung der einzelnen stellte zugleich auch die Fähigkeit des Teams auf den Prüfstand, mit Rivalitätsgefühlen und der notwendigerweise entstehenden Rivalitätsaggression umzugehen. Letztere kann Schuldgefühle hervorrufen. Hinzu kam, daß das Ende der Supervision in den Blick gerückt und verschiedentlich angesprochen worden war.

Von besonderer Bedeutung schien, daß das Team einen auswärtigen Supervisor für eine Wochenendsupervision einlud. Dieses Vorgehen sprach sowohl für die Bedeutung des Rivalitätsthemas als auch des Trennungsthemas. Die Supervisorin stellte sich vor, daß das Team latent mit der Frage befaßt war, ob sie, die Supervisorin, eine starke Konkurrenz »überleben« würde. Zugleich ging sie davon aus, daß das Team sich vorsorglich um einen Ersatz kümmern wollte. Diese Perspektive enthält eine Verkehrung ins Gegenteil, wenn man bedenkt, daß die Supervisorin das Team mit der Konfliktebene der Rivalität konfrontiert hatte.

Das vorausgegangene Thematisieren des Rivalitätskonfliktes hatte offenbar dazu geführt, daß er sich im Team mehr und mehr ausgestaltete. Unseres Erachtens ist das eine Vorbedingung dafür, daß ein Team das Problem der Rivalität sieht und fähig ist, organisatorische Lösungen zu finden und sich eine Diskussionskultur zu erarbeiten. Die hohe Konfliktspannung wirkte sich auf die Arbeitsbeziehung zwischen dem Team und der Supervisorin aus. Neben der bisher positiven Übertragung auf die Supervisorin trat ihr negatives Gegenstück hervor, und die Beziehung zur Supervisorin erschien ambivalent. Offensichtlich wurde die Supervisorin als Verursacherin der hohen Konfliktspannung erlebt. Man bezog sie in eine Inszenierung des Rivalitätskonfliktes ein. Das hatte sich schon viele Sitzungen vorher angebahnt, z.B. in einem testend-rivalisierenden Verhalten Frau K.s. Hinzu kamen Terminausfälle und -verschiebungen, stark verzögerte Honorarzahlungen und schließlich das aufwendige Hinzuziehen eines weiteren Supervisors. Die Supervisorin fühlte sich vom Team »manipuliert«. Die verschiedenen Vorfälle hatten offenbar ein gemeinsames, unbewußtes Ziel: Die Supervisorin sollte sich vom Team abhängig fühlen, während das Team sich von ihr unabhängig machte.

Die erste Annahme über den zentralen Konflikt der letzten Supervisionsphase kann daher lauten: Das Team muß die Abhängigkeit von der Supervisorin verleugnen und versucht eine Umkehrung der Situation herzustellen, indem es sich verhält oder agiert, als sei es unabhängig. Die unangenehme Position, in die sich die Supervisorin durch den Umschwung der bisherigen positiven in eine negative Übertragung versetzt fühlte, ist die Position des »ausgeschlossenen Dritten«.

Aus diesen Überlegungen heraus lassen sich die herabsetzenden Verhaltensweisen als »Übertragungswiderstand« verstehen: Der Widerstand richtet sich gegen die Wahrnehmung oder das Aufgeben von Beziehungswünschen bedürftiger und abhängiger Art. Nimmt man die Perspektive des adoleszenten Ablösungskonfliktes hinzu, dann erhalten die herabsetzenden Tendenzen die Qualität und Funktion von Trennungsaggressivität. Die folgende Sitzung dient als Beispiel für den Umgang mit der beschriebenen Übertragung auf die Supervisorin.

Supervisionsprotokoll

Alle sind anwesend. Frau O. möchte etwas über das Team erzählen. Offenbar hat sie schon die Zustimmung der anderen. Vor zwei Wochen seien Frau L. und Frau K. zur Tagung nach X. gefahren. Herr Q. sei vormittags noch da gewesen. Man habe sich auch noch zur Teambesprechung getroffen.

Darüber wundere ich mich: Es geht um jenen Dienstag, den man mir wegen einer Tagung abgesagt hatte. Wir hatten vereinbart, daß man auch mit drei Teilnehmern Supervision machen könne.

Herr Q. sei krank geworden, und Frau O. habe sich geärgert, daß nichts klar geregelt gewesen sei, ob z.B. die Teamsitzung stattfinden würde oder nicht. Dann sei auch sie krank geworden. Der Anrufbeantworter sei nicht besprochen gewesen. Frau K. fügt hinzu, daß jemand von einer Behörde angerufen habe. Man hatte festgestellt, daß das Telefon nicht besetzt war. Auch Herr P. sei nicht da gewesen. Er habe zu Hause gearbeitet. Ich denke, es war wieder unklar, wer wofür zuständig war. Jeder bringt noch ein paar Details, die mir beim Zuhören die Situation verwirrend erscheinen lassen.

Frau K. betont dann, es sei für sie ein großes Problem, wenn Herr Q. in der Einrichtung fehle und vermutlich zu Hause arbeite. Er habe eine halbe Stelle, bemerkt Herr Q. dazu. Frau K. entgegnet, er brauche sich nicht zu verteidigen. Worauf jener kontert, er frage sich, ob man hier überhaupt mal krank sein könne.

Frau L. schließt sich an. Sie habe oft Schuldgefühle. Wenn ein Mitarbeiter ausfalle, müsse er vertreten werden, auch wenn sie alle nur mit halber Stelle angestellt seien. Davon grenzt sich Frau K. vehement ab. Mit Schuldgefühlen wolle sie nichts zu tun haben. Sie habe genug davon, immer noch mehr arbeiten zu müssen.

Auch Herr P. ist anderer Auffassung als Frau L. Da er der einzige Vertreter seines Arbeitsbereiches sei, falle eben alles aus, wenn er nicht kommen könne. Er wirkt, als sei er zufrieden damit, sich deutlich geäußert zu haben. Frau K. kichert, wie auch schon bei anderen Äußerungen von Herrn P. Auf meine Frage, weshalb sie lache, antwortet sie nicht.

Frau O. meint, man könne eben nicht alles haben. Sie hätte sich das gut überlegt. Ihr »Kind« sei die Arbeitsstelle nicht. Sie habe auch noch ihre Fortbildung. Da ginge es ihr eben anders als Frau K. und Frau L., die doch während einer jahrelangen Aufbauphase sehr »gepowert« und sich stark mit der Stelle identifiziert hätten. Dennoch finde sie es gut, eine Arbeit zu haben, mit der sie sich identifizieren könne. Allerdings frage sie sich, wo hier die Anerkennung bliebe für das, was man leiste. Die Mitarbeiter wüßten noch nicht mal, wann sie Telefondienst habe.

Ich bringe diese Situation in Zusammenhang mit früheren Situationen. Inzwischen habe jeder in der Einrichtung seinen Platz gefunden. Man habe sich diese Struktur des Arbeitsplatzes gemeinsam erarbeitet. Heute aber schiene nichts mehr klar zu sein, wie es in den Pionierzeiten oft der Fall gewesen sei. Es habe den Anschein, als ginge die Loyalität mit der Einrichtung und – wie Frau K. früher einmal gesagt hätte – die »veränderte Psychologie«, die man in einer professionellen Einrichtung brauche, immer wieder verloren. Wenn man hier mit halber Stelle eingestellt sei, bedeute das nicht, daß man seine Sache ohne Engagement mache. Problematisch sei es aber, wenn versucht werde, dem anderen »in die zweite Hälfte seiner Arbeit hineinzugucken«, wenn z.B. nachmittags Herr Q. privat, Herr P. und Frau O. für ihre Fortbildungen arbeiteten.

Zunächst wirken alle nachdenklich. Dann geht das Klagen über Vorkommnisse, die ich im einzelnen nicht mehr wiedergeben kann, weiter.

Ich setze meine Intervention fort. An allen Arbeitsplätzen sei es ein

Problem, wie Vertretungen geregelt würden, wie identifiziert man mit der Arbeit sei oder wie distanziert man ihr gegenüberstünde. Ich hätte durchaus den Eindruck, daß sie wüßten, wie sie diese Probleme bewältigen könnten. Folgendes sei mir jedoch aufgefallen. Die Beziehung zum eigenen Arbeitsplatz sei jetzt schon mehrfach wie das Verhältnis zu einem Kind beschrieben worden. Meinem Eindruck nach beziehe sich die gedrückte Stimmung auf das »Einrichtungskind«, das Frau O. zuvor erwähnt habe. Inzwischen sei die Einrichtung etabliert und anerkannt; die Aufbauphase ließe sich mit einer »Schwangerschaft« vergleichen. Zwar seien auch Übelkeit, Anstrengung und Erschöpfung aufgetreten, insgesamt aber habe eine hoffnungsvolle Grundstimmung vorgeherrscht. Jetzt, wo das »Kind« da sei, ginge es offenbar um den gleichförmigen und anstrengenden Alltag. Worauf schaue man? Darauf, was bis zur Perfektion alles noch fehle oder ob man sich an dem Erreichten freuen und die Verantwortung dafür übernehmen könne, auch wenn es in mancher Hinsicht vielleicht bescheidener ausgefallen sei, als man früher gehofft habe?

Während Frau O. und Frau L. zustimmend nicken, wirken Herr Q. und Frau K. irritiert. Frau K. moniert nochmals verschiedene Verhaltensdetails einzelner Mitarbeiter. Herr Q. betont, er habe seine Mühe mit den Arbeitsausfällen in seiner privaten Tätigkeit; für ihn seien das Verdienstausfälle. Nun werde er hier auch noch problematisiert.

Ich denke an das Verwirrende der heutigen Sitzung und merke, daß die Mitarbeiter des Teams auch miteinander manipulativ verfahren, indem sie Unklarheiten herstellen, hinter denen man sich verstecken kann. Was soll unklar bleiben oder versteckt werden? Ich interveniere:

»Sie ärgern sich, wenn Sie so miteinander umgehen, daß Unklarheiten entstehen, der Überblick verlorengeht und sich keiner mehr auf den anderen verlassen kann. Ich hatte gerade rückblickend festgestellt, daß Sie viel erreicht haben. Sie haben eine gute Beratungsarbeit geleistet und sich eine Arbeitsplatzstruktur geschaffen, in der jeder Mitarbeiter seinen Platz und seine Aufgaben hat. Es gibt aber Konkurrenz und Rivalität um einflußreiche Tätigkeiten. In letzter Zeit wurde oft die konflikthafte Rivalität unter Ihnen angesprochen. Mein Eindruck ist, daß Sie diese Konflikte auf ein anderes Feld, in die Arbeitsbeziehung zu mir verlagern. Auf Ihren Wunsch hin haben wir eine dreistündige Sondersitzung an einem Freitag vereinbart, um Fragen der Organisation und der Leitung zu klären. Als ich am Ende dieser Sitzung schon in der Tür stand, teilten Sie mir mit, daß die nächste Supervision ausfallen müsse. Das kam für mich sehr überraschend. Was war damit erreicht worden? Das zusätzliche Bemühen durch eine Sondersitzung wurde mit dem nachfolgenden Ausfallenlassen wieder aufgehoben. Sie haben mich hin und her geschoben, um sich von der Rivalität unter Ihnen zu entlasten.«

Die Gruppe wirkt daraufhin aufmerksam und nachdenklich. Frau L. und Frau K. zeigen zustimmende Gesten. Frau O. nickt nachdrücklich. Ich ergänze in humorvollem Ton:

»Sie haben dann trotz unserer Sondersitzung den Supervisor Z. aus Y. für ein Supervisionswochenende eingeladen. Das war eine aufwendige und teure Geschichte, wie Sie mir zu verstehen gaben. Mein bescheidenes Salär hingegen haben Sie mir über zwei Monate lang vorenthalten.«

Einige lachen, schütteln den Kopf und halten sich die Hand vors Gesicht. Es sei noch viel schlimmer gewesen, sagt Herr Q., der inzwischen für die geschäftlichen Dinge zuständig ist. Er habe nicht einmal den Rechnungsbetrag in die Überweisung an mich eingetragen.

Frau K. will ausführlich erklären, wie es zur Einladung des Supervisors Z. gekommen sei. Sie versucht, dem Unternehmen einen von der Supervision mit mir unabhängigen Sinn zu geben. Frau L. spricht selbstkritisch von einem Rückschritt. Sie hätten diesen Supervisor dahin gebracht, daß er endlich gesagt hätte, sie sollten sich mal alles von früher erzählen. Das sei wohl gewesen, was man eine Regression nenne. Darauf sagt Frau K., es sei nicht zu fassen; alles, was ich gesagt hätte, treffe zu, aber sie hätten es bis jetzt nicht gemerkt. Herr Q. ergänzt humorvoll, sie hätten mich mit dem Supervisor Z. »betrogen«. Die Stimmung ist inzwischen gelöst und fast heiter. Ich sage sinngemäß:

»Sie haben Ihre Supervisorin mit dem Thema der Konkurrenz, mit dem Sie sich verständlicherweise herumschlagen, konfrontiert. Vielleicht haben Sie sich gefragt, ob ich das überstehe.«

Frau K. meint, sie sähe sehr deutlich, um wieviel Konkurrenz es hier bei ihnen ginge. Herr Q. fügt auf mich bezogen hinzu: »Mit Ihnen konnten wir es ja machen.« Darauf ziehen Frau L. und Frau K. die Augenbrauen hoch, als wollten sie sagen, was redet der denn wieder. Ich setze seiner Bemerkung entgegen:

»Ihre Bemerkung betrifft eine Phantasie von Ihnen. Faktisch ist es wohl so gewesen, daß das Team ausprobiert hat, ob ich einen starken Rivalen verkrafte.«

Als man noch weitere Einfälle vorbringen will, mache ich darauf aufmerksam, daß unsere Zeit zu Ende sei; wir könnten das Thema auch nach meinen Ferien wieder aufgreifen.

Daraufhin sagt Frau L., sie sei beunruhigt und frage sich, wie es weiterginge. Sie befürchte, daß wir vielleicht keinen Termin finden und mit der Supervision etwas schiefgehen könnte. Ich hätte angekündigt, daß eine Terminverlegung notwendig sei. Ich habe das Gefühl, daß sie mit ihren Befürchtungen um die Supervision für das Team die Abhängigkeit von der Supervision zum Ausdruck bringt. Abschließend sage ich, wir würden sicher wieder einen Termin finden. Sobald ich Bescheid wisse, würde ich anrufen.

Kommentar

In dieser Stunde wird deutlich, daß die Supervisorin nur auf einen Aspekt des Konflikts eingehen kann; andere Bedeutungen werden erst im nachhinein sichtbar, können aber während der Stunde selbst nicht aufgegriffen werden.

Die Intervention, die auf die »ödipalisierte« Situation des Teams mit dem auswärtigen Supervisor gerichtet ist, rückt den Sinn der Manipulation mit den Terminen und Vereinbarungen des Teams in den Blick. Mit dem manipulativen »Ausschluß« der Supervisorin wird nochmals in der Übertragung inszeniert, was sich bereits im Verlauf dieser Supervision ereignete. Man stellte neue Mitarbeiterinnen ein, die dann wieder gingen oder gehen mußten. Das manipulative Verhalten dient einerseits dem Interesse, andere beeinflussen zu können. Andererseits richtet es sich auf die Abwehr der Erfahrung, in diesem Team immer wieder verlassen zu werden. Solange sich das Team immer wieder als Familie erlebt, kann auch der Wechsel der Mitarbeiter nicht weniger dramatisch und als notwendiger Bestandteil eines Teams gestaltet werden, z.B. durch formalisiertes Verhalten. Statt dessen muß man sich im Streit trennen oder hastig für Ersatz sorgen.

Die Rivalitäts- und Trennungskonflikte werden durch eine »Ödipalisierung« des Verhältnisses von Team und Supervisorin ausgestaltet. Die Supervisorin wird aktiv vom »Team-als-Familiengruppe«

(»Gruppe-als-Ganze«) aus dem ödipalisierten Beziehungsdreieck »Gruppe – väterlicher (externer) Supervisor – mütterliche Supervisorin« ausgeschlossen.

Diese Interpretation wird durch die Reaktion des Teams gestützt: Frau L. drückt die gefürchtete und vor der Deutung noch abgewehrte bzw. inszenierte Abhängigkeit aus, wenn sie beunruhigt ist, daß mit der Supervision etwas schiefgehen könne.

Das Verwirrende, das die Supervisorin am Anfang der Sitzung in den Berichten der Teammitglieder empfand, richtete ihre Aufmerksamkeit eher auf die Abwehr, die mit dem Verwirren verbunden ist. Wie in der Anfangszeit der Einrichtung wird der Wunsch, abhängig und bedürftig zu sein, inszeniert. Das Bewußtsein von der Verantwortung für die Einrichtung scheint verlorenzugehen.

Herr Q. erhellte die Übertragungskonstellation, als er humorvoll seine Fehlleistung offenlegte, er habe nicht einmal den Rechnungsbetrag für die Supervisionen in die Überweisung eingetragen. Später konfrontiert er mit seiner Bemerkung – »mit Ihnen konnten wir es ja machen« – die Supervisorin nochmals mit dem Thema der Rivalität und Entwertung. Damit scheint er an seinem »Auftrag«, die negativen Gefühle für die Gruppe auszusprechen, festzuhalten.

Am Thema der halben Stellen zeigt die Supervisorin auf, daß adoleszente Gruppen- bzw. Familienübertragungen im Team herrschen: Über die gemeinsame Arbeit in der Institution, die mit halben Stellen erfüllt werden muß, hinausgehend, versucht man, sich auch privat gegenseitig zu kontrollieren und Schuldgefühle zu machen. Dadurch bleibt eine unbegriffene Abhängigkeit bestehen. Natürlich wird auf diese Weise auch die Frage nach dem verantwortlichen Umgang mit der Einrichtung gestellt. Die verteidigenden Reaktionen zeigen, daß das auch verstanden wurde. Frau L. identifiziert sich mit dem Aspekt der Schuldgefühle. Sie verkörpert damit in der Teamentwicklung die progressive Linie, Schuldgefühle empfinden und Verantwortung übernehmen zu können. Frau O. trägt zum Verständnis der Teamsituation bei, indem sie die Unterschiede zwischen den einzelnen hervorhebt: »›Mein Kind‹ ist die Einrichtung nicht, aber sie ist ein Arbeitsplatz, mit dem ich mich identifizieren kann.«

Die Intervention, die das Manipulative und Verwirrende im Verhalten des Teams zur Sprache bringt, hat die Funktion einer Widerstandsdeutung. Sowohl die Stimmungslage als auch die Einfälle der Teammitglieder erscheinen evident. Das Bewußtmachen wirkt befreiend, jedoch nur für eine Weile. Dann wird das in der Übertragungsbeziehung Abgewehrte sichtbar: der Wunsch, in Abhängigkeit gut unterstützt und gesichert zu sein. Die Angst, die Verantwortung für die Einrichtung nicht selbständig übernehmen zu können, kommt in Frau L.s Schlußbemerkung zum Vorschein. Für das Team spricht sie die abgewehrte Abhängigkeit in Form der Befürchtung aus, es könne mit der Supervision etwas schiefgehen.

In der vorliegenden Sitzung werden verschiedene Aspekte oder Momente des Teamkonflikts inszeniert. Die Abhängigkeit wird als Übertragungswunsch dargestellt, indem sich das Team unklar, verwirrend und wenig verantwortlich verhält, wie in der Gründungszeit, als man noch unerfahren war.

Auf dieser Ebene wird die Belastung für die Supervisorin spürbar. Die Gegenübertragungsgefühle geben Hinweise auf die Belastungsgefühle, denen sich das Team wahrscheinlich ausgesetzt sieht. Zunächst fühlt sich die Supervisorin entwertet, hingehalten und herumgeschoben, also abhängig vom Team. Mit der Deutung des Übertragungswiderstandes gewinnt sie ihre Position wieder; zugleich läßt auch die Konfliktspannung im Team nach.

Wir sind der Auffassung, daß die Frage, wie mit der Übertragung umzugehen sei, grundsätzlich zu prüfen ist. Sollen in Balint-Gruppen und Teamsupervisionen die Übertragungen nicht nur wahrgenommen, sondern auch gedeutet werden? Soll das im Sinne einer »Krisenintervention« oder systematisch geschehen? Die Deutung der Widerstandsseite einer Übertragung hat in diesem Beispiel die Einsicht ermöglicht, wie ein organisatorisches Problem ersatzweise durch einen gruppenpsychologischen Übertragungswiderstand, den »Ausschluß« der Supervisorin, »gelöst« wird.

Kapitel 14 Beispiel zur Thematisierung direkter und indirekter Reinszenierungen

Kontext der Sitzung

In der folgenden Supervisionssitzung findet zunächst eine Falldiskussion mit direkter Reinszenierung statt. Die Einfälle der Mitarbeiterinnen und Mitarbeiter repräsentieren Aspekte des Konflikts, der die Klientin, über die berichtet wird, bewegt. Eine Klärung des Teamkonflikts schließt sich an. Vorausgegangen war, daß Frau K. die Supervisorin anrief und fragte, ob sie bereit wäre, auf einer Tagung einen Vortrag über Professionalisierung durch Supervision zu halten. Die Supervisorin dachte daran, daß man sie bewegen wolle, über den so weit gelungenen Supervisonsprozeß des Teams zu sprechen. Geht es darum, die Supervision durch eine kollegiale Ebene zu ergänzen oder zu ersetzen? Prüft man die Supervisorin, ob sie bereit ist, die Rahmenbedingungen der Supervision aufzuheben, was mit dem Ende der Supervision gleichbedeutend wäre?

In einer dreistündigen Sondersitzung wird vor allem an der Frage nach einer ständigen Leitungsfunktion oder einer immer wieder zu wählenden geschäftsführenden Leitung die anstehende weitere Strukturierung und Organisation des Teams vorangetrieben. Es war zu überlegen, ob und wie diese Sitzung mit dem Ende der Supervision, das sich verschiedentlich ankündigte, zusammenhängen könnte. Die folgende Sitzung markiert nach unserer Auffassung außerdem einen Punkt, an dem das Ende der Supervision vorstellbar wird.

Verlauf der Sitzung

Frau K. berichtet über eine Klientin, eine Frau Ende Vierzig, die mit einem leitenden Angestellten verheiratet sei. Diese Klientin habe nach ihren eigenen Worten eine »Süßigkeitensucht«. Immer wieder müsse sie Abmagerungskuren machen. Im Leben käme sie gut zurecht, bis auf die Zeiten, wenn sie »das unversorgte Kind in sich versorgen müsse«. Ihre Internistin habe ihr geraten, etwas zu unternehmen. Sie habe zwei Kinder und dazu noch ein drittes adoptiert. Gegen Selbsthilfegruppen hege sie starke Vorurteile.

Frau K. gewinnt den Eindruck, daß die Klientin eine Psychotherapie sucht, und stützt ihn darauf, daß die Klientin bald angefangen habe, von ihrer Kindheit zu erzählen. Früh sei sie Waise geworden und als einzige von drei Geschwistern, die bei der Großmutter aufgezogen wurden, ins Heim gekommen.

Es ist Frau K. wichtig, darauf hinzuweisen, daß sie selbst ihre Beratung für gelungen hält. Aber sie fragt sich, »was das Professionelle daran war«. Sie habe die Frau, die stark und fähig auf sie wirkte, nicht in eine Selbsthilfegruppe vermittelt, sondern ihr zwei Adressen von Psychotherapeutinnen gegeben. Die Klientin habe sogleich eine der beiden Adressen aufgesucht. Bei Gelegenheit habe Frau K. von der betreffenden Therapeutin gehört, daß die Klientin »diffus« auf ihren Anrufbeantworter gesprochen hätte. Die Therapeutin habe nicht gewußt, ob sie die Patientin nehmen könne. Diese Reaktion habe Frau K. wiederum nicht verstanden; auf Anrufbeantworter könne man ohnehin nicht gut reden.

Herr Q. hebt hervor, daß ihm die Klientin bedürftig erschienen sei. Frau L. sagt, sie habe vor der Beratung durch Frau K. mit der Klientin Kontakt gehabt und ihr empfohlen, in eine Selbsthilfegruppe zum Thema »Eßstörungen« zu gehen. Die Klientin habe diesen Vorschlag entschlossen zurückgewiesen: Sie sei nicht eßgestört, sie habe nur eine Süßigkeitensucht. Bei diesem Einspruch habe sie sehr stark im Sinne von durchsetzungsfähig auf sie gewirkt.

Herrn P. fällt ein, daß er mit Frau K. viel Verwaltungsarbeit erledigt habe. Nach seinem Eindruck sei Frau K. überlastet zu dem Beratungstermin gegangen. Er erinnere sich, daß die Beratung eine Stunde gedauert habe und Frau K. zufrieden aus dem Beratungszimmer herausgekommen sei. Er hätte es auch verstanden, wenn sie wegen ihrer Überlastung den Termin verlegt oder »es kurz gemacht« hätte.

Frau K. erläutert, daß sie, weil sie diese Beratung gut und professionell durchgeführt habe, mit dem Gefühl von Kompetenz herausgegangen sei.

Herr Q. wendet ein, daß er die Klientin doch problematisieren müsse. Nach seinem Eindruck sei sie nicht so gut strukturiert; eher erlebe er sie so, daß sie kaum noch wisse, wie sie bis zur nächsten Diät komme. Frau L. und Frau K. schauen sich an. Ihr Mienenspiel drückt, als Herr Q. auf seiner Sichtweise beharrt, Überdruß aus.

Die Formulierung von Herrn Q. aufnehmend, sage ich, es ginge offenbar um die Frage, ob die Klientin »Struktur« habe oder gravierende Defizite verberge.

Durch weitere Einfälle des Teams entsteht eine Diskusssion, in der die Auffassungen gegenübergestellt werden: Struktur oder Strukturdefizite? Stärke oder Schwäche? Das Verständnis, das ich soweit vom Fall und der Diskussion habe, fasse ich zusammen:

> »Die Argumente, die gute oder mangelnde psychische Strukturiertheit der Klientin gegenüberstellen, heben zwei Seiten der Klientin hervor. Offenbar hat sie eine Entwicklung durchlaufen, in der sie als Kind eine psychische Struktur ausbilden konnte. Aber der Tod der Eltern und die Einweisung in das Heim haben sicherlich das zuvor Aufgebaute bedroht. Geblieben ist die Unsicherheit, ob sie sich wirklich immer wieder am eigenen Schopf aus dem Sumpf ziehen kann – wie vielleicht damals im Heim, wo sie mutterseelenallein auf das zurückgreifen mußte, was sie mitgebracht hatte. In unserer Diskussion fragt man sich auch, ob die Klientin nicht doch einen strukturellen Mangel hat. Jetzt ist wohl wieder ein Zeitpunkt, an dem die Klientin zu einer Selbstrettungsmaßnahme greift bzw. eine solche sucht, in der die ›kleine Waise in ihr‹ nicht nur mit Süßigkeiten versorgt wird. Deshalb ist sie hierher gekommen.«

Diese Perspektive wird durch die folgenden Beiträge bestätigt. Frau L. meint, sie habe sich gefreut, daß die Klientin die Psychotherapeutin aufgesucht habe. Herr P. fragt nach, warum sie nicht für eine Selbsthilfegruppe empfohlen worden sei. Frau L. und Frau K. argumentieren, daß sie ihnen wegen ihrer Festigkeit und Zielstrebigkeit auch für eine Therapie geeignet erscheine.

Ich ergänze: » ... und wegen eines so eigenwillig verteidigten Symptoms.« Dann erinnere ich an die Klienten, die nicht in der Lage waren, sich an den Rahmen der Beratungssituation zu halten. Die heute vorgestellte Klientin zeige, indem sie auf sich selbst schaue, ihre Fähigkeit zur Selbstreflexion: Wenn sie sage, sie müßte das unversorgte Kind in sich versorgen, zeige sie damit auch, daß sie ihr Problem symbolisieren könne, was eine gute Voraussetzung für eine Psychotherapie sei.

Zunächst stimmt man darin überein, daß Frau K.s Beratung ausreichend besprochen worden sei. Nach einer Weile Schweigen will Herr Q. die Diskussion wieder beginnen, indem er die gleichen Argumente zur extremen Bedürftigkeit der Klientin wie zuvor ins Feld führt. Sein Beitrag wirkt verlängernd und nicht recht überzeugend. Die anderen blicken sich mit hochgezogenen Augenbrauen unwillig an. Dann wiederholt Frau K. ihre Sichtweise.

Nach einer Weile sage ich, daß Herr Q. die Schwäche und Bedürftigkeit nochmals deutlich hervorgehoben habe, obgleich man die Falldiskussion schon abgeschlossen hatte. Ich frage die Supervisanden, ob wir seinen Einwand nicht auch auf das Team beziehen sollten: Das Team habe »Struktur«; aber, so könne man sich auch fragen, sieht das Team Herrn Q.s Einwand, wenn er Mängel anspricht?

Darauf erzählen Herr P. und Herr Q. von einer Veranstaltung mit Podiumsdiskussion, auf der sie für die Einrichtung »Profil« hätten zeigen müssen, sich allerdings, wie Herr P. sagt, »Verführungen zur Strukturlosigkeit« ausgesetzt gesehen hätten. Inzwischen wieder humorvoll, meint Herr Q., er habe an einem bestimmten Punkt »den strukturierten Rückzug angetreten«. Man hat sichtlich Spaß an Wortspielen. Beide hätten sehr gut kooperiert. Herr P. und Frau L. erinnern sich an den »Strukturbegriff in der Soziologie«, sprechen von »innerer und äußerer Struktur« etc. Als ich sage, die Zeit sei um, setzt Frau K. hinzu: »Wir sind ganz pünktlich.«

Kommentar

Zunächst verwendet das Team die Falldiskussion zum Verständnis der Klientin, und zwar so weit, wie es für die Beratung im Rahmen der Einrichtung erforderlich ist.

Das Team hat sich mit der Falldiskussion eine Möglichkeit geschaffen, die Arbeitsaufgaben der Institution ins Zentrum zu stellen. Frau K. ist zufrieden mit ihrer Beratung und stellt den Fall vor, um zu klären, wie sie sagt, »was das Gute an der Beratung« gewesen sei.

Durch die Falldiskussion entsteht von der Klientin das Bild einer Persönlichkeit, die sowohl konturiert wirkt als auch durch traumatisierende Erfahrungen immer wieder von Suchtreaktionen bedroht wird. Das unbezwingbare Bedürfnis der Klientin nach Süßigkeiten stellt offenbar eine selbstrettende Maßnahme dar: Sie versorgt selbst das »unversorgte Kind in sich«. Einerseits kommt die Selbsthilfeeinrichtung ihrer Vorstellung von Selbstversorgung entgegen; andererseits fürchtet sie, daß sie die begrenzte Wirksamkeit ihrer Selbstrettungsmaßnahmen anerkennen muß. Diese Thematik bildet sich in der Falldiskussion ab.

Die Beraterinnen identifizieren sich mit der Klientin. Sie fühlen sich in deren Therapiewunsch ein und geben entsprechende Empfehlungen. Das Übertragungsangebot der Klientin lautete: Ich bin bedürftig und brauche Hilfe zur Selbsthilfe; ich kann aber auch selbst über mich nachdenken, meine eigene psychische Notsituation spüren und das bedürftige Kind in mir sprechen lassen.

Auf die Frage von Herrn P., was für eine Selbsthilfegruppe oder was für Einzelpsychotherapie spreche, werden Assoziationen zusammengetragen, die den Eindruck der Beraterinnen Frau L. und K., die Klientin werde eher von einer Psychotherapie profitieren, unterstützen. Frau L. konkretisiert ihren Eindruck damit, daß sich die Klientin ihr gegenüber vehement gegen eine Vereinnahmung unter das Etikett »Eßstörungen« sowie gegen die Empfehlung, in eine Selbsthilfegruppe zu gehen, abgegrenzt habe.

Die Fähigkeit zu Abgrenzung, Selbstreflexion und Symbolisierung wird von der Supervisorin hervorgehoben. Im Kontrast dazu erinnert sie an Falldiskussionen über Klientinnen, die sich so verhielten, daß sie die Beratungssituation mit ihren überraschenden Übergriffen nahezu aufhoben. (Sie liefen durchs Haus, holten sich z.B. eine Tasse aus dem Regal der Mitarbeiter oder rückten körperlich sehr nahe an die Berater heran.) Es entstand eine entspannte Atmosphäre, in der sich die Zufriedenheit von Frau K. über ihre Beratung nun auch als Zufriedenheit über das Ergebnis der Diskussion ausdrückte.

Dann wird die Falldiskussion entgegen dem Konsens, daß sie abgeschlossen sei, erneut von Herrn Q. aufgegriffen. Sein Beitrag löst deutliche Reaktionen aus, z.B. daß sich Frau L. und Frau K. mit hochgezogenen Augenbrauen skeptisch anschauen und letztere ihr Verständnis der Klientin mit deutlichem Unmut wiederholt. Die frühere Paarbildung von Frau K. und Frau L. scheint noch einmal aufzuleben. Diese Szene veranlaßt die Supervisorin, eine Analogie von Fallthematik und Teamsituation zu formulieren. Die Supervisorin meint, die Bedeutung des Wortes »Struktur« (oder Strukturmangel), das Herr Q. noch einmal zur Beschreibung der Klientin heranzieht, auch auf die innere Differenzierung des Teams beziehen zu können. Sie fragt: »Geht es hier nicht auch darum, welche Struktur das Team hat?«

Dieser Frage schließen sich weitere Fragen an. Wer leistet die Beratungsarbeit? Ist sie gut genug? Wie sind die Zuständigkeiten verteilt? Nimmt man Mitarbeiter ernst, wenn sie ihre Kompetenz ins Spiel bringen? Auf diese Fragen bezogen sieht die Supervisorin Herrn Q. als Sprecher eines Teamkonflikts: Es geht um den Wunsch, den anderen zu zeigen, daß man sich als Berater und Beraterin kompetent fühlt; um das Interesse, im Team professionelle Standards zu erarbeiten und zu fordern; aber auch um Zweifel, ob die Kompetenzen gegenseitig anerkannt werden können bzw. Qualifikationsdefizite selbstkritisch wahrgenommen werden. Nicht zuletzt kommt die konzeptionelle Frage zur Sprache, nach welchen Kriterien die Beraterinnen Selbsthilfegruppen empfehlen.

Nachdem die Supervisorin die Frage nach der Struktur auch auf das Team bezogen hat, berichten die Berater Herr Q. und Herr P. von einer Veranstaltung, in der sie gemeinsam auftraten und die sich offenbar durch Formlosigkeiten auszeichnete. Profil und Stärke hätten sie nur noch beweisen können, indem sie »den strukturierten Rückzug«, wie Herr Q. humorvoll sagte, angetreten hätten.

An diesem Punkt werden die aktuelle Situation und der Grad der inneren Differenzierung des Teams nochmals sichtbar. Frau L. und Herr P. lassen das Wissen ihrer Grundausbildungen durchblicken. Sie tauschen sich in Kürze über das Verhältnis von innerer und äußerer Struktur etc. aus. Frau K. tritt ohnehin mit einer sehr individualisierten Beratungskompetenz auf. Unklar bleibt, wie kooperativ und anerkennend sie die Kompetenzen von Herrn Q. einbezieht. Als Sekretärin bleibt Frau O. am Rande, und Herr Q. muß für sich alleine »geradestehen«. Auf die Supervisorin wirkt er geschwächt.

Frau K. steht für die progressive Entwicklung des Teams, indem sie nach Kriterien für Professionalität fragt. Das wird auch durch ihre Bemerkung – »Wir sind ganz pünktlich« – unterstrichen. Mit dieser stärkeren Differenzierung wird auch der Rivalitätskonflikt des Teams deutlicher. Können seine destruktiven Züge durch eine differenziertere Struktur des Arbeitsplatzes aufgehoben werden – wenn »jeder seinen Platz und seine Aufgabe« hat und nicht dem anderen rivalisierend im Wege stehen muß?

Kapitel 15 Teamsupervision, Falldiskussion und psychosoziale Kompetenz

Die Falldiskussion über Klienten stellt eine Herausforderung an die psychosozialen Kompetenzen der einzelnen Teammitglieder und des Teams als Gruppe dar (vgl. Ohlmeier & Sandner 1984). Die von den Klienten nicht überwundenen Entwicklungskrisen reaktualisieren sich in der interpersonellen Dynamik des Teams. Das bedeutet für die Teammitglieder, daß sie, um sinnvolle Arbeit leisten zu können, die von außen hereingetragenen Konfliktlagen stellvertretend an ihrer Person lösen müssen.

Das Team entwickelt durch die Falldiskussion über Klienten eine Art »containing«-Funktion (Bion 1970; Lazar 1993 a, b). Die Spiegelfunktion der freien Einfälle impliziert auch die Reinszenierung der Konfliktdynamik in der Diskussion. Die verschiedenen Facetten der Psychologie des Falles »spiegeln« sich nicht nur in den Einfällen und Rollen der Teammitglieder; das Team muß auch die hereingetragene Spannung und Affektivität aufnehmen, verarbeiten und sich wieder von ihr distanzieren. Dabei wird notgedrungen die Fähigkeit herausgefordert, sich regressiven Prozessen zu überlassen, die durch die Problematik der Fälle in das Team gelangen.

Auf diese Weise wird eine für die soziale Arbeit konstitutive Widersprüchlichkeit in der Falldiskussion sichtbar. Nur wenn die Supervisanden ein ausreichendes Maß an Fähigkeit zu psychischer Integration mitbringen, können sie den regressiven Prozessen, die durch die Falldiskussion in der Gruppe ausgestaltet werden, produktiv folgen, ohne sich von ihnen desintegrieren zu lassen. Dadurch entfaltet sich ein berufsorientierter Lernprozeß, in dem auf bestehende psychosoziale Fähigkeiten der Supervisanden zurückgegriffen wird und diese Fähigkeiten zugleich – im Prozeß der Falldiskussionsgruppe – weiterentwickelt werden.

Wenn durch die Unmittelbarkeit der Auseinandersetzung eine rasche Spannungsregulation und Konfliktlösung herbeigeführt werden soll, ohne daß sie der Komplexität des Problems angemessen wäre, erfolgt die Verständigung nach dem Muster, das wir in Teil I, Kap. 4 als dyadische Perspektive bezeichnet haben. Letztere kann umgangssprachlich so umschrieben werden: Mir geht es schlecht, und du bist schuld daran. Oder: Uns geht es gut, aber du störst.

Der Rückgriff auf die Unmittelbarkeit von Beziehungen drückt einen Wunsch nach dyadischen Beziehungsqualitäten aus, der keineswegs identisch ist mit einem Wunsch nach Zugewandtheit zu zweit. Die gemeinte Beziehungsqualität schließt eine Entdifferenzierung der Erlebnisweisen und Wahrnehmungseinstellungen ein, die den Ausschluß eines dritten Bezugspunktes bedeutet, was in der Supervision den Fall, der zu verstehen wäre, betrifft.

Wir konnten in verschiedenen Supervisionsverläufen beobachten, daß von der triadischen Struktur der Fallarbeit im Sinne einer vorübergehenden Regression abgewichen wurde. Ebenso spontan, wie die Supervisanden die dyadische Ebene »anstrebten«, kehrten sie oft ohne Hilfe zur triadischen Struktur zurück. Geschieht das nicht, dann übernimmt der Supervisor die psychische Funktion, das Dritte oder den Fall wieder zwischen die Supervisanden zu stellen. Uns scheint vieles dafür zu sprechen, die triadische Struktur durch Deuten des Widerstandes, der in der Regression liegt, wieder herzustellen.

Das Abweichen von der triadischen Struktur in der Supervision kann verschiedene Bedeutungen haben. Es kann eine Art »Auftanken« als Voraussetzung für eine schöpferische Konfliktlösung sein, kann aber auch eine sich anbahnende desintegrative Tendenz des Teams zum Ausdruck bringen. In den meisten Fällen hat das Verlassen der triadischen Struktur der Supervisionsarbeit die Funktion eines Widerstands gegen die Wahrnehmung und Bearbeitung einer ungelösten Konfliktkonstellation.

In allen Supervisionen kommen dyadische Beziehungsqualitäten vor. Es ist unnöig oder sogar störend, das »Oszillieren« zwischen dyadischen und triadischen Beziehungsqualitäten zu problematisieren. Erst wenn auf der dyadischen Verständigungsebene hartnäckig verharrt wird, kann die Supervision in einen desintegrativen Prozeß geraten. Dann »erlaubt« die regressive Bewegung nicht mehr jene notwendige distanzierende Reflexion auf etwas Drittes, auf das die gemeinsame Arbeit sich beziehen könnte.

Folglich ist die Falldiskussion mit einem Verzicht auf regressive

Konfliktlösungen verbunden. D. h., in der Supervision können Wünsche nach Anhänglichkeit, Versorgtsein und Schutz sowie Gefühle von Vollständigkeit und Anerkanntsein nicht unmittelbar – im Sinne einer dyadischen Beziehungsqualität – befriedigt werden. Das wiederum löst Unmut und Ärger aus. Die triadische Ebene der Verständigung wird als Zumutung erlebt. Als Gegenbewegung kann sich die Tendenz verstärken, die Supervison (und die Institution) für die eigenen Interessen in Dienst zu nehmen.

Die Begriffe triadisch und dyadisch knüpfen sowohl an die Entwicklungspsychologie als auch an die Erfahrungsebene in der Supervision an. Wichtig allerdings ist eine weitgefaßte Vorstellung vom Fall, die den nichtanwesenden Klienten, aber auch jedes denkbare berufsbezogene Thema aufnimmt.

Teil der durch Supervision erweiterten psychosozialen Fähigkeiten ist eine »Fallstrukturierungskompetenz« (vgl. A. Gaertner 1992, S. 185). Sie besteht in der psychischen Fähigkeit, von einem konflikthaften Thema, auch wenn es anwesende Personen betrifft, so viel Abstand zu nehmen, daß es wieder reflektierbar wird. Damit ist sie ein unentbehrlicher Bestandteil der Professionalität derer, die im weitesten Sinne soziale Arbeit leisten. Rappe-Giesecke (1990) hat offenbar ein vergleichbares Phänomen im Blick, wenn sie vom »Umschalten auf das ›Programm Selbstthematisierung‹« spricht. Wir hatten in Frage gestellt, ob sich diese Technik mit den psychoanalytischen Konzepten von Übertragung und Widerstand, die für das psychoanalytische Vorgehen als szenischem Verstehen konstitutiv sind, verträgt.

Wir haben gelernt, es als eine Fähigkeit zu sehen, wenn die Mitglieder eines Teams, wie im Fall des hier dargestellten, in der Supervision gewissermaßen selbstregulativ zwischen Progression und Regression oszillieren. Sie erwerben sich damit nicht nur ein Stück Toleranz gegenüber regressiven Vorgängen; sie können sie auch als Voraussetzung für einen integrativen Entwicklungsschritt des Teams nutzen und zur triadischen Position zurückfinden.

Das Team insgesamt und seine einzelnen Mitarbeiter bewegen sich zwischen der Arbeit am Fall und der Unmittelbarkeit von Bedürfnissen und Anspruchshaltungen, die in den Übertragungskonstellationen zum Ausdruck kommen. Dieses Oszillieren wird als Bestandteil der verstehenden Berufsarbeit durchgespielt und verändert starre Abwehrhaltungen, worin wir einen weiteren Aspekt der Entfaltung psychosozialer Kompetenz sehen. Im Wechsel zwischen regressiven und progressiven Prozessen drückt sich somit auch eine zunehmende Fähigkeit der Angstbewältigung aus (vgl. Pühl 1988). Auf der Grundlage von Erfahrungen mit progressiven und regressiven Formen der Auseinandersetzung entsteht eine stabile Form professioneller Selbstreflexion. Diese Entwicklung bringt, vor allem zu Beginn einer Supervision, Verunsicherungen mit sich, da das bisherige berufliche Selbstverständnis zum Teil in Frage gestellt wird und ein neues noch nicht gewonnen ist (vgl. Leber et al. 1989, S. 159).

Bei der Durchsicht der Literatur findet man immer wieder die Vorstellung, die Methode der Balint-Gruppe sei für die Anwendung in verschiedenen Supervisionsfeldern nicht ausreichend. Entweder geht man davon aus, daß sie die sogenannten gruppendynamischen Phänomene nicht erfassen könne und somit die Teilnehmer überfordere, die den unmittelbaren Bezug auf die empfundenen Spannungen in der Gruppe brauchen. Oder man nimmt an, daß die Balint-Methode die institutionell bedingten Konflikte nicht erfassen könne und es deshalb die eigens dafür bestimmte Institutionsanalyse oder, wie bei Rappe-Giesecke (1990), das »Umschalten« auf die verschiedenen Programme geben müsse.

Wir plädieren dafür, in der Teamsupervision die Erkenntnismöglichkeiten des szenischen Verstehens als »sinnverstehendes und bedeutungsrekonstruktives Verfahren« (vgl. A. Gaertner 1992, S. 175) auszuschöpfen, ehe man den Wechsel auf neue Methoden propagiert. Daher halten wir daran fest, die Frage nach der Veränderung im Supervisionsprozeß mit der Frage nach den Fähigkeiten der Supervisanden, die das Verfahren realisieren, zu verbinden. Es wird in weiteren Untersuchungen darum gehen zu überprüfen, welche Fähigkeiten von seiten der Supervisanden eines Teams, das im Sinne einer Balint-Gruppe arbeitet, entfaltet werden, wenn sich die verstehende Arbeit und die ihr eigene »Fokussierung auf inneres Erleben und unbewußte Kommunikation« (A. Gaertner, ebd.) realisieren. Allerdings sind die verschiedenen Verfahren, Transkripte von Supervisionen systematisch auszuwerten, nur schwer an die komplexe Gruppensituation der Teamsupervision anzupassen (vgl. Buchholz & Hartkamp 1997).

Analog der Fähigkeit des Balint-Gruppenleiters lassen sich auch die Fähigkeiten der Supervisanden formulieren. Zu Beginn der Supervision ist ihre Wahrnehmungseinstellung die eines Laien, der einen Fallbericht hört. Er kann mehr oder weniger gut zuhören und die Einzelheiten aufnehmen; meist antwortet er mit Nachfragen oder

Verständnisfragen auf das berichtete Material und erst an zweiter Stelle mit eigenen Einfällen. Die freie Assoziation ist also ganz ähnlich wie in der analytischen Einzeltherapie eine am Beginn des Erkenntnisprozesses stehende Maxime; sie setzt sich erst im Verlauf einer längeren Erfahrung mit der Falldiskussion durch (vgl. Bardé 1991, S. 7).

Um das Fallmaterial auf sich wirken zu lassen, müssen die Gruppenteilnehmer ihr eigenes Erleben mit vergleichbaren Konflikten aktualisieren, um die Position anteilnehmenden Verstehens einzunehmen. Es ist für die Supervisanden belastend, sich auf diese Weise, auch als probeweise Identifizierung bezeichnet, auf den regressiven Prozeß einzulassen, der mit dem vorgestellten Konfliktgeschehen verbunden ist. Die Supervisanden kommen also auch aufgrund der geforderten introspektiven Haltung in eine regressive Position, d. h. sie kommen mit Erlebnisweisen früherer Entwicklungsstufen in Berührung und werden von ihnen »angesteckt«. Methodisch eingesetzt, bedeutet Empathie auch, daß sich Konfliktabwehrschranken lockern und eigene unbewußte konflikthafte Erfahrungen berührt werden. Die »freie Assoziation« der Gruppenmitglieder ist eine Herausforderung an die intrapsychische Flexibilität im Umgang mit Konfliktspannungen und Angstbewältigung (vgl. Pühl 1988).

An dieser Stelle setzt in der Falldiskussion der Widerstand der Gruppe oder einzelner Mitglieder ein. Vom Fallvortragenden immer mehr wissen, auf die empfundene Angespanntheit in der Gruppe eingehen zu wollen oder gereizt und mißbilligend das Vorgehen insgesamt zu kritisieren, verweist auf die Abwehr von Konflikten und die Angst im Umgang mit diesen Konflikten. Wenn man sich vergegenwärtigt, daß die Resonanzphänomene bereits eine probeweise Identifizierung mit einzelnen Kontrahenten im Konfliktgeschehen voraussetzen, dann wird deutlich, daß mit ihnen und den Spiegelungen auch für die Supervisanden ein komplizierter intrapsychischer Vorgang wirksam ist, der ambivalent erlebt wird. Er stellt einerseits eine Verstehensmöglichkeit bereit, die angestrebt wird, enthält andererseits aber auch die Gefahr der Labilisierung.

Die Falldiskussion wird zumeist als Arbeitsanforderung gesehen, die relativ leicht zu bewältigen sei. Wenn die Supervisanden von ihr wegstrebten, so geschehe das eher aus Not oder Überlastung – viele drängende Probleme des Berufsalltags seien auf dieser Ebene nicht thematisierbar. Dieser Einschätzung widersprechen wir. Sie dividiert die in der Supervision zusammengehörenden Erfahrungsebenen auseinander und rechtfertigt einen methodischen Eklektizismus (vgl. auch Bardé 1991, S. 16 f.). Wenn es in der psychoanalytisch orientierten Supervision sozialer Berufe zur Vereinbarung gehört, alle berufsbezogenen konflikthaften Themen als Fall vorbringen zu können, dann wird auch der Wechsel der Themen für ein Verständnis des Gruppenprozesses und der Konfliktabwehr von Interesse sein. Das Wegstreben von der Falldiskussion eines Klienten zur Frage der Team- oder Gruppendynamik oder der Kooperationsprobleme eines Teams sowie der umgekehrte Vorgang werden dann in das Verständnis der Abwehrbewegung insgesamt einbezogen. Nur auf diese Weise können sich auch die institutionell und interpersonell begründeten Konflikte in der Falldiskussion inszenieren.

Wann die Abwehr gedeutet wird, ist praktisch gesehen eine Frage des Gefühls für das richtige »timing«. Solange man die Abwehr und den Widerstand auch als angemessene Form der Selbstregulation der Teilnehmer respektiert, ist das Gefühl, wann der richtige Zeitpunkt für eine Deutung gekommen ist, keineswegs so mysteriös und unüberprüfbar, wie es zunächst erscheinen mag. Der Widerstand richtet sich immer gegen eine konflikthafte Thematik, die angstauslösend ist. Mit der Widerstandsäußerung wird das Bedürfnis nach einer erträglichen Dosierung des Konfliktstoffes ausgedrückt. Wir gehen davon aus, daß die Interventionen des Supervisors neben der Rekonstruktion von Bedeutungen auch eine spannungsregulierende Funktion haben.

Diese Auffassung vom Widerstand berücksichtigt, daß der Supervisor neben den vorhandenen und zu entwickelnden Kompetenzen der Teammitglieder auch die Belastungen im Blick behält, die mit der Methode der Falldiskussion verbunden sind. Der konflikthafte Zusammenhang von Leidensdruck und Veränderung wiederholt sich auf der Ebene der Falldiskussion. Die Bereitschaft der Supervisanden, in der Falldiskussion das Fallmaterial aufzunehmen, sich als Resonanzboden oder »container« zur Verfügung zu stellen, um auf diese Weise mehr über Fremdpsychisches zu erfahren, muß nach einer gewissen Zeit mit anderen Bedürfnissen der Supervisanden in Konflikt geraten. Dabei geht es um Bedürfnisse, sich als authentisch zu erleben, die eigenen Konflikte zu klären, gesehen und anerkannt zu werden, aber auch darum, vor rivalisierenden, aggressiven Tendenzen sowie dem regressiven Sog der introspektiven Haltung beschützt zu werden. Die zunehmende Einfühlung in andere vergrößert das Verständnis, macht aber auch verletzbarer.

In der beschriebenen Dialektik liegen sowohl das Belastende, das Abwehrmaßnahmen in Gang setzt, als auch die mögliche Veränderung begründet. Das entspricht einer der wichtigsten Erkenntnisse der Psychoanalyse: Daß Abwehr immer auch eine schöpferische Leistung ist – auch restriktive Konfliktlösungen tragen einen Ansatz zur Veränderung in sich.

Der Lernprozeß der Supervisanden ist an die Technik der Falldiskussion mit gleichschwebender Aufmerksamkeit des Supervisors, freier Assoziation der Supervisanden und dem Deuten von Widerstandsformen und Spiegelungs- bzw. Reinszenierungsphänomenen gebunden. Im Sinne einer Argumentation, die sich innerhalb des Zirkels der tiefenhermeneutischen Interpretation bewegt, kann man schließen, daß die Supervision dann zu Veränderungen der psychosozialen Kompetenzen der Supervisanden geführt hat, wenn diese das Verfahren über einen längeren Zeitraum umgesetzt haben. Im Zentrum steht die Fallarbeit, die wir als komplexen integrativen Prozeß auffassen. Sie erhält sowohl die Kohärenz des Teams als auch seine Fähigkeit aufrecht, den institutionellen Auftrag zu realisieren. Wir sehen daher im Wechsel von Falldiskussion über die Klientel und Falldiskussion über das Team einen wichtigen selbstregulativen Mechanismus der Teamsupervision. Dieser Mechanismus wird durch die an der psychoanalytischen Methode orientierte interpretierende Arbeit der Supervisorin oder des Supervisors geschützt und gefördert.

Literaturverzeichnis

Abelin, E. L. (1971), The Role of the Father in the Separation-Individuation Process. In: McDevitt, J.B. & Settlage, C.F. (eds.), *Separation-Individuation: Essays in Honor of Margaret S. Mahler.* New York: International Universities Press, 229–253

Apter, T. (1991), *Altered Loves.* Mothers and Daughters During Adolescence. New York: Fawcett Columbine

Argelander, H. (1970 a), *Das Erstinterview in der Psychotherapie.* Darmstadt: Wissenschaftl. Buchgesellschaft

Argelander, H. (1970 b), Die szenische Funktion des Ichs und ihr Anteil an der Symptom- und Charakterbildung. *Psyche, 24*: 325–345

Argelander, H. (1972), *Gruppenprozesse.* Wege zur Anwendung der Psychoanalyse in Behandlung, Lehre und Forschung. Reinbek: Rowohlt

Argelander, H. (1984), Verbatim- und Gedächtnisprotokolle von Therapiestunden im Vergleich. *Psyche, 38*: 385–419

Balint, M. (1964), *Der Arzt, sein Patient und die Krankheit.* Stuttgart: Klett-Cotta, 1965

Balint, M. (1968), *Therapeutische Aspekte der Regression.* Zur Theorie der Grundstörung. Stuttgart: Klett-Cotta, 1971

Balint, M., Ornstein, P. H. & Balint, E. (1972), *Fokaltherapie.* Ein Beispiel angewandter Psychoanalyse. Frankfurt M.: Suhrkamp, 1973

Bardé, B. (1991), Supervision – Theorie, Methode und empirische Forschung. Versuch eines systematischen Überblicks. *Supervision, 19*: 3–37

Bardé, B. (1992), Der Team- und Gruppensupervisor: Herkules ohne Ende? Rezension von Rappe-Giesecke, K. (1990), *Theorie und Praxis der Gruppen- und Teamsupervision.* Berlin / Heidelberg / New York: Springer. *Supervision, 21*: 92–96

Bardé, B. & Mattke, D. (Hg.) (1993), *Therapeutische Teams.* Göttingen: Vandenhoeck & Ruprecht

Bardé, B. (1995), Indikation (zur Gruppentherapie). In: Haubl, R. & Lamott, F. (Hg.) (1994), *Handbuch Gruppenanalyse.* Berlin / München: Quintessenz, 28–48

Bardé, B. (1996), Über den Zusammenhang von Organisation, Führungsstil und

Teamdynamik im psychotischen Prozeß. Eine Einzelfallstudie zur stationären Psychotherapie. In: Pühl, H. (Hg.) (1996), *Supervision in Institutionen*. Eine Bestandsaufnahme. Frankfurt M.: S. Fischer (Geist u. Psyche), 127–145

Bateson, G., Jackson, D.D., Haley, J. & Weakland, J.W. (1969), Auf dem Weg zu einer Schizophrenie-Theorie. In: Bateson, G. et al., *Schizophrenie und Familie*. Frankfurt M.: Suhrkamp, 11–43

Beck, U. (1986), *Risikogesellschaft*. Auf dem Weg in eine andere Moderne. Frankfurt M.: Suhrkamp

Becker, H.-J. (Hg.) (1995), *Psychoanalytische Teamsupervison*. Göttingen: Vandenhoeck & Ruprecht

Benjamin, J. (1989), *Die Fesseln der Liebe*. Psychoanalyse, Feminismus und das Problem der Macht. Frankfurt M./Zürich: Stroemfeld, 1990

Benjamin, J. (1992), Ein Entwurf zur Intersubjektivität: Anerkennung und Zerstörung. In: dies., *Phantasie und Geschlecht*. Frankfurt M./Zürich: Stroemfeld, 1993, 39–58

Bion, W. R. (1959), *Erfahrungen in Gruppen*. Stuttgart: Klett-Cotta, 1971

Bion, W. R. (1962), *Lernen durch Erfahrung*. Frankfurt M.: Suhrkamp, 1990

Bion, W. R. (1970), *Attention and Interpretation*. London: Tavistock

Blos, P. (1962), *Adoleszenz*. Eine psychoanalytische Interpretation. Stuttgart: Klett-Cotta, 1978

Blos, P. (1970), *The Young Adolescent*. Clinical Studies. New York/London: The Free Press/Collier-Macmillan

Bohleber, W. (1992), Identität und Selbst. Die Bedeutung der neueren Entwicklungsforschung für die psychoanalytische Theorie des Selbst. *Psyche, 46*: 336–365

Bohleber, W. (1993), Seelische Integrationsprozesse in der Spätadoleszenz. In: Leuzinger-Bohleber, M. & Mahler, E. (Hg.) (1993), *Phantasie und Realität in der Spätadoleszenz*. Opladen: Westdeutscher Verlag, 49–63

Brenner, Ch. (1982), *Elemente des seelischen Konflikts*. Frankfurt M.: S. Fischer, 1988

Buchholz, M. B. (1990), Die Rotation der Triade. *Forum der Psychoanalyse, 6*: 116–134

Buchholz, M. B. (1993), *Dreiecksgeschichten*. Eine klinische Theorie psychoanalytischer Familientherapie. Göttingen: Vandenhoeck & Ruprecht

Buchholz, M. B. & Hartkamp, N. (Hg.) (1997), *Supervision im Fokus*. Polyzentrische Analysen einer Supervision. Opladen: Westdeutscher Verlag

Buchinger, K. (1988), Teamsupervision in Institutionen. *Gruppenpsychotherapie und Gruppendynamik, 24*: 1–14

Buchinger, K. (1990), Balint-Gruppe – Gruppensupervision: Indikation und Methode. In: Pühl, H. (Hg.) (1990), *Handbuch der Supervision*. Berlin: Marhold, 131–148

Buchinger, K. (1993), Die Bedeutung psychoanalytischer Konzepte für Supervision. *Supervision, 23*: 36–46

Buchinger, K. (1996), *Supervision in Organisationen.* Den Wandel begleiten. Heidelberg: Carl-Auer

Busch, H. & Deserno, H. (1989), Zur Dynamik einer Institutionalisierung. *Supervision, 15*: 55–64

Clemenz, M., Beier, Ch., Buchen, S., Deserno, H., Gaertner, A. & Graf-Deserno, S. (1992), *Psychoanalyse in der Weiterbildung.* Zur Professionalisierung sozialer Arbeit. Opladen: Westdeutscher Verlag

Damasch, F., Metzger, H.-G. & Overbeck, A. (1997), »... Es war ja mein Anliegen, die ..äh ..., Patientin ...« In: Buchholz, M. B. & Hartkamp, N. (Hg.) (1997), *Supervision im Fokus.* Polyzentrische Analysen einer Supervision. Opladen: Westdeutscher Verlag, 145–189

Deserno, H. (1984), Zwei unterschiedliche Konstellationen des Übertragungswiderstandes in der psychoanalytischen Gruppentherapie. *Fragmente, 12/13:* 26–39

Deserno, H. (1990), *Die Analyse und das Arbeitsbündnis.* Kritik eines Konzepts. Überarb. Taschenbuchausgabe. Frankfurt M.: S. Fischer 1994 (Geist u. Psyche)

Deserno, H. (1992), Die Praxis der Psychoanalyse. In: Hörmann, G. & Textor, M. R. (Hg.), *Praxis der Psychotherapie.* Fünf Therapierichtungen in Fallbeispielen. Opladen: Westdeutscher Verlag, 11–68

Deserno, H. (1995), Die Funktion der Übertragung. Vortrag zur Emeritierung von Prof. S. Mentzos. Manuskript (Veröffentl. in Vorbereitung)

Deserno, H., Hau, St., Brech, E., Braun, B., Graf-Deserno, S. & Grünberg, K. (1998), »Wiederholen« der Übertragung? Das zentrale Beziehungskonfliktthema (ZBKT) der 290. Stunde – Fragen, Probleme, Ergebnisse. *Zeitschrift für Psychotherapie, Psychosomatik und Medizinische Psychologie, 48*

Dornes, M. (1992): *Der kompetente Säugling.* Die präverbale Entwicklung des Menschen. Frankfurt M.: S. Fischer (Geist u. Psyche)

Dornes, M. (1993): Psychoanalyse und Kleinkindforschung. *Psyche, 47*: 1117–1152

Dornes, M. (1997), *Die frühe Kindheit.* Entwicklungspsychologie der ersten Lebensjahre. Frankfurt M.: S. Fischer (Geist u. Psyche)

Eagle, M. N. (1984), *Neuere Entwicklungen in der Psychoanalyse.* Eine kritische Würdigung. München/Wien: Verlag Internationale Psychoanalyse, 1988

Erdheim, M. (1982), *Die gesellschaftliche Produktion von Unbewußtheit.* Frankfurt M.: Suhrkamp

Erdheim, M. (1988), Adoleszenz zwischen Familie und Kultur. In: ders., *Die Psychoanalyse und das Unbewußte in der Kultur.* Frankfurt M.: Suhrkamp, 191–214

Erikson, E. H. (1950), *Kindheit und Gesellschaft.* Stuttgart: Klett-Cotta, 1968

Erikson, E. H. (1959), *Identität und Lebenszyklus.* Frankfurt M.: Suhrkamp, 1966

Ermann, M. (1985), Die Fixierung in der frühen Triangulierung. Zur Dynamik des Loslösungsprozesses bei Patienten zwischen Dyade und Ödipuskomplex. *Forum der Psychoanalyse, 1*: 93–110

Ermann, M. (1989), Das Dreieck als Beziehungsform. Zur Entwicklungsdynamik der Triangulierungsprozesse. *Praxis der Psychotherapie und Psychosomatik, 34*: 261–269

Ermann, M. (1993), »Frühe« Triangulierung. In: Mertens, W. (Hg.) (1993), *Schlüsselbegriffe der Psychoanalyse.* Stuttgart: Verlag Internationale Psychoanalyse, 200–208

Faller, H. (1994), Das Forschungsprogramm »Qualitative Psychotherapieforschung«. Versuch einer Standortbestimmung. In: Faller, H. & Frommer, J. (Hg.), *Qualitative Psychotherapieforschung.* Grundlagen und Methoden. Heidelberg: Asanger, 15–37

Finger-Trescher, U. (1989), *Wirkfaktoren der Einzel- und Gruppenanalyse.* Stuttgart: frommann-holzboog

Fischer, G. (1989), *Dialektik der Veränderung in Psychoanalyse und Psychotherapie.* Modell, Theorie und systematische Fallstudie. Heidelberg: Asanger

Flaake, K. & King, V. (Hg.) 1992, *Weibliche Adoleszenz.* Zur Sozialisation junger Frauen. Frankfurt / New York: Campus

Foulkes, S. H. & Anthony, J. E. (1957), *Group Psychotherapy.* The psychoanalytic approach. Harmondsworth: Penguin, 2nd ed., 1965

Foulkes, S. H. (1975), *Praxis der gruppenanalytischen Psychotherapie.* München / Basel: Reinhardt, 1978

French, Th. (1958), *The Integration of Behavior.* Vol. III: The reintegrative process in a psychoanalytic treatment. Chicago: The University of Chicago Press

Freud, A. (1934), *Das Ich und die Abwehrmechanismen.* München: Kindler (Geist u. Psyche), 1964

Freud, S. (1905 d), Drei Abhandlungen zur Sexualtheorie. *G. W., Bd. 5*, 27–145

Freud, S. (19129 b), Zur Dynamik der Übertragung. *G. W., Bd. 8*, 364–374

Freud, S. (1921 c), Massenpsychologie und Ich-Analyse. *G. W., Bd. 13*, 71–161

Freud, S. (1923 a), »Libidotheorie«, »Psychoanalyse« [Artikel in Marcuses Handwörterbuch der Sexualwissenschaft]. G. W., Bd 13, 211–233

Freud, S. (1926 e), Die Frage der Laienanalyse. *G. W., Bd. 14*, 207–296

Freud, S. (1927 a), Nachwort zur Frage der Laienanalyse. *G. W., Bd. 14*, 287–296

Fürstenau, P. (1992), Psychoanalytisch-systemische Teamsupervision. In: ders. (1992), *Entwicklungsförderung durch Therapie.* Grundlagen psychoanalytisch-systemischer Psychotherapie. München: Pfeiffer, 175–188

Gaertner, A. (1979), Interpretative Sozialforschung. In: ders. (Hg.), *Supervision.* Kassel: Gesamthochschule Kassel, 107–151

Gaertner, A. (1982), Teamsupervision. *Supervision, 2*: 56–69

Gaertner, A. (1991), Übertragung in der Einzelsupervision. Vortrag zur Tagung: Die Einzelsupervision. Sigmund Freud-Institut, Frankfurt M.

Gaertner, A. (1992), Supervision in der Fortbildung – eine Fallstudie. In: Clemenz, M., Beier, Ch., Buchen, S., Deserno, H., Gaertner, A. & Graf-Deserno, S., *Psychoanalyse in der Weiterbildung.* Opladen: Westdeutscher Verlag, 169–190

Gerlach, A. (1985), *Psychosoziale Abwehr in der psychoanalytischen Gruppentherapie*. Frankfurt M./Bern/New York: Peter Lang

Gfäller, G. R. (1986), Team-Supervision nach dem Modell von S. H. Foulkes. In: Pühl, H. & Schmidbauer, W. (Hg.), *Supervision und Psychoanalyse.* Frankfurt M.: S. Fischer (Geist u. Psyche), 1991, 66–101

Giesecke, M. & Rappe-Giesecke, K. (1997), *Supervision als Medium kommunikativer Sozialforschung*. Die Integration von Selbsterfahrung und distanzierter Betrachtung in der Beratung und Wissenschaft. Frankfurt M.: Suhrkamp

Gill, M. M. (1982), *Die Übertragungsanalyse*. Theorie und Technik. Frankfurt M.: Fischer Taschenbuch Verlag (Geist u. Psyche), 1996

Gilligan, C. (1982), *Die andere Stimme*. Lebenskonflikte und Moral der Frau. München/Zürich: Piper, 1984

Gilligan, C. (1992), Auf der Suche nach der »verlorenen Stimme« in der weiblichen Adoleszenz – Shakespeares Schwester unterrichten. In: Flaake, K. & King, V. (Hg.), *Weibliche Adoleszenz*. Zur Sozialisation junger Frauen. Frankfurt/New York: Campus, 40–63

Goleman, D. (1995), *Emotionale Intelligenz*. München/Wien: Hanser, 1996

Graf-Deserno, S. (1981), *Gestörtes Lernen – gestörte Beziehungen*. Eine psychoanalytisch-sozialpsychologische Interpretation der Lehrerarbeit mit Sonderschülern. Bensheim: Päd-Extra Verlag

Graf-Deserno, S. & Deserno, H. (1992), Psychoanalytisches Fallverständnis in der Sozialpädagogik. In: Clemenz, M., Beier, Ch., Buchen, S., Deserno, H., Gaertner, A. & Graf-Deserno, S., *Psychoanalyse in der Weiterbildung.* Opladen: Westdeutscher Verlag, 191–202

Greenson, R. R. (1967), *Technik und Praxis der Psychoanalyse*. Stuttgart: Klett-Cotta, 1973

Greenson, R. R. (1968), Die Beendigung der Identifizierung mit der Mutter und ihre besondere Bedeutung für den Jungen. In: ders., *Psychoanalytische Erkundungen*. Stuttgart: Klett-Cotta, 1982, 257–264

Hagemann-White, C. (1992), Berufsfindung und Lebensperspektive in der weiblichen Adoleszenz. In: Flaake, K. & King, V. (Hg.), *Weibliche Adoleszenz*. Frankfurt/New York: Campus, 64–83

Haubl, R. & Lamott, F. (Hg.) (1994), *Handbuch Gruppenanalyse*. Berlin/München: Quintessenz

Heigl-Evers, A. (1978), *Konzepte der analytischen Gruppenpsychotherapie*. Göttingen: Vandenhoeck & Ruprecht. 2. neubearb. Aufl.

Hinshelwood, R. D. (1991), *Wörterbuch der kleinianischen Psychoanalyse*. München/Wien: Verlag Internationale Psychoanalyse, 1993

Hoffman, I. Z. (1991), Discussion: Toward a social-constructivist view of the psychoanalytic situation. *Psychoanalytic Dialogues, 1*: 74–105

Hoffman, I. Z. (1992), Some practical implications of a social-constructivist view of the psychoanalytic situation. *Psychoanalytic Dialogues,* 2: 287–304

Jacobson, E. (1964), *Das Selbst und die Welt der Objekte.* Frankfurt M.: Suhrkamp, 1973

Jung, St. & Müller-Doohm, Th. (Hg.) (1993), *Wirklichkeit im Deutungsprozeß.* Frankfurt M.: Suhrkamp

Kächele, H. (1981), Zur Bedeutung der Krankengeschichte in der klinisch-psychoanalytischen Forschung. *Jahrbuch der Psychoanalyse, 12*: 118–177

Kächele, H. (1993), Der lange Weg von der Novelle zur Einzelfallanalyse. In: Stuhr, U. & Deneke, F.-W. (Hg.), *Die Fallgeschichte.* Heidelberg: Asanger, 32–42

Kadis, A. L., Krasner, J. D., Weiner, M. F., Winick, C. & Foulkes, S. H. (1974), *Praktikum der Gruppenpsychotherapie.* Ergänzt u. herausg. v. P. Kutter. Stuttgart: frommann-holzboog, 1982

Kaplan, L. (1991), *Weibliche Perversionen.* Von befleckter Unschuld und erotischer Unterwerfung. Hamburg: Hoffmann und Campe

Kernberg, O. F. (1980), Regression in der Organisation. In: ders., *Innere Welt und äußere Realität.* Anwendungen der Objektbeziehungstheorie. München / Wien: Verlag Internationale Psychoanalyse, 1988, 268–288. Auch in: Pühl, H. (Hg.) (1996), *Supervision in Institutionen.* Eine Bestandsaufnahme. Frankfurt M.: S. Fischer (Geist u. Psyche), 187–207

Kerz-Rühling, I. (1993), Die Methode der Überprüfung in der Fallgeschichte. In: Stuhr, U. & Deneke, F.-W. (Hg.), *Die Fallgeschichte.* Heidelb.: Asanger, 106–119

Klüwer, R. (1970), Über die Orientierungsfunktion eines Fokus bei der psychoanalytischen Fokaltherapie. *Psyche, 24*: 739–755

Köhler, L. (1992), Formen und Folgen früher Bindungserfahrungen. *Forum der Psychoanalyse, 8*: 263–280

Köhler, L. (1996), Entstehung von Beziehungen: Bindungstheorie. In: *Psychosomatische Medizin.* Hg. von Adler, R., Herrmann, J., Köhle, K., Schonecke, O. W., von Uexküll, Th. & Wesiack, W. München: Urban u. Schwarzenberg, 5. neubearb. u. erw. Aufl., 222–230

König, H.-D. (1993), Die Methode der tiefenhermeneutischen Kultursoziologie. In: Jung, St. & Müller-Doohm, Th. (Hg.), *Wirklichkeit im Deutungsprozeß.* Frankfurt M.: Suhrkamp, 190–222

Kohlberg, L. (1974), *Zur kognitiven Entwicklung des Kindes.* Frankfurt M.: Suhrkamp

Kohut, H. (1968), Die psychoanalytische Behandlung narzißtischer Persönlichkeitsstörungen. *Psyche, 23* (1969): 321–348

Kutter, P. (1976), *Elemente der Gruppentherapie.* Göttingen: Vandenhoeck & Ruprecht

Kutter, P. (Hg.) (1985), *Methoden und Theorien der Gruppenpsychotherapie.* Psychoanalytische und tiefenpsychologische Perspektiven. Stuttgart: frommann-holzboog

Kutter, P. (1990), Das direkte und indirekte Spiegelphänomen. In: Pühl, H. (Hg.), *Handbuch der Supervision.* Berlin: Marhold, 191–301

Kutter, P. (1993), Basis-Konflikt, Übertragungsspaltung und Spiegel-Phänomene. Möglichkeiten und Grenzen einer psychoanalytischen Team-Gruppe. In: Bardé, B. & Mattke, D. (Hg.) (1993), *Therapeutische Teams*. Göttingen: Vandenhoeck & Ruprecht, 270–293

Kutter, P. (1994), Spiegelungen und Übertragungen in der Supervision. In: Pühl, H. (Hg.), *Handbuch der Supervision*, Bd. 2. Berlin: Marhold, 52–62

Lang, H. (1992), Die »strukturale Triade«. Überlegungen zur Neubewertung des Ödipuskomplexes. *Praxis der Psychotherapie und Psychosomatik, 37*: 207–215

Laplanche, J. & Pontalis, J.-B. (1967), *Das Vokabular der Psychoanalyse*. Frankfurt M.: Suhrkamp, 1972

Lazar, R. A. (1993 a), »Container-Contained« und die helfende Beziehung. In: Ermann, M. (Hg.), *Die hilfreiche Beziehung in der Psychoanalyse*. Göttingen: Vandenhoeck & Ruprecht, 68–91

Lazar, R. A. (1993 b), W. R. Bions Modell »Container-Contained« als eine (psychoanalytische) Leitidee in der Supervision. In: Pühl, H. (Hg.), *Handbuch der Supervision*, Bd. 2. Berlin: Marhold, 380–402

Laufer, M. & Laufer, E. (1984), *Adoleszenz und Entwicklungskrise*. Stuttgart: Klett-Cotta, 1989

Leber, A., Trescher, H.-G. & Weiss-Zimmer, E. (1989), *Krisen im Kindergarten*. Psychoanalytische Beratung in pädagogischen Institutionen. Frankfurt M.: S. Fischer (Geist u. Psyche)

Leuschner, W. (1985), Psychiatrische Anstalten – ein institutionalisiertes Abwehrsystem. *Psychiatrische Praxis, 12*: 111–115

Leuzinger-Bohleber, M. (1985), Psychoanalytische Fokaltherapie. Eine klassische psychoanalytische Kurztherapie in Institutionen. In: dies. (Hg.), *Psychoanalytische Kurztherapie*. Opladen: Westdeutscher Verlag, 54–93

Leuzinger-Bohleber, M. (1987), *Veränderung kognitiver Prozesse in Psychoanalysen*. Bd. 1: Eine hypothesengenerierende Einzelfallstudie. Berlin: Springer

Leuzinger-Bohleber, M. (1989), *Veränderung kognitiver Prozesse in Psychoanalysen*. Bd. 2: Fünf aggregierte Einzelfallstudien. Berlin: Springer

Leuzinger-Bohleber, M. & Mahler, E. (Hg.) (1993), *Phantasie und Realität in der Spätadoleszenz*. Gesellschaftliche Veränderungen und Entwicklungsprozesse bei Studierenden. Opladen: Westdeutscher Verlag

Leuzinger-Bohleber, M. & Mahler, E. (1993), Phantasie und Realität in der Spätadoleszenz. Gesellschaftliche Veränderungen und Entwicklungsprozesse bei Studierenden. Eine Einleitung. In: dies. (Hg.), *Phantasie und Realität in der Spätadoleszenz*. Opladen: Westdeutscher Verlag, 13–48

Leuzinger-Bohleber, M. (1994), Veränderung kognitiv-affektiver Prozesse in Psychoanalysen. Versuch einer Kombination von (qualitativer) On-Line- und (quantitativer) Off-Line-Forschung bei der Untersuchung psychoanalytischer Prozesse. In: Faller, H. & Frommer, J. (Hg.), *Qualitative Psychotherapieforschung*. Heidelberg: Asanger, 195–227

Leuzinger-Bohleber, M. (1995), Die Einzelfallstudie als psychoanalytisches Forschungsinstrument. *Psyche, 49*: 434–480

Lewin, K. (1951), *Field Theory in Social Science*. Selected theoretical papers. New York: Harper & Bros

Loch, W. (1976), Psychoanalyse und Wahrheit. *Psyche, 30*: 865–898

Lorenzer, A. (1971), *Sprachzerstörung und Rekonstruktion*. Vorarbeiten zu einer Metatheorie der Psychoanalyse. Frankfurt M.: Suhrkamp

Lorenzer, A. (1974), *Die Wahrheit der psychoanalytischen Erkenntnis*. Ein historisch-materialistischer Entwurf. Frankfurt: Suhrkamp

Luborsky, L. L. & Crits-Christoph, P. (1990), *Understanding Transference*. New York: Basic Books

Luborsky, L. L. (unter Mitarb. v. Albani, C. & Eckert, R.) (1991), *Manual zur ZBKT-Methode*. Deutsche Übers. m. Ergänz. d. Ulmer ZBKT-Arbeitsgruppe. Universität Ulm

MacAlpine, I. (1950); The development of the transference. *Psychoanalytic Quarterly, 19*: 501–539

Mahler, E. (1974), Die themenbezogene psychoanalytisch orientierte Selbsterfahrung in Gruppen. *Psyche, 28*: 97–115

Mahler, M. S. (1968), *Symbiose und Individuation*. Psychosen im frühen Kindesalter. Stuttgart: Klett-Cotta, 1972

Mahler, M. S. , Pine , F. & Bergman, A. (1975), *Die psychische Geburt des Menschen*. Symbiose und Individuation. Frankfurt M.: S. Fischer, 1978

Masling, J.M. & Bornstein, R.F. (Eds.) (1993), *Psychoanalytic Perspectives on Psychopathology*. Washington: American Psychological Association

Mentzos, S. (1973), Psychoanalyse – Hermeneutik oder Erfahrungswissenschaft? *Psyche, 27*: 832–849

Mentzos, S. (1976), *Interpersonale und institutionalisierte Abwehr*. Frankfurt M.: Suhrkamp, 2. erw. Aufl., 1988

Mentzos, S. (1982), *Neurotische Konfliktverarbeitung*. Einführung in die psychoanalytische Neurosenlehre unter Berücksichtigung neuer Perspektiven. Frankfurt M.: S. Fischer (Geist u. Psyche), 2. Aufl., 1985

Menzies Lyth, I. (1981), Bion's contribution to thinking about groups. In: Grotstein, J. (ed.) (1981), *Do I Dare Disturb the Universe?* Beverly Hills: Caesura, 661–666

Mertens, W. (1993), Ödipuskomplex. In: ders. (Hg.), *Schlüsselbegriffe der Psychoanalyse*. Stuttgart: Verlag Internationale Psychoanalyse, 209–223

Mertens, W. (Hg.) (1993), *Schlüsselbegriffe der Psychoanalyse*. Stuttgart: Verlag Internationale Psychoanalyse

Meyer, A.-E. (1981), Psychoanalytische Prozeßforschung zwischen der Skylla der »Verkürzung« und der Charybdis der »systematischen akustischen Lücke«. *Zeitschrift für Psychosomatische Medizin und Psychoanalyse, 27*: 103–116

Moeller, M. L. (1978), *Selbsthilfegruppen*. Reinbek: Rowohlt

Morgenthaler, F. (1974), Die Stellung der Perversionen in Metapsychologie und Technik. In: ders. (1984), *Homosexualität. Heterosexualität, Perversion.* Frankfurt M.: Qumran, 27–48

Moser, U. (1991): Vom Umgang mit Labyrinthen. Zwischenbilanz der Psychotherapie-Forschung. *Psyche, 45*: 315–334

Muck, M., Schröter, K., Klüwer, R., Eberenz, U., Kennel, K. & Horn, K. (1974), *Informationen über Psychoanalyse.* Therapeutische, theoretische und interdisziplinäre Aspekte. Frankfurt M.: Suhrkamp

Nedelmann, C. & Ferstl, H. (Hg.) (1989), *Die Methode der Balint-Gruppe.* Stuttgart: Klett-Cotta

Nellessen, L. (1995), Intervention und Interventionsstrategien in der Supervision. *Supervision, 28*: 5–15

Oevermann, U. (1993), Die objektive Hermeneutik als unverzichtbare methodologische Grundlage für die Analyse von Subjektivität. Zugleich eine Kritik der Tiefenhermeneutik. In: Jung, St. & Müller-Doohm, Th. (Hg.), *Wirklichkeit im Deutungsprozeß.* Frankfurt M.: Suhrkamp, 106–189

Ohlmeier, D. (1976), Gruppeneigenschaften des psychischen Apparates. In: *Psychologie des 20. Jahrhunderts.* Sozialpsychologie Bd. 2: Gruppendynamik und Gruppenpsychotherapie. Zürich: Kindler, 1133–1144

Ohlmeier, D. & Sandner, D. (1984), Selbsterfahrung und Schulung psychosozialer Kompetenz in psychoanalytischen Gruppen. In: Heigl-Evers, A. (1984) (Hg.), *Psychologie des 20. Jahrhunderts.* Sozialpsychologie Bd. 2: Gruppendynamik und Gruppenpsychotherapie. München: Kindler, 812–821

Overbeck, A. (1990), Die Entfaltung eines therapeutischen Raumes auf kinder- und jugendpsychiatrischen Stationen mit Hilfe der bifokalen Team-Supervision. *Psychosozial, 13*: 7–17

Overbeck, A. (1995), Der Triangulierungsprozeß als Grundlage von Symbolbildung und Erkenntnis – diskutiert am Beispiel eines psychoanalytisch-hermeneutisch ausgewerteten Supervisionsprotokolls. In: Schneider, G. & Seidler, G. H. (Hg.), *Internalisierung und Strukturbildung.* Theoretische Perspektiven und klinische Anwendungen in Psychoanalyse und Psychotherapie. Opladen: Westdeutscher Verlag, 159–180

Overbeck, G. (1993), Die Fallnovelle als literarische Verständigungs- und Untersuchungsmethode – ein Beitrag zur Subjektivierung. In: Stuhr, U. & Deneke, F.-W. (Hg.), *Die Fallgeschichte.* Heidelberg: Asanger, 43–60

Pollak, T. (1995), Zur Methodik und Technik psychoanalytischer Teamsupervision. In: Becker, H.-J. (Hg.) (1995), *Psychoanalytische Teamsupervison.* Göttingen: Vandenhoeck & Ruprecht, 51–78

Pühl, H. (1988), *Angst in Gruppen und Institutionen.* Frankfurt M.: S. Fischer

Pühl, H. (Hg.) (1990), *Handbuch der Supervision*, Bd. 1. Berlin: Marhold

Pühl, H. & Schmidbauer, W. (1986) (Hg.), *Supervision und Psychoanalyse*. Frankfurt M.: S. Fischer (Geist u. Psyche), 1991

Pühl, H. (Hg.) (1996), *Supervision in Institutionen*. Eine Bestandsaufnahme. Frankfurt M.: S. Fischer (Geist u. Psyche)

Racker, H. (1959), *Übertragung und Gegenübertragung*. Studien zur psychoanalytischen Technik. München / Basel: Reinhardt, 1978

Rappe-Giesecke, K. (1990), *Theorie und Praxis der Gruppen- und Teamsupervision*. Berlin / Heidelberg / New York: Springer

Reiche, R. (1990), *Geschlechterspannung*. Eine psychoanalytische Untersuchung. Frankfurt M.: S. Fischer Taschenbuch Verlag

Richter, H.-E. (1969), *Eltern, Kind, Neurose*. Reinbek: Rowohlt

Richter, H.-E. (1972), *Patient Familie*. Entstehung, Struktur und Therapie von Konflikten. Reinbek: Rowohlt

Richter, H.-E. (1972), *Die Gruppe*. Hoffnung auf einen Weg, sich selbst und andere zu befreien. Psychoanalyse in Kooperation mit Gruppeninitiativen. Reinbek: Rowohlt

Riemann, G. (1987), *Das Fremdwerden der eigenen Biographie*. Narrative Interviews mit psychiatrischen Patienten. München: Fink

Roth, J. K. (1984), *Hilfe für Helfer: Balintgruppen*. München: Piper

Rotmann, M. (1973), Über die Bedeutung des Vaters in der »Wiederannäherungsphase«. *Psyche, 32*: 1105–1147

Sandler, J. (1976), Gegenübertragung und Bereitschaft zur Rollenübernahme. *Psyche, 30*: 297–305

Schachtel, E. G. (1955), Die Entwicklung der gegenständlichen Aufmerksamkeit und das Hervortreten der Realität. *Psyche, 9*: 204–229

Scharff, J. M. (1994), Psychoanalytisch orientierte 10-Stunden- Beratung im Spiegel der Supervision. *Psyche, 48*: 324–360

Schröter, K. (1974), Psychoanalytischer Dialog und alltägliche Kommunikation. In: Muck, M., Schröter, K., Klüwer, R., Eberenz, U., Kennel, K. & Horn, K., *Informationen über Psychoanalyse.* Frankfurt: Suhrkamp, 45–63

Schülein, J. A. (1996), Der Institutionsbegriff und seine praktische Relevanz. In: Pühl, H. (Hg.) (1996), *Supervision in Institutionen*. Eine Bestandsaufnahme. Frankfurt M.: S. Fischer (Geist u. Psyche), 151–172

Schütze, F. (1983 a), Zur Praxisforschung im Supervisionsstudiengang. In: Lippenmeier, N. (Hg.), *Beiträge zur Supervision*. Kassel, 1983 / 84, 55 ff.

Schütze, F. (1983 b), Biographieforschung und narratives Interview. *Neue Praxis, 13*: 283–293

Slavson, S. R. (1964), *Analytische Gruppentherapie*. Theorie und praktische Anwendung. Frankfurt M.: S. Fischer, 1977

Spence, D. P. (1982), *Narrative Truth and Historical Truth*. Meaning and interpretation in psychoanalysis. New York: Norton

Spitz, R. A. (1976): Der Dialog entgleist. *Psyche, 28*: 135–156

Stierlin, H. (1974), *Eltern und Kinder im Prozeß der Ablösung*. Familienprobleme in der Pubertät. Frankfurt M.: Suhrkamp, 1975

Stierlin, H. (1978), *Delegation und Familie*. Beiträge zum Heidelberger familiendynamischen Konzept. Frankfurt M.: Suhrkamp

Stock-Whitaker, D. & Lieberman, M. A. (1964), *Psychotherapy Through the Group Process*. Chicago: Aldine

Stolorow, R. D., Brandchaft, B. & Atwood, G. E. (1987), *Psychoanalytische Behandlung*. Ein intersubjektiver Ansatz. Frankfurt M.: S. Fischer (Geist u. Psyche), 1996

Stuhr, U. (1993), Ohne Verstehen keine Fallgeschichte. Über Voraussetzungen des Verstehens. In: Stuhr, U. & Deneke, F.-W. (Hg.), *Die Fallgeschichte*. Heidelberg: Asanger, 85–104

Stuhr, U. & Deneke, F.-W. (Hg.) (1993), *Die Fallgeschichte*. Beiträge zu ihrer Bedeutung als Forschungsinstrument. Heidelberg: Asanger

Thomä, H. & Kächele, H. (1985), *Lehrbuch der psychoanalytischen Therapie*. Bd. 1: Theorie. Berlin/New York/Tokio: Springer

Weigand, W. (1994), Teamsupervision: Ein Grenzgang zwischen Supervision und Organisationsberatung. In: Pühl, H. (Hg.), *Handbuch der Supervision*, 2. Berlin: Marhold, 112–132

Wellendorf, F. (1986), Supervision als Institutionsanalyse. In: Pühl, H. & Schmidbauer, W. (Hg.), *Supervision und Psychoanalyse*. Frankfurt M.: S. Fischer (Geist u. Psyche), 1991, 49–65

Wellendorf, F. (1996), Überlegungen zum »Unbewußten« in Institutionen. In: Pühl, H. (Hg.) (1996), *Supervision in Institutionen*. Eine Bestandsaufnahme. Frankfurt M.: S. Fischer (Geist u. Psyche), 173–186

Willi, J. (1975), *Die Zweierbeziehung*. Reinbek: Rowohlt

Winnicott, D. W. (1960), Die Theorie der Beziehung zwischen Mutter und Kind. In: ders., *Reifungsprozesse und fördernde Umwelt* (Kap.3). München: Kindler, 1965, 47–71

Winnicott, D. W. (1965), *Reifungsprozesse und fördernde Umwelt*. München: Kindler

Winnicott, D. W. (1969), Übergangsobjekte und Übergangsphänomene. *Psyche, 23*: 666–682

Winnicott, D. W. (1971), *Vom Spiel zur Kreativität*. Stuttgart: Klett-Cotta, 1973

Wolf, M. (1993), Institutionsanalyse in der Supervision. In. Pühl, H. (Hg.), *Handbuch der Supervision*, Bd. 2. Berlin: Marhold, 132- 151

Yalom, I. D. (1970), *Gruppenpsychotherapie*. Grundlagen und Methoden. Ein Handbuch. München: Kindler, 1974

Namen- und Sachregister